Anonymous

Politique de tous les cabinets de l'Europe

Pendant les règnes de Louis XV et de Louis XVI

Anonymous

Politique de tous les cabinets de l'Europe
Pendant les règnes de Louis XV et de Louis XVI

ISBN/EAN: 9783337133689

Printed in Europe, USA, Canada, Australia, Japan

Cover: Foto ©Suzi / pixelio.de

More available books at **www.hansebooks.com**

POLITIQUE

DE TOUS LES CABINETS

DE L'EUROPE,

PENDANT LES RÈGNES

DE LOUIS XV ET DE LOUIS XVI;

Manuscrits trouvés dans le Cabinet de Louis XVI.

Contenant des Pièces authentiques sur la Correspondance secrette du Comte de Broglie:
Un Ouvrage dirigé par lui et exécuté par M. Favier;
Plusieurs Mémoires du Comte de Vergennes, Ministre des Affaires étrangères, de M. Turgot, etc. etc.;

TOME PREMIER.

———

A HAMBOURG,
chez Pierre François Fauche,
Imprimeur-Libraire.

———

1794.

LA *Correspondance Secrette* du Comte de *Broglie* avec Louis XV est une des plus singulières particularités de son règne. Ce Prince s'étoit livré à l'alliance avec la maison d'Autriche. Mais outre ses Ministres ostensibles, il en avoit de secrets qui lui représentoient les inconvéniens d'une trop grande extension de ce systême de politique. Voilà l'objet des Correspondances des *Broglie*, des *d'Eon*, des *Vergennes* avec *Louis XV*, à l'insu des *Choiseul* et des *d'Aiguillon*.

A l'avénement de *Louis XVI*, le Comte de *Broglie* lui rendit un fidèle compte de tout ce qui avoit rapport à ce secret diplomatique. Nous publions ici les *Pièces authentiques* qui renferment ce compte et de précieuses anecdotes. Quant à la Correspondance elle-même, elle a été brûlée : mais la partie la plus instructive et la plus savante, les *Conjectures de Favier sur les intérêts de la France avec les autres Puissances*, ont survécu à cette destruction : un seul manuscrit en existoit encore dans le Cabinet de *Louis XVI*.

Dans un tems où la politique se traite à découvert il est important de publier les Pièces curieuses qui font connoître les vues secrettes de tous les Potentats de l'Europe: c'est un nouveau bienfait de la Révolution.

Nous terminons notre second Volume par des *Mémoires du Comte de Vergennes*, *Turgot* et autres Ministres sur les époques les plus importantes du dernier règne. Quand on aura pris connoissance de ces divers matériaux, on verra que ce n'est pas sans fondement qu'en les réunissant on a intitulé le tout: *Politique des Cabinets de l'Europe, sous les Règnes de Louis XV et de Louis XVI*. Et qu'on n'imagine pas que c'est purement un recueil de vieille diplomatie. Il sera facile de se convaincre qu'y compris même la Révolution en grande partie, on trouve dans ces *Mémoires* et ces *Conjectures* le germe de tout ce qui arrive aujourd'hui, et qu'on ne peut, sans les avoir lus, être bien au fait des intérêts et même des vues actuelles des diverses Puissances de l'Europe.

POLITIQUE
DE TOUS LES CABINETS DE L'EUROPE,

Pendant les Règnes de Louis XV et de Louis XVI.

Manuscrits trouvés dans le Cabinet de Louis XVI.

PIÈCES ORIGINALES ET AUTHENTIQUES,

Concernant la Correspondance secrette du Comte de Broglie avec Louis XV.

NOTE HISTORIQUE

Envoyée par le Comte de Broglie à Louis XVI quelques jours après son avénement. (Mai 1774.)

Le comte de Broglie a été nommé ambassadeur de France, (en Pologne) le 14 Mars 1752.

Le sur-lendemain de sa nomination, M. le prince de Conti lui remit un billet de sa majesté, par lequel elle lui enjoignoit de se conformer à tout ce qui lui seroit prescrit par ce prince, et de lui en garder le secret.

Le comte de Broglie, novice encore dans les affaires politiques, fit quelque difficulté de recevoir par une autre voie que celle du ministre ces ordres du roi, dont l'exécution d'ailleurs lui paroissoit très-difficile.

M. le prince de Conti en rendit compte au roi, qui écrivit un second billet au comte de Broglie, pour lui ordonner de se conformer au premier.

De ce moment, le comte de Broglie obéit, et reçut par M. le prince de Conti les ordres secrets de sa majesté et des instructions relatives à des projets qu'elle avoit sur la Pologne, et qu'elle jugeoit devoir cacher à ses ministres.

Il avoit eu le bonheur de les suivre à la satisfaction de sa majesté et d'en amener les négociations presqu'au point désiré, lorsqu'en 1756, M. le prince de Conti demanda à sa majesté la permission de ne plus s'occuper des affaires politiques sur lesquelles il avoit l'honneur de travailler avec elle en secret depuis 1740 ou 1741.

Ce prince remit en conséquence tous les papiers et chiffres qui y étoient relatifs au sieur Tercier, alors premier commis des affaires étrangères, qui étoit admis à ce secret, et à qui le roi ordonna de les garder jusqu'à nouvel ordre.

Le comte de Broglie vint par congé en France à la fin de cette même année 1756, et le sieur Tercier eut ordre du roi de tout lui communiquer. Il fut instruit par-là d'une correspondance secrette, entretenue ci-devant par le canal de M. le prince de Conti, et alors par celui du sieur Tercier, entre le roi et plusieurs de ses ministres ou différentes cours.

Cette correspondance, dont la direction principale fut confiée dès-lors au comte de Broglie, a été continuée dans cette forme jusqu'à ce jour.

Quoique plusieurs personnes y aient été employées nécessairement, le fond en étoit toujours demeuré secret et le comte de Broglie n'a pas connoissance qu'aucun des ambassadeurs, ministres ou secrétaires qui y ont été admis ou le sont encore, aient manqué à la fidélité qu'ils doivent à leur maître : mais quelques incidens particuliers ayant donné lieu de soupçonner qu'il existoit quelque relation secrette entre le roi et le comte de Broglie, il en est résulté des haines et des jalousies dont celui-ci a eu beaucoup à souffrir.

Quelques années avant la retraite de M. le duc de Choiseul, le comte de Broglie croyant que son concours étoit absolument nécessaire au succès de quelques vues que sa majesté paroissoit avoir alors, il eut l'honneur de proposer au roi de lui découvrir le secret de la correspondance. Sa majesté ne le jugea pas à propos; et le comte de Broglie crut appercevoir qu'elle *regardoit comme nécessaire de se conserver un moyen d'être instruite, par plus d'un canal, des affaires politiques*, comme elle disoit que Louis XIV l'avoit toujours pratiqué.

Il y a lieu de croire que Madame du Barry, peu après son arrivée à la cour, avoit découvert cette correspondance dont elle chercha à avoir l'aveu du comte de Broglie. Sa majesté, à qui il rendit compte que cette dame l'avoit assuré avoir vu de ses lettres, lui manda qu'en effet elle en avoit vu une, mais de ne pas s'en ouvrir davantage pour cela avec elle.

Le comte de Broglie a lieu de croire que c'est de ce moment que Madame du Barry et M. le duc d'Aiguillon lui ont voué une mauvaise volonté qui s'est d'abord exercée en secret, mais qui a fini par lui être funeste.

Le comte de Broglie avoit prévu que l'un et l'autre ne lui pardonneroient pas ses relations secrettes avec le roi; et il avoit eu l'honneur de proposer à sa majesté, au moment de la nomination de M. le duc d'Aiguillon aux affaires étrangères, de lui laisser connoître la correspondance secrette; mais sa majesté s'y refusa, comme elle l'avoit fait pour M. le duc de Choiseul.

Il a donc fallu se livrer au danger évident qui étoit attaché au rôle assigné au comte de Broglie, de directeur de cette correspondance, et il n'a pas tardé à en éprouver les effets. Il a d'abord été averti, par un billet de la propre main de sa majesté, du 21 Août 1773, des mauvais services qu'on lui rendoit auprès d'elle.

Il ignore tous les moyens qui ont été employés depuis pour tâcher de le rendre suspect, ainsi que M. le marquis de Monteynard, avec lequel il n'a eu aucunes liaisons: mais par tout ce que le comte de Broglie a pu recueillir dans l'éloignement où il est, il paroît que le roi, embarrassé d'avouer la correspondance qu'il tenoit et vouloit tenir secrette, a regardé comme un moyen d'y parvenir, de saisir la lettre écrite le 22 Septembre par le comte de Broglie au duc d'Aiguillon, pour le soustraire aux poursuites qu'on faisoit indirectement contre lui, en l'impliquant dans une procédure ténébreuse qui s'instruisoit à la Bastille, et qui ne tendoit à rien moins qu'à le faire regarder comme ayant une correspondance criminelle et des émissaires furtifs dans toutes les cours, pour y décréditer les opérations des ministres du roi, et allumer partout le flambeau de la guerre.

Sa majesté connoissoit tout le faux de ces imputations. Le comte de Broglie ne peut donc attribuer à d'autres motifs qu'au désir de sauver son secret, la résolution que prit sa majesté de l'exiler, puisqu'en même tems qu'elle lui donnoit une marque extérieure de mécontentement, elle n'a pas cessé de l'honorer de sa confiance, qu'elle voulut bien même lui donner quelque connoissance de ce qui se passoit, et lui permettre d'informer les ambassadeurs et ministres admis à la correspondance secrette, du motif apparent de son exil, et leur faire renouveller l'ordre de la continuer. L'un d'eux ayant témoigné, après ce qui arrivoit, au comte de Broglie, beaucoup de crainte de se trouver compromis, si sa correspondance, que le ministre soupçonnoit, venoit à en être totalement découverte; sa majesté daigna elle-même le rassurer, et lui mander de sa propre main que ce qui arrivoit au comte de Broglie ne devoit pas l'effrayer, qu'elle étoit satisfaite de ses services, et qu'elle désiroit qu'il continuât comme par le passé.

Le comte de Broglie doit avoir l'honneur d'observer à sa majesté, que c'est M. d'Ogny qui retiroit de la poste et remettoit au roi les lettres des ambassadeurs ou ministres admis à la correspondance secrette, et que sa majesté les envoyoit au comte de Broglie par Guimard, garçon du château, par les mains de qui sa majesté faisoit aussi passer l'argent nécessaire pour les objets de dépense ordonnés par elle, et relatifs à cette correspondance.

Le sieur Dubois-Martin, secrétaire du comte de Broglie, approuvé par sa majesté pour cette partie, recevoit et déchiffroit avec quelques autres commis toutes les dépêches; les extraits en étoient faits ensuite et envoyés au roi, ainsi que les déchiffremens, avec les projets de réponses auxquels sa majesté mettoit chaque fois son *approuvé*, après y avoir fait les changemens ou corrections qu'elle jugeoit à propos.

M. d'Ogny ignoroit, à ce qu'on croit, que ces lettres ou paquets fussent remis par le roi au comte de Broglie. Il est probable que cet intendant des postes en a actuellement entre les mains, que la maladie du roi n'aura pas permis de lui remettre. Il paroît convenable que sa majesté veuille bien lui donner l'ordre de les lui remettre à elle-même; elle jugera ensuite ce qu'il lui convient d'en faire.

Il existe vraisemblablement, parmi les papiers du feu roi, des choses relatives à cette correspondance, dont sa majesté trouvera peut-être à propos de s'emparer elle-même, pour pouvoir en prendre connoissance et se déterminer sur un objet qu'il importe à la mémoire du feu roi de tenir secret, et qui peut intéresser sa majesté.

On suppose que Guimard peut indiquer l'endroit où le roi renfermoit ces papiers. S'ils étoient sous des scellés, et que sa majesté ne pût pas les retirer elle-même, on pense qu'elle pourroit ordonner qu'on les lui remît, ou chargeât une personne ayant sa confiance, de les recevoir lors de la levée des scellés; ce qui peut mériter quelqu'attention de la part de sa majesté à qui il paroîtra juste d'éviter d'exposer les personnes qui ont eu part au secret du feu roi, et qui pourroient se trouver compromises, vis-à-vis des ministres, pour y être restées fidelles.

Le comte de Broglie supplie sa majesté de lui pardonner la longueur de cette note devenue indispensable pour lui faire connoître la position où il se trouve depuis vingt-deux ans, et les raisons qui le mettent dans la nécessité de s'adresser directement à elle pour avoir ses ordres, ne pouvant les recevoir par la voie des ministres sur un objet qui ne leur est pas connu.

LETTRE

Du Comte de Broglie à Louis XVI.

SIRE,

J'aurois désiré de ne pas fatiguer votre majesté par une trop longue lettre; mais je réfléchis, en relisant celle que j'ai eu l'honneur de lui écrire hier, que j'ai oublié beaucoup d'objets dont il est nécessaire qu'elle soit instruite, et je lui demande la permission de le réparer.

Je commencerai par ce qui regarde le sieur d'Eon. J'imagine qu'il est possible que votre majesté en ait entendu mal parler, et qu'ainsi elle pourroit être étonnée de le trouver compris dans le nombre des personnes honorées de la confiance du feu roi. Je ne puis donc me dispenser de lui observer qu'il avoit été initié à la correspondance secrette du tems que M. le prince de Conti la dirigeoit. Il fut envoyé par ce prince à Petersbourg en 1756. Depuis, il fut choisi avec distinction par MM. les ducs de Praslin et de Nivernois, pour la négociation de la paix à Londres en 1762;

et alors le feu roi ayant des vues importantes sur l'Angleterre, lui ordonna de lui rendre des comptes directs. Il fut ensuite fait ministre plénipotentiaire en Angleterre, dans l'intervalle de l'ambassade de M. le duc de Nivernois à l'arrivée de M. le comte de Guerchy.

Il est apparent que c'est cette marque de confiance particulière qui lui fit espérer qu'il seroit soutenu dans ses démêlés déplacés avec cet ambassadeur, qui, de son côté, y mit peut-être d'abord de la vivacité, et ensuite un peu de mal-adresse : mais cela n'excuse pas les torts du sieur d'Eon, dont l'extrême vivacité l'emporta outre mesure, et occasionna des éclats peu décens entre des personnes honorées des caractères dont ils étoient respectivement revêtus. M. le duc de Praslin employa dans cette occasion une sévérité outrée qui ne ramena pas le Sieur d'Eon; et le moment étoit arrivé où ce dernier, ne pouvant plus revenir en France, alloit se livrer au désespoir, et se trouvoit dans des embarras capables de le faire manquer à la fidélité qu'il devoit à sa majesté, et peut-être de divulguer le secret qui lui étoit confié; ce qui auroit compromis d'une manière fort scandaleuse, sur-tout dans un pays comme l'Angleterre, le nom sacré du feu roi. Je fus longtems dans les plus grandes transes à cet égard. Je demandai à sa majesté ses ordres, et pris la liberté de lui représenter que tout étoit préférable à laisser connoître en Angleterre l'objet de la correspondance secrette. J'eus ordre, en conséquence, d'envoyer mon secrétaire à Londres. Il connoissoit le sieur d'Eon; il le ramena un peu; et enfin on convint qu'il resteroit à Londres chargé de donner des nouvelles: mais il fallut lui assurer, de la propre main du feu roi, un traitement de 1000 livres par mois, dont il jouit depuis ce tems-là.

Cet être singulier, (puisque le sieur d'Eon est une femme) est plus que bien d'autres encore, un composé de bonnes qualités et de défauts, et il pousse l'un et l'autre à l'extrême. Il sera nécessaire que j'aie l'honneur d'entrer à ce sujet dans de plus grands détails vis-à-vis de votre majesté, lorsqu'elle aura pris un parti définitif sur la correspondance secrette. J'ose, en attendant, prendre la liberté de la supplier de ne pas se déterminer entièrement sur son compte, sans avoir permis que je misse sous ses yeux mes respectueuses observations à cet égard. Je ne dois pas finir l'article du sieur d'Eon, sans avoir l'honneur d'observer qu'il écrit quelquefois des lettres en clair, signées *Williams Wolff*. C'est apparemment une de ses lettres que votre majesté aura trouvées non-chiffrées. Il me semble du moins qu'il n'y a que lui et le sieur Desrivaux, consul à Raguse, qui soient dans le cas de ne pas chiffrer toutes leurs lettres.

Quoiqu'il puisse paroître prématuré, Sire, à votre majesté, que je me permette de hasarder des réflexions sur des objets qui ne me regardent pas, je crois cependant que c'est un devoir indispensable pour moi de mettre sous les yeux d'un maître de vingt ans, qui est déjà renommé par l'amour qu'il témoigne pour la vérité, toutes celles qu'il me paroît important de lui découvrir, et je regarderois comme un crime de les lui cacher.

Ce que votre majesté a eu la bonté de me dire de M. d'Ogny, me paroît donc mériter une observation de ma part. Je n'ai aucun reproche à faire à cet intendant des postes dont je n'ai jamais entendu dire que du bien;

et je serois fâché de donner de mauvaises impressions sur son compte : mais je ne dois pas celer qu'il étoit anciennement créature de M. le prince de Condé ; qu'il a paru entièrement voué à Madame du Barry, et par conséquent à M. le duc d'Aiguillon ; qu'ainsi il n'est pas impossible qu'il ait suivi l'exemple de son prédécesseur et son oncle, le Sieur Janel, qui avoit fini par se livrer à M. de Choiseul, ce que le feu roi avoit bien su, et ne l'avoit gardé qu'à cause de son extrême vieillesse : car dans une place comme celle-là, il faut absolument un homme qui ne soit qu'à son maître.

Votre majesté pourroit ne pas connoître encore la nature de cette place ; elle ne sera peut-être pas fâchée d'en être instruite.

On a, de très-ancienne date, établi à l'hôtel des postes un bureau de secret. M. d'Ogny en est aujourd'hui le chef, et a une douzaine de commis sous lui, pour ouvrir toutes les lettres, ou du moins celles qu'on suspecte, et en tirer promptement des copies ou des extraits. Cette institution a eu pour principe d'instruire les rois et le gouvernement de tous les objets qui peuvent intéresser l'état, afin de pouvoir prévenir les événemens nuisibles au prince et au public. De ce bon principe, il a résulté, comme il arrive souvent, de très-grands inconvéniens pour les particuliers, et de-là conséquemment pour le maître. Les ministres ont regardé comme une chose essentielle de mettre dans cette place quelqu'un qui leur fut affidé, afin de profiter des moyens de mettre des copies ou des extraits de lettres sous les yeux du roi, pour servir leurs passions, leur haine ou leur amitié. Il n'est même pas sans exemple, dit-on, que cela ait donné lieu à supposer des lettres entières, ou à en faire des extraits pour faire des crimes à des gens qui étoient innocens. La pureté du coeur de votre majesté doit se révolter à cet exposé, et lui faire, au premier coup-d'oeil, regarder comme impossibles des actions si criminelles; mais il n'est pas moins nécessaire qu'elle s'efforce de croire que tout le mal est possible pour le prévenir; et sa pénétration lui fera juger combien il lui importe de mettre dans cette place quelqu'un de la probité et de la fidélité duquel elle soit sûre. Il ne m'appartient pas de désigner personne; je sais que le feu roi avoit eu des vues sur M. Durand, qui a toutes les qualités requises, et la connoissance qu'il a des affaires politiques le rendroit plus propre à cette place qu'un autre, d'autant qu'il pourroit servir à mettre de l'ordre dans les papiers secrets de votre majesté, et lui procureroit toutes les connoissances qu'elle désireroit d'acquérir. Elle a sous la main un valet de chambre que je ne connois que de nom. C'est M. Thierry, de la probité duquel tout le monde parle bien; elle peut savoir s'il est propre à ce poste; et alors il seroit facile de donner à M. d'Ogny un dédommagement dans une des premières places de la finance. Si, au contraire, elle croit devoir le garder, j'ose lui observer la nécessité de lui parler en maître, et de lui recommander sérieusement de ne rendre aucun compte à personne, même à des ministres, que par ses ordres, en mettant d'ailleurs de la délicatesse jusqu'au scrupule dans une place où l'on peut disposer du secret de tous les citoyens.

Votre majesté aura vu dans la première lettre que j'ai eu l'honneur de lui écrire, que je ne lui ai pas caché que je croyois avoir à me méfier beaucoup des mauvais offices de M. d'Aiguillon. J'ose me flatter qu'elle trouvera mes défiances excusables, quand elle aura pris lecture du billet du feu roi, du 21 Août 1773, et des autres dont je prends la liberté de mettre ici la copie sous ses yeux avec quelques notes pour y servir d'explication. Cela me fait espérer qu'elle daignera puiser, dans d'autres sources que celles de ce ministre, les notions qu'elle se propose de prendre sur les causes de mon exil. Si je ne me trompe, la réunion des différens billets du feu roi prouve jusqu'à la démonstration, qu'il n'y en a jamais eu d'autres que le désir qu'a eu sa majesté de cacher un secret qu'il voyoit que son ministre, aidé par Madame du Barry, dont il étoit le conseil et le maître, vouloit lui arracher; et certainement ma lettre à ce même ministre, qu'il a plu au feu roi de donner pour raison de ma disgrace, dans celle qui me l'a annoncée, n'auroit pas été suffisante pour me faire perdre, même ostensiblement, ses bontés. Aussi votre majesté verra qu'à l'exception de mon rappel qu'elle étoit embarrassée d'effectuer, elle continuoit à me donner des marques précieuses de sa confiance, jusqu'à accorder tout ce que j'ai eu l'honneur de lui demander depuis mon exil, quoique mes instances fussent motivées sur la nécessité d'un dédommagement à donner des persécutions que l'honneur d'être admis à sa confiance faisoit éprouver.

C'est à la haute sagesse de votre majesté à lui inspirer les moyens bien difficiles de pénétrer la vérité. Je suppose qu'il existe quelques personnes dignes de sa confiance; le public s'étoit réjoui d'entendre nommer dans ce nombre le vertueux comte du Muy: mais si elle l'avoit placée dans quelques-uns des anciens ministres du feu roi, je ne croirois pas manquer de respect à la place qu'ils occupent, en avouant à votre majesté que j'aurois lieu de craindre des préventions de leur part. Ils me soupçonnent tous d'avoir été honoré de la confiance secrette du maître; il n'y a pas de ministres qui pardonnent ce crime-là, d'autant qu'ils craignent qu'on n'en profite pour les desservir. Si elle daigne jetter les yeux sur mes lettres au feu roi, elle verra cependant que je n'en ai jamais fait cet usage. Je désire fort qu'elle me permette de les lui présenter moi-même; car je ne puis les remettre qu'à elle, puisque ces lettres, qui sont en grand nombre, ainsi que celles du feu roi et ses instructions ou ordres, font toute ma sûreté. Elle ne voudra pas que je risque, en les remettant à quelqu'un d'inattentif ou mal intentionné, qu'on y suppose des choses qui ne s'y trouvent pas, ce qu'il faut que je sois toujours en état de prouver. C'étoit, sire, pour assurer ce dépôt, et constater les objets d'une correspondance multipliée pendant vingt-deux ans, que j'avois pris la liberté de la supplier de me permettre de me rendre à ses pieds : mais si les preuves que j'ai l'honneur de lui envoyer de ma fidélité, de mon innocence, et de la persuasion même que le feu roi en avoit, ne lui paroissoient pas suffisantes, j'oserois lui proposer de me rendre de Ruffec à la Bastille, où je resterois jusqu'à ce qu'elle eût pris les éclaircissemens les plus étendus sur ce qui me regarde. Quoiqu'à la Bastille, je serois à portée de recevoir les ordres de votre majesté, et de communiquer toutes les preuves de la pureté de ma conduite à qui il lui plairoit d'ordonner. Je n'ai nulles liaisons avec M. de Sartines, qui est le commissaire naturel de la Bastille : mais si elle a confiance en ce magistrat, cela confirmera la bonté de sa réputation. J'ai de plus été instruit que dans le tems où M. le duc d'Aiguillon fit mettre à la Bastille les sieurs de Ségur, Favier et Dumourier, sur des soupçons dans lesquels il vouloit envelopper M. de Monteynard et moi, ce ministre fit nommer MM. de Marville, conseiller d'état, et de Villevault, maître des requêtes, pour commissaires de cette pitoyable affaire, et M. de Sartines en fut d'abord exclu. Cette exclusion lui fit honneur dans le public, en prouvant qu'on ne le croyoit pas propre à servir l'animosité de personne. Cependant il demanda à faire les fonctions de commissaire-né de la Bastille. Sa majesté l'accorda, et lui dit même que s'il n'avoit pas été nommé d'abord, c'est qu'on avoit dit qu'il étoit malade, et qu'il étoit chargé de trop d'autres affaires. Votre majesté peut juger par ce détail qu'on n'avoit pas envie d'avoir un témoin tel que M. de Sartines. Pour moi, Sire, je le désire, et je n'en redoute aucun dans l'examen de toute ma vie. Je regarderai même comme une grace qu'il soit fait, pourvu que sa suprême justice ordonne qu'on me communique les accusations pour que j'y puisse répondre ; et j'ose espérer que cet examen ne pourra que me procurer le bonheur d'être estimé de mon nouveau maître, comme je l'étois de l'ancien ; alors je n'aurai rien à desirer. Si votre majesté craignoit de commencer son règne par un acte qui eût l'air de la sévérité, quoique je le reçusse comme une faveur, elle pourroit seulement me permettre de me rendre à Paris, sans m'accorder encore la grace que je désire le plus vivement, qui est de pouvoir aller mettre à ses pieds l'hommage de mon respect et de mon obéissance. J'y serois au moins à portée de recevoir et d'exécuter ses ordres ; je pourrois rassembler tous les papiers et documens de la correspondance secrette que j'ai mis en différens dépôts, de peur qu'on ne les fît enlever chez mon secrétaire. Je ferois les notes capables de donner à votre majesté une idée de chaque objet ; je mettrois le tableau de tout ce travail sous ses yeux ; enfin, je ferois préparer par le sieur Dubois-Martin, les comptes des dépenses faites par ordre du feu roi. Tout cela ne peut pas être fait en mon absence ; et il sera indispensable qu'elle ait réuni toutes ces notions pour prendre avec connoissance de cause le parti qu'elle jugera convenable sur cet objet.

Votre majesté voudra bien remarquer que ce n'est pas le désir de sortir de la situation où je suis qui m'engage à prendre la liberté de lui proposer de me rendre à la Bastille, ou de fixer mon exil à Paris : c'est uniquement le bien de son service qui me fait préférer ce changement de position au séjour de ma terre. Je crains seulement que votre majesté ne trouve quelque difficulté à paroître s'occuper de moi, de crainte de faire connoître la correspondance qu'elle m'a permis d'entretenir avec elle. Cette réflexion me fait prendre le parti de prier mon frère de remettre, avant son départ, un mémoire à votre majesté, pour la supplier de mettre fin à ma disgrace. Elle sera alors autorisée à faire la réponse qu'elle jugera à propos, sans que cela donne aucun soupçon : et quelle qu'elle soit, je la recevrai avec le respect et la soumission que je dois.

Je crains, sire, d'abuser de la patience de votre majesté au milieu des occupations importantes dont elle est accablée. J'imagine cependant qu'elle désire d'être instruite de tout ; et ce qui m'intéresse personnellement est lié à tant d'autres objets dignes de son attention, que j'ose espérer qu'elle excusera la longueur de cette lettre ; je suis même encore obligé d'y joindre une observation.

J'ai lieu de croire que M. le comte de Mercy, qui me témoignoit cependant beaucoup d'amitié, croyant apparemment suivre en cela les intérêts de sa cour, a favorisé les desseins de M. d'Aiguillon contre moi, ce ministre l'ayant assuré que j'employois l'accès que me donnoit la correspondance secrette auprès du feu roi, pour rompre l'alliance avec la cour de Vienne ; et j'ai lieu de craindre, comme j'ai déjà eu l'honneur de le marquer à votre majesté, qu'on n'ait donné, par le moyen de cet ambassadeur, les mêmes impressions à la reine. Je dois donc vous faire, sire, les plus respectueuses instances de suspendre votre jugement sur ce qui pourra vous revenir de la part de M. le comte de Mercy, jusqu'à ce que j'aie pu mettre sous vos yeux les preuves évidentes de la fausseté de cette accusation. Si j'étois dans l'opinion qu'il fût utile à vos intérêts de rompre cette alliance, je ne balancerois pas à le dire à votre majesté ;

je ne craindrois pas même de le dire à la reine elle-même, qui sûrement n'a rien de plus cher que les intérêts d'une couronne qu'elle porte, sire, si glorieusement avec vous, et qui est d'autant plus sûrement attachée à la France qu'elle a déjà réuni tous les coeurs de la nation. Elle ne me feroit sûrement pas un crime de dire ce que je pense: mais j'ose espérer que votre majesté voudra bien me servir un jour d'avocat auprès de son auguste épouse, lorsqu'elle connoîtra toute ma conduite. C'est le seul objet de mon ambition, ainsi que de pouvoir la convaincre du zèle ardent que j'aurai toujours pour son service, d'un attachement inviolable pour sa personne sacrée, et du très-profond respect avec lequel je suis,

Sire,

De votre majesté,

Le très-humble, très-obéissant et très-fidèle serviteur et sujet,

Le Cte de Broglie.

A Ruffec, le 20 mai 1774.

P. S.

P. S. Au moment où cette lettre alloit partir, j'en reçois, sire, plusieurs de Paris où l'on me mande, comme une nouvelle publique, que M. d'Aiguillon répand que votre majesté doit aller à Versailles, *pour chercher, dit-il, une correspondance de dix-huit ans de M. le comte de Broglie avec le feu roi*; et sur cela, il se répand en plaisanteries sur l'utilité dont elle m'a été. Il paroît que ce ministre veut tâcher d'ébruiter encore cette correspondance, soit pour en dégoûter d'avance votre majesté, soit pour lui persuader que c'est par moi qu'elle est connue. J'espère qu'elle daignera me rendre justice à ce sujet. J'ai gardé le silence du tems du feu roi, quoique ma justification fût attachée à dévoiler le secret; et je le garderai tant qu'elle l'ordonnera. Quant à ces papiers, j'ignore si sa majesté a gardé dans ses armoires tous les papiers, mémoires, cartes et plans que je lui ai fait passer: il y en a de l'année 1765 ou 1766, sur l'Angleterre, avec des cartes renfermées dans de longues boîtes de fer blanc. Ces objets devroient être renfermés bien précieusement. Si M. le duc d'Aiguillon pouvoit les avoir, il les communiqueroit peut-être à milord Stormont, pour gagner toutes les cours étrangères, ce dont il est fort occupé. Il y a aussi mon travail de l'année dernière, qui est le commencement d'un système général de politique dont la troisième partie n'a pas été faite. Le feu roi a gardé les mémoires, et m'a renvoyé seulement les lettres d'accompagnement qui ne devroient pas en être séparées. Si votre majesté trouve tous ces papiers, j'oserois la suplier de me les renvoyer pour les mettre en ordre, et les lui faire ensuite repasser avec les lettres d'accompagnement qui y sont nécessaires pour connoître l'esprit de tout ce travail.

EXTRAIT

D'un Mémoire envoyé par le Comte de Broglie, à Louis XVI, le 9 Juin 1774.

SA majesté est déjà instruite que M. le prince de Conti a été chargé le premier de diriger la correspondance politique secrete que le feu roi a entretenue jusqu'à sa mort.

Il n'est pas possible au comte de Broglie d'en indiquer précisément l'origine; mais il est apparent qu'elle a commencé en 1743 ou 1744.

M. le cardinal de Fleury avoit eu la confiance exclusive du feu roi, depuis le commencement de son règne jusqu'à sa mort arrivée au commencement de l'année 1743. Madame de Châteauroux parut alors prendre beaucoup d'ascendant sur l'esprit du maître, et son premier soin fut vraisemblablement d'empêcher qu'il ne fît un premier ministre. Les départemens restèrent donc indépendans les uns des autres, et celui des affaires étrangères étoit occupé par M. Amelot de Chaillou. Il est apparent que madame de Châteauroux inspira au feu roi l'idée de consulter sur la politique M. le prince de Conti, avec qui elle étoit fort liée. Ce qu'on croit de certain, c'est que ce fut à-peu-près à cette époque qu'on le vit commencer à travailler avec le roi, et y porter, toutes les semaines, des porte-feuilles pleins de papiers dont aucun ministre n'avoit connoissance.

Madame de Châteauroux mourut en 1744 ou au commencement de 1745, après avoir été éloignée vers le milieu de l'année 1744, à l'époque de la maladie du feu roi à Metz. Il ne parut pas que cela apportât aucun changement à la faveur de M. le prince de Conti, qui conserva son travail, et eut le commandement de l'armée en Allemagne, en 1745.

Ce fut au commencement de cette année qu'il arriva un certain nombre de seigneurs polonois à Paris, chargés de la procuration de quelques autres, pour offrir à ce prince leur désir pour son élection éventuelle à la couronne de Pologne. Le roi permit à M. le prince de Conti d'écouter ces propositions, et de faire toutes ses dispositions en conséquence. Il falloit beaucoup de travail pour préparer les moyens de cette élection : c'est ce qui donna lieu à la formation du système général de politique dont M. le prince de Conti fut l'auteur.

On ne peut pas disconvenir qu'il n'eût été fait conformément aux véritables principes, et selon les intérêts de la France. Il consistoit à garder en Europe l'équilibre établi par les traités de Westphalie, à protéger les libertés du corps germanique dont la France étoit garante par ses traités, à lier par un autre traité perpétuel la Turquie, la Pologne, la Suède et la Prusse, sous la médiation, et ensuite avec l'accession de la France; et enfin, à séparer par ce moyen la maison d'Autriche d'avec la Russie, en rejettant cette dernière dans ses vastes déserts, et la réléguant, pour les affaires, hors des limites de l'Europe.

M. le prince de Conti, malgré sa faveur et la confiance dont il étoit honoré, n'étant pas admis au conseil, on sent combien cela devoit diminuer son influence dans les affaires d'état, d'autant que M. le maréchal de Noailles, qui y jouoit un des principaux rôles, étoit fort attentif à contrecarrer les idées qu'il pouvoit supposer que le roi recevoit indirectement. Cela rendit nécessaire à M. le prince de Conti de proposer l'établissement d'une correspondance secrette. Il la présenta apparemment sous le point de vue de *l'utilité que sa majesté retireroit d'être instruite par plusieurs voies différentes, et d'être par-là plus sûre de la vérité.*

Cet établissement se fit à mesure que M. le prince de Conti put contribuer à la nomination des ministres dans les cours étrangères. Il paroît cependant que cette correspondance ne prit une véritable consistance qu'après la paix de 1748, sous le ministère de M. le marquis de Puisieux, qui avoit remplacé M. le marquis d'Argenson, successeur de M. Amelot.

Dans les arrangemens qui se firent dans les différentes missions, M. le prince de Conti fit placer M. le comte Desalleurs à Constantinople, M. le marquis d'Avrincourt en Suède, M. le chevalier de la Touche à Berlin; et il avoit précédemment procuré l'ambassade de Pologne à M. le marquis Desessarts, avec qui il avoit des liaisons d'amitié dès le collége.

Parvenu à ce point, M. le prince de Conti se trouva le maître de diriger toute la politique du nord, qui entraînoit, pour ainsi dire, celle de toute l'Europe.

Il y trouva d'autant plus de facilité, que M. le marquis de Puisieux, sans avoir en vue la couronne de Pologne pour M. le prince de Conti, avoit d'ailleurs à-peu-près les mêmes principes politiques qui étoient suivis par ce prince. M. de Puisieux étoit un ministre parfaitement intentionné, et avoit aussi plus de capacité qu'on ne lui en accordoit généralement. On lui doit la justice de dire qu'il a rempli sa place avec honneur pour lui et utilité pour son maître et qu'en la quittant, il a laissé la France jouissant de la juste considération qui lui appartiendra toujours lorsqu'elle sera bien gouvernée.

Madame de Pompadour, admise à la cour dès 1745, 1746, ne tarda pas à y prendre une influence aussi funeste qu'absolue. Quoiqu'elle eût été présentée par Madame la princesse de Conti, de qui le feu roi avoit exigé cette marque de soumission, elle ne procura pas à son fils l'amitié de la nouvelle favorite; elle vit avec jalousie le travail de ce prince dont le feu roi lui fit toujours un mystère, elle ne le pardonna pas à M. le prince de Conti.

Madame de Pompadour mit inutilement tout en usage pour le découvrir; et la résistance que le comte de Broglie, qu'elle soupçonna d'en être instruit, fit à ses volontés, a été la cause de la haine dont elle l'a poursuivi jusqu'à sa mort.

Elle sentit que tant qu'elle n'auroit pas pris, pour ainsi dire, le timon des affaires, en mettant au département des affaires étrangères un de ses favoris, elle n'influeroit qu'indirectement sur cette partie.

Pour y parvenir, on lui persuada qu'il falloit faire une révolution générale dans le système de la politique de l'Europe. On a supposé que cette idée lui fut suggérée par M. l'abbé de Bernis. Ce qui est certain, c'est que sa majesté, ennuyée du peu de sûreté et de la *despoticité* qu'elle avoit éprouvée de la part du roi de Prusse depuis 1741, qui fut le commencement de l'alliance avec ce prince, adopta sans peine les principes qui tendoient à former des liaisons contre lui, donna ordre à M. l'abbé de Bernis de suivre et terminer la négociation qui fut suivie sur cet objet avec M. de Staremberg; et le traité fut signé à Versailles par M. de Rouillé, qui précédemment n'en avoit eu aucune connoissance, le premier mai 1756.

Madame de Pompadour se trouva alors au suprême degré de sa puissance; elle joua le rôle de premier ministre, et s'occupa de placer aux affaires étrangères celui qui avoit conduit cette révolution.

Il faut avouer que la tournure des affaires générales de l'Europe avoit aussi contribué beaucoup à amener cet événement. Le roi de Prusse, entraîné par son caractère, avoit cru pouvoir manquer, pour ainsi dire, au roi, en se permettant des plaisanteries déplacées sur madame de Pompadour; cela avoit influé sur les affaires, comme cela arrive toujours malheureusement. La rupture des Anglais mettant dans la nécessité de se concerter avec ses alliés ou d'en faire de nouveaux, le roi de Prusse croyoit qu'on avoit besoin de lui, et se rendit très-difficile. Enfin, voyant qu'on ne cédoit point à ses volontés, il fut le premier à faire un traité avec nos ennemis. Madame de Pompadour ne manqua pas cette occasion, et le traité de Vienne fut conclu.

M. le prince de Conti fut scrupuleusement éloigné de la confidence de cette négociation, qui détruisoit en un jour son travail de douze années, qui ayant été continué avec soin eût eu un succès complet. Les négociations suivies sous sa direction, dans les cours de Constantinople, Varsovie et Stockholm, avoient parfaitement réussi. Le roi de Prusse avoit lui-même concouru à tout ce qu'on désiroit de lui pour cette partie. Les événemens des diètes de 1752 et 1754 en Pologne, où le comte de Broglie avoit été ambassadeur en 1752, avoient tourné à l'avantage du parti françois; et on étoit au moment de former une confédération propre à assurer l'élection désirée également par les Polonois et par le roi. La Russie et l'Angleterre avoient perdu tout leur crédit dans cette république, et l'influence de la France y étoit montée au point le plus désirable.

Dans de pareilles circonstances, M. le prince de Conti paroissoit ne devoir pas craindre que la direction de la politique lui fût ôtée. Il dut donc être étonné de l'événement; il espéra de pouvoir en être dédommagé par le commandement des armées dont il avoit eu une ancienne promesse dans les termes les plus formels. Madame de Pompadour trouva encore le moyen de la faire éluder; et ce fut ce dernier coup qui détermina ce prince à remettre à sa majesté la direction de la correspondance secrette, et à renoncer entièrement aux affaires.

LETTRE

De Louis XVI au Comte de Broglie.
(Juin 1774.)

JE vous ai marqué, monsieur, par ma dernière lettre, la conviction où j'étois de votre innocence par rapport à l'affaire de la Bastille. J'attends de votre soumission et de votre fidélité que vous ne chercherez pas à réveiller une affaire que je veux qui soit oubliée; en conséquence, j'ai ordonné qu'on me rapportât la procédure et toutes les copies du rapport pour être brûlées, et s'il en restoit encore, elles doivent être regardées comme de nulle valeur.

Transcrit sur une minute de la main de Louis XVI.

Nota. Il paroît que le roi écrivit au comte de Broglie, le 6 du même mois, une première lettre, par laquelle il lui ordonnoit de mettre fin à la correspondance secrette et comme dans celle-ci, de brûler les procédures de la Bastille. (V. la pièce suivante.)

* * *

LETTRE

Du Comte de Broglie au Roi.

SIRE,

J'AI reçu la lettre dont il a plu à votre majesté de m'honorer le 6 de ce mois. Elle daigne prévenir les souhaits que je formois depuis long-tems, en me donnant l'ordre de mettre fin à la correspondance secrette, suivie par ceux du feu roi. Je n'aurois pas osé, sire, le solliciter dans ces premiers momens, votre illustre ayeul me l'ayant constamment refusé en différens tems. Mais en me conformant aux ordres de votre majesté, je crois qu'il est de mon devoir de mettre sous ses yeux les observations respectueuses que je prends la liberté de joindre à cette lettre. J'espère qu'elles lui feront connoître la nécessité qu'un travail aussi long soit examiné dans le silence par quelque ministre d'état, afin d'en rendre compte à votre majesté. Ce sera ensuite à elle à juger de son importance. Le sceau de votre approbation sacrée, sire, jointe à celle dont le feu roi a toujours honoré ce travail, ne me laissera plus rien à désirer, et c'est la récompense la plus flatteuse que j'ambitionne. Cependant, pour la mériter plus sûrement encore, je crois indispensable que les détails en soient scrupuleusement examinés par des ministres aussi vertueux que ceux que votre majesté vient de choisir. Cela exige du tems, et celui de votre majesté est trop précieux pour que j'ose lui demander d'en prendre la peine. Je la supplierai seulement de trouver bon que j'aie l'honneur de lui présenter moi-même les pouvoirs et les autorisations que j'ai eus de la main du feu roi, tant pour moi, que pour ceux qui ont travaillé sous ma direction dans cette partie.

Votre majesté ayant alors une conviction entière de ma fidélité, de mon zèle, et une connoissance parfaite du genre de confiance dont j'étois honoré de la part du feu roi, son auguste ayeul, elle daignera m'en donner une assurance de sa main, et je recevrai par cet acte de bonté la digne récompense et le fruit de mes longs travaux, pour lesquels j'ai constamment sacrifié ce que j'ai de plus cher dans le monde.

Je ne peux me dissimuler que ma réputation a été cruellement compromise, sur-tout dans ces derniers tems, par les imputations d'intrigues dont j'ai été accablé. Il m'est impossible de n'en pas trouver la preuve dans la propre lettre dont votre majesté m'a honoré le 6 de ce mois. Je vois qu'elle regarde comme une précaution utile pour moi de brûler tout ce qui a trait à cette correspondance, et qu'elle attache à la sincérité avec laquelle j'exécuterai ses ordres, et au soin que je prendrai de ne me mêler désormais d'aucune affaire, la permission de revenir à la cour.

Pourrois-je, sire, être affligé d'une manière plus sensible par mon maître ? et me seroit-il possible de résister à un pareil malheur, si je n'étois pas assuré qu'il ne tardera pas à connoître la vérité ?

Loin de regarder comme un avantage celui de brûler tous les papiers de la correspondance secrette, je regarderois comme le souverain des malheurs d'y être condamné, malgré la confiance qu'elle daigne me marquer en s'en rapportant à moi seul pour l'exécution de cet ordre. J'ai besoin, sire, de témoins irréprochables de ma conduite passée, qui me mettent en même tems à l'abri d'être accusé à l'avenir d'avoir conservé des traces des objets que votre majesté paroît vouloir anéantir. Il m'est encore plus essentiel que ces mêmes témoins puissent répondre à votre majesté que je ne me suis mêlé d'aucune affaire depuis quarante ans que je suis dans le monde, et qu'il n'y a jamais eu que ce travail que le feu roi m'a ordonné de suivre, qui m'ait donné l'air d'avoir des relations qu'on a dépeint comme suspectes. Mais quand votre majesté se sera convaincue qu'en cela je ne faisois qu'un acte d'obéissance vis-à-vis de mon maître, dont je l'ai même supplié plus d'une fois de me dispenser, en me permettant de remettre cette correspondance à ses ministres, j'ose espérer qu'elle ne sauroit approuver les menées qui ont été faites contre moi; que les marques précieuses de son estime serviront de consolation à mes peines; qu'elle poussera sa bonté infinie jusqu'à détruire elle-même les impressions défavorables qu'on a cherché à donner à sa majesté la reine, et qu'elle voudra bien enfin regarder ces marques de bienfaisance, comme un des actes de justice qui ont déjà caractérisé les premiers momens de son avénement au trône.

Je ne saurois être assez malheureux, sire, pour que le coeur de votre majesté soit inaccessible à mes respectueuses représentations. Elle sentira sans doute qu'en laissant subsister la disgrace où je gémis depuis tant de tems, elle me flétriroit aux yeux de toute l'Europe; j'y serois regardé comme un vil intrigant, tandis que ce n'est que par un excès d'amour et d'obéissance pour votre auguste ayeul, que je me suis soumis momentanément à en supporter l'apparence. Cette soumission peu commune auroit été au-dessus de mes forces, sans la certitude où j'étois que le feu roi ne m'en estimoit que davantage: mais je ne saurois soutenir le moindre doute sur mon compte de la part de votre majesté.

Qu'elle daigne donc commencer par m'ôter le vernis odieux dont la prolongation de ma disgrace me terniroit, et dont elle regretteroit sûrement elle-même d'être la cause, quand elle verra combien peu je l'ai méritée. Faites de moi, sire, tout ce que vous voudrez après l'examen de ma conduite ; je dépose à vos pieds les graces, les honneurs que quarante ans de service m'ont procurés, si votre majesté juge, quand j'aurai le bonheur d'être connu d'elle, que j'en étois indigne. Mais qu'elle daigne ménager ma réputation et mon honneur, dont, j'ose m'en assurer, elle ne voudroit pas disposer. Je la conjure donc de jetter un regard de bonté et de bienfaisance sur le plus pur, le plus zélé de ses sujets, et le plus empressé à lui donner toute sa vie les témoignages de la plus entière soumission et du plus profond respect avec lequel je suis,

De votre majesté,

Le très-humble, très-obéissant et très-fidèle serviteur et sujet,

Le Cte DE BROGLIE.

A Ruffec, le 14 Juin 1774.

OBSERVATIONS

Que le Comte de Broglie prend la liberté de mettre sous les yeux du Roi, en réponse à la lettre dont il l'a honoré, en date du 6 Juin 1774.

La correspondance secrette que le feu roi a entretenue jusqu'à sa mort, ses deux billets étant l'un du 24 et l'autre du 26 Avril, a toujours été présentée par les ministres et les maitresses qui cherchoient à l'embarrasser et à la détruire, comme une intrigue sourde que le feu roi permettoit plutôt qu'il ne l'ordonnoit, employant ce moyen pour rendre odieux ceux qu'on soupçonnoit de la diriger. C'est ainsi que Madame de Pompadour en a usé tout le tems que M. le prince de Conti a été chargé de la suivre. La résistance que le roi a opposée à la curiosité de cette favorite, n'a servi qu'à l'aigrir : elle a cherché à traverser ce prince dans toutes les circonstances; et en multipliant les contrariétés et les dégoûts, elle l'a déterminé à prendre le parti, non-seulement d'abandonner ce travail, mais même de se retirer presque entièrement de la cour où il n'a paru depuis que très-rarement et dans des occasions indispensables.

Si l'établissement de la correspondance secrette avoit été uniquement l'ouvrage des instignations et des conseils de M. le prince de Conti, il est apparent qu'à l'époque de sa retraite, le feu roi y auroit mis fin et se seroit débarrassé de toutes les tracasseries intérieures qu'occasionnoit ce travail d'autant plus assujettissant qu'il voulut s'en réserver le soin. Il est donc à croire que sa majesté y étoit attachée, et l'avoit supposé utile au bien de son service.

En effet, le feu roi ordonna que tous les chiffres et autres papiers relatifs à cette affaire fussent remis au sieur Tercier, alors premier commis des affaires étrangères, qui avoit eu précédemment l'ordre de sa majesté de communiquer à M. le prince de Conti tout ce qui arrivoit par le voie directe aux ministres, et de faire passer par les courriers de ces mêmes ministres les réponses de la correspondance secrette, quand elles exigeoient de la célérité.

Le sieur Tercier se trouva seul alors à la tête de ce travail; il le suivit pendant quelques mois avec des ambassadeurs et ministres en assez grand nombre, qui avoient l'honneur d'y être admis.

Le comte de Broglie étoit dans ce cas. Il a déjà eu l'honneur d'observer au roi qu'il n'y étoit entré qu'avec une peine infinie, et que sa résistance ne fut vaincue qu'au second ordre que M. le prince de Conti lui remit de la part du feu roi. Ces deux ordres existent, ainsi que M. le prince de Conti, et prouvent invinciblement que le comte de Broglie n'a point recherché d'être chargé de cette correspondance. Il sentoit que son attachement inébranlable pour son maître le rendroit tôt ou tard la victime de sa fidélité constante, et cette crainte ne s'est que trop justifiée.

Le comte de Broglie étoit à Dresde, à l'époque de la retraite de M. le prince de Conti. La correspondance se suivoit toujours par la voie du sieur Tercier, comme si ce prince en étoit resté le directeur. Le comte de Broglie ne fut donc instruit de ce changement qu'à son arrivée à Paris, au mois de Décembre 1756. Le sieur Tercier reçut alors l'ordre du roi de lui en communiquer toutes les branches, et de se conformer à ceux du comte de Broglie, quand celui-ci seroit à Paris, dans la même forme ci-devant observée par M. le prince de Conti. Le comte de Broglie obéit, écouta et lut tout ce qui lui fut présenté par le sieur Tercier: mais évitant encore de se rendre le chef de la besogne, il continua à ne s'occuper que de ce qui concernoit la Pologne et la Saxe, et ne prit la liberté d'entretenir sa majesté que de ces objets.

Il chercha même alors à quitter la carrière politique pour celle militaire, et demanda avec instance à servir à la guerre dès la campagne de 1757. M. Rouillé s'y opposa toujours, et prit un ordre du roi en plein conseil, pour lui enjoindre de retourner en Pologne.

Son obéissance aveugle aux volontés du roi, et sa juste reconnoissance du cordon bleu qu'il venoit de lui donner, malgré Madame de Pompadour déjà déclarée son ennemie, ne lui permirent pas de balancer. Feue Madame la Dauphine, qui le combloit de bontés, voulut bien aussi le presser elle-même de retourner auprès du roi son père, en lui disant qu'elle lui en auroit personnellement la plus grande obligation.

Il partit le premier Mai 1757, passa par Vienne où il resta près de deux mois, sans autre ordre que celui des circonstances. On l'avoit rendu suspect à cette cour où il avoit été depeint par Madame de Pompadour et M. de Staremberg, comme opposé au traité de Versailles. Mais au bout de six jours, M. de Kaunitz ayant reconnu son zèle ardent pour notre alliance avec la maison d'Autriche, lui donna les marques de la plus grande confiance, et leurs majestés impériales ne cessèrent de l'honorer de toutes sortes de bontés et de distinctions.

Le comte de Broglie a déjà eu l'honneur de rendre compte du séjour qu'il y a fait, ainsi que des bontés dont il fut comblé par le feu roi de Pologne, à son arrivée à Varsovie.

Il a observé aussi que ce fut principalement ses succès qui déterminèrent Madame de Pompadour à employer toutes sortes de moyens pour le retirer de la carrière politique. Les bontés de leurs majestés impériales et du roi de Pologne ne l'avoient pas entraîné à un abandon total aux vues et aux intérêts de ces puissances. Il les suivoit ardemment lorsqu'il étoit possible de les concilier avec ceux de son maître qui ont toujours fait son unique loi; et comme dans les alliances, même les plus naturelles et les plus intimes, les intérêts des puissances qu'elles unissent se trouvent souvent croisés, le comte de Broglie a toujours insisté pour que ceux de la France fussent suivis de préférence, et surtout jamais sacrifiés.

La vérité et la force de ses observations a quelquefois embarrassé le ministère, et a toujours déplu à Madame de Pompadour. Il en a résulté le parti de le rappeller de l'ambassade de Pologne où le feu roi vouloit au contraire le conserver. On ne trouva d'autre moyen pour en venir à bout, que de susciter les représentations des cours de Vienne et de Russie. Madame de Pompadour, qui avoit connoissance de toutes les expéditions, communiquoit aux ambassadeurs respectifs de ces deux puissances les réflexions contenues dans les dépêches du comte de Broglie, et sans doute leur donnoit une tournure propre à les indisposer contre lui. Il auroit d'ailleurs suffi qu'ils fussent instruits que c'étoit une occasion de plaire à la favorite pour engager ces ministres à se prêter à ses désirs. M. de Staremberg entra donc en scène pour demander le rappel du comte de Broglie, qui ne faisoit de son côté aucune résistance; et dès qu'il jugea que sa présence à Varsovie n'étoit d'aucune utilité pour le service, il demanda un congé qui lui fut accordé au mois de janvier 1758. Mais à son arrivée à la cour, sa majesté résista encore pendant plus de quatre mois aux demandes pressantes dont on l'obsédoit pour nommer à l'ambassade de Pologne. Elle y ceda enfin, en donnant au sieur Tercier de nouveaux ordres pour continuer à recevoir ceux du comte de Broglie pour la correspondance secrette.

Ils ont toujours été exécutés dans la même forme. L'éloignement du comte de Broglie pendant la guerre, même pendant son exil avec le maréchal, n'y a rien changé. On lui a toujours envoyé, soit à l'armée, soit à Broglie, la copie ou les extraits de la correspondance; et sa majesté lui a demandé très-souvent son avis, mais sans chercher à être connu, comme en ayant la direction par les ministres ou ambassadeurs qui y étoient admis, dont le plus grand nombre ne croyoit avoir à répondre qu'au sieur

sieur Tercier, et plusieurs ignorant entièrement par qui les ordres du roi leur parvenoient.

Les choses sont restées dans cet état jusqu'au moment de la mort subite du sieur Tercier. Le comte de Broglie étoit alors absent, et se rendit promptement à Paris dès qu'il en fut instruit. En arrivant, le roi lui donna ordre de s'emparer de tous les papiers et de suivre la besogne. L'enlèvement des papiers de chez un homme qui avoit été long-tems premier commis des affaires étrangères, étoit une opéraion délicate et difficile. Son exécution demandoit de la célérité pour prévenir M. le duc de Choiseul. Ce ministre soupçonnoit depuis long-tems, avoit même la certitude d'une correspondance secrette à laquelle le sieur Tercier avoit part. Il demanda en conséquence au roi l'ordre d'envoyer M. Durand, alors à la tête du dépôt des affaires étrangères, saisir les papiers en question : mais celui-ci, admis au secret depuis 1755, en donna avis au comte de Broglie, et à la faveur d'un délai prudemment ménagé, donna le tems nécessaire pour soustraire tous les papiers relatifs à la correspondance, ne laissant dans le cabinet du sieur Tercier que quelques mémoires et quelques extraits politiques que MM. de Choiseul et de Praslin avoient fait faire pour leur instruction à cet ancien premier commis. M. de Choiseul, à qui M. Durand rendit compte de l'exécution de ses ordres, voyant qu'on n'avoit rien trouvé de ce qu'il cherchoit, dit seulement: *on s'est levé avant nous*, et s'en tint là.

Le comte de Broglie reçut alors de nouveaux ordres et la permission de faire part aux ambassadeurs et ministres initiés à la correspondance secrette de la mort du sieur Tercier, et du nouvel arrangement que sa majesté déterminoit, en ne confiant désormais qu'à lui seul comte de Broglie la direction en chef de l'affaire. Les expéditions furent faites en conséquence, et les nouvelles instructions envoyées, toutes approuvées de la main du roi. Il ne fut rien changé d'ailleurs à l'ancienne forme établie par M. le prince de Conti, et suivie par le sieur Tercier. Le comte de Broglie eut seulement l'honneur de proposer au roi de lui donner un homme de confiance pour remplacer ce premier commis, ne pouvant lui-même s'occuper des chiffremens, des déchiffremens, extraits, mémoires, etc.; étant nécessaire en outre d'avoir quelqu'un qui dirigeât la besogne pendant ses absences qui étoient longues et fréquentes.

Le comte de Broglie n'ignorant pas qu'il étoit connu par M. le duc de Choiseul, comme ayant part à la confiance du roi, et voulant calmer les inquiétudes de ce ministre, et prévenir tous les mauvais offices qu'on cherchoit à lui rendre, avoit pris, depuis la guerre, le parti d'aller tous les ans passer six mois à Ruffec. Il crut devoir continuer; et sur l'observation qu'il en fit faire au roi, sa majesté lui permit de chercher quelqu'un de bien sûr pour travailler en second à cette partie. Il n'étoit pas aisé de trouver une personne qui réunît la capacité à la probité. Heureusement le général Monnet avoit été admis au secret du roi, et il réunissoit ces qualités. Le comte de Broglie jetta les yeux sur lui, le proposa: il fut accepté et on lui doit la justice de dire qu'il a parfaitement justifié l'opinion qui l'avoit fait choisir. Le détail pécuniaire, ainsi que la comptabilité de la recette et dépense, fut remis au sieur Dubois-Martin, secrétaire du comte de Broglie pour la correspondance secrette.

Le comte de Broglie ignore quand sa majesté a commencé à remettre des fonds pour cette partie : il sait que dès son premier départ pour la Pologne, M. le prince de Conti lui en fit passer pour être distribués dans cette république, indépendamment de ceux qui étoient envoyés par les ministres des affaires étrangères. Le sieur Tercier a depuis été chargé de cet objet, en en rendant compte, comme du reste, au comte de Broglie, qui mettoit un bon aux comptes, et les adressoit au roi, pour que sa majesté y mît son *approuvé*. Depuis la mort du sieur Tercier, c'est le sieur Dubois-Martin qui en a été chargé. Les comptes ont été successivement arrêtés par le comte de Broglie et approuvés par le roi, jusqu'à une époque dont il n'a pas la date présente. Cet article exige une règle et une forme particulière, et ses comptes ne sauroient être brûlés sans avoir été rendus. Sa majesté est trop juste pour ne pas en sentir la conséquence, relativement à la délicatesse et à la tranquillité du comte de

Broglie. Ce point seul seroit un obstacle insurmontable à l'exécution entière des ordres que sa majesté a donnés dans sa lettre du 6 de ce mois.

D'après cet exposé, le comte de Broglie ose se flatter que sa majesté appercevra qu'il n'est pas question ici d'une correspondance d'intrigue, isolée des affaires, arrachée à la bonté ou à la facilité du feu roi, et qui n'auroit eu d'autres objets que de lui donner des impressions sur les uns ou sur les autres; enfin, d'une besogne qui seroit plutôt relative aux intérêts de quelques particuliers, que le mouvement de la volonté du maître suivie pendant plus de trente années. Elle sera convaincue que cette correspondance a été entreprise par les ordres de son auguste aïeul. Quel motif plus fort pour la rendre respectable, et pour qu'elle soit digne que son successeur daigne la faire examiner et s'en faire rendre compte par des personnes dont la probité et la vertu l'assurent de la vérité des rapports qui lui en seront faits! Sa majesté apprendra par ces rapports les véritables objets qui ont occupé cette correspondance, qu'on peut dire majeurs par leur nature, par la manière dont ils étoient traités, et qui seroient devenus plus utiles encore peut-être, s'ils eussent été communiqués aux ministres des affaires étrangères, ce que le comte de Broglie n'a jamais cessé de proposer. Elle y trouvera des projets formés contre la Russie, celui qui a été connu pour assurer la couronne de Pologne, soit à M. le prince de Conti, soit à tout autre prince du sang, ou même de la famille royale de France. Elle saura tout ce qui a été proposé en faveur de l'alliance avec la cour de Vienne; les projets préparés et suivis pendant trois ans, pour prévenir de nouvelles surprises de la part des Anglais, et se venger des anciennes selon les circonstances. Elle sera instruite de tout ce qui a été représenté pour empêcher la tournure qu'ont prise, au grand détriment des intérêts de la France, les affaires de la Pologne. Enfin, on pourra lui rendre compte du travail commencé pour reprendre en sous-oeuvre l'édifice total d'un système de politique générale, dont le but étoit de procurer les moyens d'établir nos liaisons avec la cour de Vienne sur un pied qui pût rendre cette alliance aussi stable qu'avantageuse.

Sa majesté pourra prendre dans l'immensité de toutes ces relations la connoissance de quelques anecdotes au moins curieuses et propres à mieux saisir une partie des détails dont s'occupoit le feu roi. Elle y verra entr'autres qu'il paroît que sa majesté avoit eu en 1769 ou 1770 le projet de se remarier, et d'épouser une archiduchesse. Des ordres secrets envoyés par un courier à M. Durand instruiront de ce fait qui eut peu de suite, et dont le comte de Broglie n'avoit eu précédemment ni idée, ni connoissance: mais tout cela prouvera que cette correspondance ne ressembloit à rien moins qu'à l'intrigue de quelques particuliers.

C'est cependant le jour sous lequel les maitresses et les ministres qui leur étoient dévoués l'ont toujours envisagée ou au moins représentée: mais aucune n'a poussé la hardiesse au même point que Madame du Barry; et on ne peut pas dissimuler que M. le duc d'Aiguillon n'ait encouragé ses démarches, ou au moins partagé le désir de détruire cette correspondance.

Le comte de Broglie avoit déjà eu l'honneur de rendre compte à sa majesté de tout ce que Madame du Barry a fait pour lui faire avouer sa correspondance avec le roi, jusqu'à lui offrir le ministère des affaires étrangères alors vacant. Ne pouvant le séduire, on a cherché les moyens de découvrir son secret, et la familiarité avec laquelle Madame du Barry s'avisoit de mettre la main sur les papiers de sa majesté, a sûrement procuré quelques notions dont le roi n'est cependant jamais absolument convenu. Enfin au commencement de 1773, M. le duc d'Aiguillon a redoublé d'efforts pour augmenter les embarras du roi, et l'obliger d'abandonner sa correspondance. Soit que le hasard lui ait fourni les lettres indiscrettes que s'écrivoient les sieurs Ségur, Dumourier et Favier, soit que l'infidélite de quelqu'un les lui ait procurées, il n'en est pas moins certain que cette découverte fut saisie avec vivacité, et donna une base aux manoeuvres subséquentes qui ont été employées.

Le comte de Broglie n'avoit aucune part à ce commerce de lettres et ne connoissoit de ces trois personnages que le sieur Favier employé par lui, avec l'ordre du feu roi, à faire des mémoires politiques, mais point admis au secret de la correspondance du comte de Broglie avec sa majesté. Mais d'après l'embarras extrême qu'elle a marqué et que tout le monde a vu, il est vraisemblable que M. le duc d'Aiguillon l'aura poussé relativement aux papiers qui furent enlevés chez le sieur Favier deux jours après sa détention, papiers qui contenoient les minutes des mémoires politiques dressés par les ordres de sa majesté, et dont le sieur Dubois-Martin, à qui ils furent remis, eut l'honneur de rendre compte sur le champ.

C'est sans doute sur cette remise que M. le duc d'Aiguillon forma son plan, pour impliquer le comte de Broglie dans l'affaire de la Bastille. Il proposa d'abord de faire arrêter le sieur Dubois-Martin, et de faire saisir ses papiers. Le roi n'avoit garde d'y consentir, dans la crainte de voir son secret entièrement dévoilé. Cependant M. le duc d'Aiguillon qui l'avoit pénétré, et qui en acquéroit une nouvelle conviction par le refus du roi, revint encore plusieurs fois à la charge. Sa majesté lui imposa enfin silence, et pour se débarrasser de ses importunités trop pressantes, convint que le comte de Broglie lui avoit adressé en différentes occasions des mémoires sur la politique, ajoutant qu'il ne les lisoit pas, et il lui en remit quelques-uns. M. le duc d'Aiguillon vit bien alors qu'il n'avoit plus de moyens pour impliquer le comte de Broglie dans l'affaire de la Bastille, où il ne pouvoit en effet être pour rien : sur quoi il changea ses batteries, et suivant toujours son unique plan, celui de détruire le travail secret du roi, il en fit confidence à M. le comte de Mercy, et le lui présenta comme décidément nuisible, et portant atteinte aux intérêts de la cour de Vienne. Cet ambassadeur, séduit par des apparences insidieuses, et alarmé en proportion de son attachement pour le système suivi des deux cours, rendit compte à la sienne de l'état des choses, d'après le dire de M. le duc d'Aiguillon. Il ne tarda pas à recevoir des ordres de M. de Kaunitz pour porter des plaintes au feu roi contre le comte de Broglie, en lui supposant des vues bien contraires à ses sentimens, qui ne sont et ne seront jamais que ceux de son maître ; et cependant c'est d'après de pareilles imputations qu'on peut dire aussi singulières que ténébreuses, que le comte de Broglie gémit encore dans une disgrace qu'il n'a soutenue que par l'assurance de l'estime et de la continuation des bontés de son maître, qui lui en a donné des témoignages constans jusqu'aux derniers jours qui ont précédé la cruelle maladie dont il est mort. C'est de grand cœur qu'il lui avoit sacrifié sa réputation presque compromise, son amour-propre humilié, pour soutenir un secret honorable que sa majesté ne jugeoit pas à propos d'abandonner : mais la cessation de la correspondance secrette, et la retraite de M. le duc d'Aiguillon mettant fin à toutes les tracasseries qu'il avoit suscitées au comte de Broglie, il ne peut que s'en remettre avec autant de soumission que de respect, aux éclaircissemens ultérieurs que sa majesté jugera à propos d'ordonner sur ces différens objets.

En attendant, elle verra par l'état ci-joint des ambassadeurs et ministres admis à la correspondance secrette, que MM. de Vergennes, de Breteuil, de St-Priest, et Durand sont de ce nombre. Le choix que le roi vient de faire du premier pour ministre des affaires étrangères, et la réputation excellente et méritée dont jouissent aussi les trois autres, suffiroient seules pour prouver au roi qu'il ne se traitoit pas des choses suspectes par ce canal, et qu'ainsi le comte de Broglie n'étoit pas à la tête d'une bande de bas et plats intrigans, mais qu'il avoit l'honneur de diriger un travail suivi par les ministres les plus capables et les mieux famés qu'on puisse connoître. Il ose même avancer que c'est lui seul qui les a soutenus. M. de Vergennes avoit été nommément rappellé de Constantinople, parce que M. de Choiseul avoit eu des soupçons de la correspondance qu'il suivoit, et il fut à son arrivée entièrement mis à l'écart. Le comte de Broglie le recommanda aux bontés du feu roi, fit connoître la perte que le service de sa majesté faisoit par l'éloignement auquel on condamnoit un sujet aussi distingué; et lorsqu'elle daigna lui demander son avis pour le choix d'un ambassadeur en Suède, à l'avénement du feu roi, il la supplia de choisir M. de Vergennes, qui fut nommé le lendemain.

Quand Madame du Barry voulut également faire ôter l'ambassade de Vienne à M. le baron de Breteuil, le comte de Broglie fit en sa faveur des démarches fortes et publiques, qui déplurent beaucoup, et qui ne sauvèrent pas M. de Breteuil. Il eut aussi l'honneur de représenter à sa majesté, combien il importoit à son service de ne pas le perdre entièrement, ce qui empêcha au moins qu'il ne fut mis hors de la carrière politique.

Il peut également se flatter d'avoir placé M. le chevalier de St-Priest qui étoit à la vérité porté par M. le duc de Choiseul, mais que le feu roi trouvoit jeune, et dont il détermina la nomination à l'ambassade de la Porte.

Enfin il a soutenu M. Durand contre tous les assauts qu'il a éprouvés, ayant été soupçonné, sous les deux derniers ministères, d'être dans quelque correspondance avec le comte de Broglie; et en le soutenant, il a rendu service aux affaires du roi qu'il a toujours conduites avec autant de sagesse que de fidélité.

Ces différens ambassadeurs ou ministres ont des ordres, des instructions, et des lettres de sa majesté en grande quantité. Les minutes et originaux de ces pièces sont entre les mains du comte de Broglie, ainsi que leurs réponses : c'est ce qui fait leur sûreté réciproque. Comment donc seroit-il possible qu'il brûlât tout ce qu'il a chez lui, sans en avoir une décharge ? et n'auroit-il pas à craindre, sur-tout pour les objets envoyés en chiffre, qu'après qu'il auroit tout brûlé, on ne supposât des lettres chiffrées qui n'auroient pas existé, sans qu'il pût donner la preuve du contraire ? Il paroît donc indispensable, que lorsque le tout aura été arrangé avec le meilleur ordre, il soit remis par lui au ministre des affaires étrangères, qui lui en donnera une décharge, et qui les gardera jusqu'au tems où chacun des ambassadeurs ou ministres dans les cours étrangères, aura envoyé de son côté tout ce qui a rapport à la correspondance secrette. Alors il pourra être fait un choix de ce que M. de Vergennes jugera devoir être gardé pour l'utilité du service du roi, et le reste sera brûlé par lui avec la sûreté de tout le monde.

Le comte de Broglie supplie sa majesté de trouver bon qu'il ait aussi l'honneur de lui représenter que celui qu'il a eu d'être admis à la confiance du roi pendant vingt-deux ans, pourroit lui faire espérer l'avantage de finir d'une manière décente le travail dont il étoit chargé, et qu'ainsi il paroîtroit que ce seroit par son canal que toutes les personnes qui ont été employées sous ses ordres devroient apprendre qu'à l'avenir ils ne doivent plus correspondre qu'avec le ministre des affaires étrangères ; et comme ils ont servi avec une fidélité, une constance et une exactitude qui ne sont pas sans mérite, vu les dangers qu'ils ont tous courus d'être sacrifiés au crédit et à la puissance des favorites et des ministres, le comte de Broglie oseroit proposer à sa majesté de lui permettre de leur témoigner de sa part la satisfaction qu'elle daigne avoir de leurs services dans cette partie, et de leur fidélité à exécuter les ordres de son auguste aïeul ; en quoi ils ont eu d'autant plus de mérite qu'ils en connoissoient tous les risques, ainsi que le comte de Broglie.

Il y a encore la correspondance avec le sieur d'Eon qui ne peut pas être terminée sans de grands ménagemens dont les détails seroient trop longs à déduire ici, mais qui doivent être communiqués en secret au ministre qu'il plaira au roi d'indiquer.

Le comte de Broglie n'a pas écrit un mot depuis la mort du roi par la correspondance secrette, parce qu'il ne s'est jamais permis, même pendant sa vie, de rien faire par cette voie, sans que cela fut signé ou approuvé par sa majesté : il en usera de même à l'avenir : mais il supplie le roi de trouver bon que les chiffres, tant anciens que ceux dont on se servoit actuellement, ne soient remis qu'à M. de Vergennes et brûlés par lui.

En attendant son arrivée, il supplie sa majesté de nommer ceux de ses ministres d'état qu'elle jugera à propos pour examiner les différentes parties de cette correspondance et lui en rendre compte. Il désireroit fort qu'il lui plût de choisir M. le maréchal de Soubise et M. du Muy. Le premier de ces ministres étant depuis très-long-tems dans le conseil, aura peut-être connoissance d'une partie des faits que cet examen mettra au jour ; et comme M. le comte du Muy est également bien instruit de ce qui a trait à la politique et à toutes les matières d'état, il pourra, mieux que personne, juger du travail du comte de Broglie.

Il verroit avec un égal plaisir que M. le comte de Maurepas fut joint à ces deux ministres pour examiner sa conduite, et il ne craindroit pas que ses liaisons de parenté avec M. le duc d'Aiguillon pussent influer sur l'équité du jugement qu'il en porteroit, sur lequel sa probité et ses lumières ne lui laissent aucune inquiétude. Il sera au contraire très-aise d'avoir pour juges les personnes dont il a le moins l'honneur d'être connu, pour que leur suffrage apprenne à tous ceux qui ont pu être prévenus, la fausseté des accusations que ses ennemis se sont permises contre lui; qu'il n'y a pas une seule des personnes qui aient eu quelque part aux affaires qui soit aussi exempte du soupçon d'intrigue, la confiance secrette du maître ayant d'ailleurs toujours obligé le comte de Broglie de se tenir éloigné des ministres et des maitresses, dont il n'ignoroit pas la mauvaise volonté pour lui.

Le comte de Broglie ose se flatter que la simple exposition de ces détails, dont il est en état de démontrer la vérité, engagera sa majesté à daigner mettre fin à sa disgrace,

Cette marque de sa bienveillance lui est nécessaire pour détruire les bruits injurieux répandus sur son compte. La prolongation de son exil qu'on attribuoit à la puissance de ses ennemis terniroit une réputation intacte, si elle continuoit après leur retraite. Le public auroit lieu de soupçonner qu'il a eu des torts réels dont il ose avancer avec toute l'assurance de l'innocence qu'il est exempt. Mais au cas qu'après l'examen qu'il prend la liberté de solliciter comme une grace, sa majesté trouvât le plus léger indice qu'il ait manqué à aucun des devoirs que prescrivent la plus scrupuleuse probité et la délicatesse la plus parfaite, elle est d'avance également suppliée par lui de le condamner à un exil éternel, et ce qui seroit plus cruel encore, à la privation de son estime, qui est la récompense la plus flatteuse qu'il se promet d'obtenir d'un travail de vingt-deux ans, très-pénible et accompagné de toutes les contrariétés et de tous les dégoûts qu'il ose dire que peu de personnes auroient supportés avec la même constance que lui.

Le rappel du comte de Broglie est également nécessaire pour le rassemblement de tous les papiers qui sont d'un volume énorme, et qu'il avoit dispersés dans différens dépôts, dans la crainte fondée qu'on ne surprît un ordre du feu roi pour faire enlever le sieur Dubois-Martin qui en étoit le dépositaire, et qui a eu besoin de toute sa fidélité et sa fermeté, pour n'être pas effrayé des projets dangereux qu'on formoit contre sa liberté.

Il est également indispensable que le comte de Broglie fasse mettre en règle tous les comptes qui n'ont pas même été arrêtés par le feu roi, et qu'il y joigne l'état de tous ceux qui ont eu des pensions ou des traitemens fixés par feue sa majesté, et auxquels il est apparent que le roi, dont la bienfaisance, la bonté et la justice sont connues, ne voudra pas les retirer. Il est même à observer que des personnes employées dans des affaires de cette importance et secrettes ne sauroient être privées des récompenses qui leur ont été accordées, que leur fidélité a méritées, et dont la plupart ne sauroient se passer.

Le feu roi avoit destiné dix mille francs par mois pour remplir ces objets. Comme ce qu'il plaira à sa majesté d'en conserver pourra être porté sur les fonds des affaires étrangères, il suffiroit peut-être qu'elle voulût bien encore ordonner la remise des dix mille livres pour le premier Juillet. D'ici au mois d'Août, tous les comptes seront en état; et comme M. de Vergennes sera alors arrivé, il pourra pourvoir aux payemens ultérieurs.

Le comte de Broglie finira ces observations, en se jettant aux pieds de sa majesté, pour la supplier de suspendre son jugement sur sa conduite, jusqu'à ce que le compte impartial lui en ait été rendu. La douleur de se voir soupçonné d'intrigues et d'envie de se mêler d'affaires sans y être appellé seroit extrême, s'il n'étoit aussi sûr que ces soupçons seront détruits, et que lorsqu'il sera représenté à son maître tel qu'il est et qu'il a toujours été, par des gens vertueux et honnêtes, elle le jugera digne de sa bienveillance et de sa protection.

ÉTAT

Des Ambassadeurs, Ministres ou Résidens qui ont été admis à la Correspondance secrette par ordre de Louis XV. (Cet État a été joint à la Pièce précédente.)

M. LE COMTE DE VERGENNES. Cet ambassadeur a été admis au secret en partant pour l'ambassade de Constantinople en 1755. C'est par M. le prince de Conti qu'il a reçu les ordres du roi, et depuis par M. le comte de Broglie partant pour la Suède.

M. LE BARON DE BRETEUIL. Il a été admis au secret en 1759. C'est M. le comte de Broglie qui eut l'honneur de le proposer à sa majesté.

M. LE CHEVALIER DE SAINT-PRIEST. Il a été admis au secret à son départ pour l'ambassade de Constantinople, pour laquelle il a été proposé par M. le comte de Broglie, qui prit la liberté de représenter la nécessité de remplacer M. de Vergennes par quelqu'un de sûr et de capable.

M. DURAND. Il a été admis au secret en 1755, en partant pour la Pologne où il fut envoyé en qualité de ministre. Il reçut les ordres du roi par M. le prince de Conti.

M. Hennin. Il a été admis au secret en partant pour la Pologne avec M. le marquis de Paulmy, en qualité de secrétaire d'ambassade, parce que sa majesté ne jugea pas devoir y admettre cet ambassadeur; mais M. le comte de Broglie lui répondit de la fidélité du sieur Hennin qu'il avoit eu pour secrétaire donné par la cour pendant toute son ambassade, mais qui alors n'avoit connoissance que des dépêches envoyées directement au ministre des affaires étrangères. Il est actuellement résident à Genève.

M. Gérault. Il a été admis au secret en 1757, en qualité de secrétaire du comte de Broglie. Il a depuis resté avec tous les ministres ou ambassadeurs qui ont été en Pologne où il est demeuré, depuis M. de Paulmy, chargé des affaires, et il est encore à Varsovie d'où il donnoit des nouvelles exactement et au ministre et au comte de Broglie.

M. Desrivaux. Il a été admis au secret comme secrétaire de feu M. le marquis d'Avrincourt, qui avoit été lui-même admis en partant pour la Suède, et recevoit les ordres du roi par M. le prince de Conti. Le sieur Desrivaux a été placé consul à Raguse où il est employé à faire passer quelquefois des lettres à Constantinople, et d'où il donnoit le peu des lettres qui venoient à sa connoissance.

M. D'EON. Le sieur d'Eon avoit été mis dans le secret en 1756 par M. le prince de Conti, qui l'avoit placé pour la correspondance secrette auprès du chevalier Douglas en Russie. Il a toujours été admis à la correspondance secrette depuis ce tems-là; et en Angleterre il a eu des ordres particuliers du roi, qui étoient de nature à mériter les ménagemens qu'on a eus pour lui dans le tems de ses discussions déplacées avec M. le comte de Guerchy. Il sera nécessaire que le comte de Broglie traite en détail ce qui regarde le sieur d'Eon, avec M. le comte de Vergennes, pour qu'il en rende compte à sa majesté.

LE GÉNÉRAL MONNET. Il a été admis au secret, quand il a été envoyé en Pologne par M. le duc de Praslin, pour une commission particulière après la mort du roi Auguste II. Peu de tems après son retour à Paris, le sieur Tercier étant mort, le comte de Broglie eut l'honneur de proposer à sa majesté de le charger de la direction de la correspondance secrette en son absence ; il en a toujours été occupé depuis cette époque.

Madame la générale Monnet. Elle avoit eu connoissance du secret à la mort du sieur de la Fayardie, son premier mari, qui y avoit été admis par M. le Prince de Conti, en partant pour la résidence de Varsovie en 1753. Elle l'a toujours gardé très-fidélement ; elle a eu des graces particulières du roi, non-seulement par ce motif ; mais parce qu'elle étoit née d'une famille distinguée en Suède, qu'elle s'étoit fait catholique, et que d'ailleurs sa fortune lui rendoit ces bienfaits nécessaires, ainsi qu'à M. le général Monnet. Ils ont l'un et l'autre beaucoup de mérite, sont fort aimés de M. le comte de Vergennes, et sont très-dignes des bontés de sa majesté. Le comte de Broglie aura l'honneur de lui proposer de leur accorder la conservation des bienfaits dont ils jouissent ; mais ce travail ne pourra être présenté, ainsi que pour tous ceux qui ont eu part aux bontés du feu roi, que lorsque les comptes seront rendus.

M.

M. Dubois-Martin. Il a été admis au secret au mois de Juin 1764, lorsqu'il est entré pour secrétaire de la correspondance secrette auprès de M. le comte de Broglie, et il a été chargé, depuis la mort du sieur Tercier, de la recette et de la dépense des fonds envoyés par sa majesté.

Le général Mokronosky. C'est un célèbre patriote, fort attaché de tous les tems à la France et à son pays ; il est du nombre de ceux qui avoient jetté les yeux sur M. le prince de Conti pour lui donner la couronne de Pologne ; il a été admis au secret dès les premiers momens de ce projet, et a toujours reçu des bienfaits assez considérables du feu roi, et on ne sauroit plus mérités.

M. le brigadier Jakubosky. C'est un autre Polonois d'un ordre inférieur au premier. Il a été au service de France, mais c'est en Pologne où on l'a toujours employé. Il a commencé à marquer son attachement, dès la seconde élection du feu roi Stanislas. C'est un très-bon sujet, plein de zèle, et qui a bien mérité les bienfaits du feu roi Stanislas.

Ce sont là toutes les personnes avec qui le feu roi avoit autorisé d'entretenir la correspondance secrette. On présentera toutes les autorisations de sa majesté pour leur admission au secret, ainsi que celles de toutes les lettres qui leur ont été écrites, et des instructions qui leur ont été remises ou envoyées.

Il y a encore plusieurs personnes admises au secret, mais avec lesquelles il n'existe pas de correspondance directe.

De ce nombre sont, M. le baron de Bon, qui ayant été chargé à l'armée et depuis d'objets relatifs à la politique, s'est trouvé dans le cas de procurer des connoissances utiles au service du roi, dans la partie dont le comte de Broglie avoit la direction;

M. de la Rozière, brigadier des armées du roi, qui a été chargé par le feu roi de la reconnoissance des côtes d'Angleterre et de France, et a rempli cette commission avec autant d'intelligence que de courage et de fidélité;

Le sieur de Nardin, lieutenant-colonel d'infanterie, qui a accompagné M. de la Rozière dans ce travail, et qui a eu la participation du secret, et a depuis été envoyé par ordre de sa majesté pour une mission particulière en Angleterre;

M. le marquis de Bombelles, chargé du détail de la correspondance secrette avec M. le baron de Breteuil;

Et enfin, tous les secrétaires chargés des chiffremens et déchiffremens auprès de tous les ambassadeurs et ministres qu'il avoit plu au roi d'admettre à son secret; les secrétaires ont eu personnellement l'ordre du feu roi de le garder, et reçoivent des traitemens de sa majesté.

Il y a aussi la veuve du sieur Tercier, le fils de ce premier commis, le sieur Drouet, ancien secrétaire du comte de Broglie, et le sieur Rossignol, ci-devant consul en Russie, qui ont des pensions ou des traitemens. Tous ces objets seront présentés en détail avec les respectueuses observations du comte de Broglie sur le mérite de chacun. Elles seront dictées par la justice et par l'esprit de vérité qu'il doit à son maître et qui l'a toujours animé.

LETTRE

Du Comte de Vergennes et du Maréchal du Muy à Louis XVI.

SIRE,

En conformité des ordres de votre majesté, les comtes du Muy et de Vergennes ont eu deux conférences avec M. le comte de Broglie, la première du 27 du mois dernier, et la seconde le premier de celui-ci.

Nous ne pouvons, sire, rendre à votre majesté un compte plus exact des matières qui y ont été traitées, qu'en prenant la liberté de mettre sous ses yeux les mémoires que M. le comte de Broglie nous a présentés pour servir d'introduction à l'examen des matières qui ont fait l'objet de notre travail *).

M. le comte de Broglie n'ayant eu d'abord part à la correspondance secrette, et n'ayant été depuis chargé de sa direction

---

*) Les deux mémoires dont il s'agit sont les deux derniers articles de ce recueil de pièces authentiques concernant la correspondance secrette.

qu'en vertu des ordres secrets et bien constatés du feu roi, il n'est pas dans le cas d'établir sa justification : mais si votre majesté daigne jetter les yeux sur ses mémoires, nous sommes persuadés qu'elle y remarquera avec satisfaction que sa conduite, loin d'avoir donné lieu aux reproches et aux imputations qu'on a pu lui faire, n'est susceptible que d'éloges. En effet, autant que les vues qu'il étoit chargé de soigner étoient louables et intéressantes ; autant la prévoyance, la dextérité et la sagesse dont il a fait preuve dans l'exécution semblent devoir lui mériter les bontés de votre majesté.

Nous osons supplier votre majesté de lire, avec une attention particulière, le numéro coté 2. Il renferme un plan bien combiné de débarquement en Angleterre. Nous souhaitons que votre majesté ne soit jamais dans le cas d'en faire usage : mais dans le besoin, il pourroit être d'une grande utilité. C'est pour cet effet que quoique votre majesté nous ait *donné l'ordre de brûler tous les monumens de la correspondance secrette*, nous la supplions très-humblement de nous permettre d'en excepter un travail dont on ne peut pas se flatter que l'application ne deviendra pas indispensable au moment peut-être où on s'y attendra le moins.

Nous suivrons successivement, et le plus promptement que nos occupations peuvent le permettre, tous les autres objets qui ont trait à la correspondance secrette, afin d'en faire rapport à votre majesté, et de pouvoir lui annoncer que ses ordres ont été exécutés avec tout le zèle et l'exactitude qui dépendent de nous. Nous ne pouvons d'ailleurs, sire, que nous louer des facilités que nous éprouvons de la part de M. le comte de Broglie pour l'expédition de ce travail.

Nous sommes avec le plus profond respect, etc.

Transcrit sur une copie de la main de M. de Vergennes.

LETTRE

Du Comte de Broglie à Louis XVI.

SIRE,

J'ai reçu, avec la plus respectueuse reconnoissance, l'approbation qu'il a plu à votre majesté de donner au compte que j'ai eu l'honneur de lui rendre de ma conduite avec M. le prince de Conti. Je me conformerai, avec mon exactitude ordinaire, à la circonspection qu'elle me prescrit à cet égard.

Dès le premier voyage que j'ai fait à la cour, sire, depuis mon retour de Ruffec, j'ai prié MM. les comtes du Muy et de Vergennes de m'indiquer le moment où je pourrois recommencer les conférences que j'avois eues à Compiègne avec ces ministres. Quelques affaires qu'ils avoient à terminer, et ensuite la maladie de M. le comte du Muy, ont retardé ces conférences jusqu'au 27 du mois dernier, qu'ils m'ont accordé la première; la seconde a eu lieu le premier de ce mois; et ils m'ont assuré qu'ils auroient l'honneur d'en rendre compte à votre majesté, de mettre sous ses yeux les deux mémoires qui contiennent les précis de ces deux conférences, et d'y joindre les assurances de l'approbation qu'ils ont bien voulu donner à ce que je leur ai présenté. Nous continuerons, sire, à en avoir une par semaine, jusqu'à ce que cela soit terminé, ce qui sera vraisemblablement avant la fin du mois. Mais comme nous approchons du moment où il y aura à examiner le travail politique fait sous ma direction par le sieur Favier, avec l'ordre du feu roi, ainsi que les suites qu'il a eues, je prends la liberté de supplier très-humblement votre majesté de vouloir bien donner ordre à M. de Sartines de se joindre, pour ces dernières conférences, à MM. les comtes du Muy et de Vergennes, afin de les mettre en état de mieux juger la nature de cette affaire, dont il est indispensable qu'elle ait connoissance. Je préviens M. de Sartines, que j'ai l'honneur d'adresser aujourd'hui à votre majesté *un mémoire* à ce sujet. Si elle juge à propos de le communiquer et de le remettre à ce ministre, il y trouvera l'exposé de la commission dont je me flatte qu'elle voudra bien le charger, ainsi qu'elle a daigné me le faire espérer, à mon arrivée à Paris, au mois de juillet dernier.

Je suis avec le plus profond respect et la plus parfaite soumission,

Sire,

De votre majesté,

Le très-humble, très-obéissant et très-fidèle serviteur et sujet,

Le Cte DE BROGLIE.

A Paris, le 9 Février 1775.

MEMOIRE.

LE comte de Broglie a l'honneur de supplier sa majesté de vouloir bien se rappeller que l'année dernière, à son retour de Ruffec, il prit la liberté de lui exposer la nécessité qu'il y auroit que M. de Sartines fut présent à la revision des papiers que le comte de Broglie a eu l'honneur de communiquer à MM. les comtes du Muy et de Vergennes, et qu'alors elle voulût bien répondre qu'il seroit suffisant qu'il y assistât, lorsqu'il seroit question de l'affaire de la Bastille.

Ce moment est prêt d'arriver, le comte de Broglie devant remettre dans peu à ces deux ministres le travail politique qui avoit été fait pour le feu roi, et auquel le sieur Favier avoit été employé par ses ordres.

C'est ce travail qui a donné lieu à une procédure dans laquelle le comte de Broglie a été grièvement impliqué, et dont le résultat a été de le faire déclarer, en plein conseil, convaincu d'entretenir dans les pays étrangers, à l'insu du ministère, des intelligences clandestines, tendant à deranger le système politique de l'état et à entraîner une guerre générale.

Le comte de Broglie est parvenu à se procurer une copie qu'il croit exacte des interrogatoires des accusés, et des conclusions de MM. les commissaires.

Il n'a pu voir, sans une surprise mêlée de la plus profonde douleur, combien on avoit cherché à en imposer au feu roi et au public, (car on a communiqué le tout à un nombre infini de personnes) en le noircissant scandaleusement dans ces conclusions, sans lui avoir préalablement, ni depuis, fait connoître les charges portées contre lui.

M. de Sartines, qui a été un des commissaires de cette procédure, sera plus que personne à portée de rendre raison des irrégularités qui s'y trouvent. Sa réputation de probité et d'équité est trop bien établie pour qu'on puisse croire, quelque part qu'il ait eue à ce travail, qu'il se refuse à l'évidence des raisons que le comte de Broglie mettra sous ses yeux et sous ceux de MM. les comtes du Muy et de Vergennes, pour en démontrer l'injustice.

M. de Sartines peut seul expliquer à sa majesté le noeud de toute cette affaire. Il est également nécessaire que le roi soit instruit, et de l'innocence du comte de Broglie, et des moyens qui ont été employés contre lui. C'est une satisfaction que sa majesté a daigné lui faire espérer, et qu'il ose attendre de sa bonté et de sa justice, avec d'autant plus de confiance que cet examen n'entraîne ni conséquence, ni embarras, et n'est sujet à aucune discussion.

LETTRE

Du Comte de Vergennes et de M. le Maréchal du Muy, à Louis XVI. (3 Mars 1775.)

SIRE,

Les trois mémoires que nous avons l'honneur de mettre sous les yeux de votre majesté, ont fait l'objet des conférences que nous avons eues avec M. le comte de Broglie le 16 du mois dernier et le premier de celui-ci. Ils renferment un compte aussi exact que sommaire de la suite et de la fin de toutes les matières qui faisoient le sujet de la correspondance politique et secrette, que M le comte de Broglie dirigeoit sous les ordres du feu roi. Si votre majesté daigne prendre lecture de ces mémoires, nous osons croire qu'elle ne pourra qu'applaudir à la sagesse des vues et à la modération des principes qui ont présidé à un travail qui n'a pu être un sujet de jalousie, d'inquiétudes et de censure, que parce que le fond n'en a jamais été bien connu.

Tout ce qui a rapport à l'objet politique se trouvant épuisé, nous n'aurions plus besoin que d'une séance pour clorre les inventaires des papiers dont M. le comte de Broglie doit nous faire la remise, et lui en donner des décharges suffisantes : mais avant que d'y procéder il désire, sire, que nous entrions en connoissance des procédures qui ont été faites à la fin de 1773, relativement à certaines correspondances illicites dans le pays étranger, dans lesquelles M. le comte de Broglie se plaint qu'on a cherché à l'impliquer, quoiqu'il soit très en état de prouver qu'il n'y a jamais eu aucune part, même la plus indirecte.

Cette revision ne nous ayant pas été ordonnée par votre majesté, nous ne nous croyons pas autorisés à l'entreprendre sans son consentement exprès ; c'est pourquoi nous la supplions très-humblement de vouloir bien nous faire connoître sa volonté.

Nous sommes avec le plus profond respect,

  Sire, etc.

Transcrit sur une minute de la main de M. de Vergennes.

LETTRE

De Louis XVI à M. de Vergennes, sur le Comte de Broglie.

Versailles, 3 Mars 1775.

Je réponds, Monsieur, à deux de vos lettres en même tems. J'ai gardé les trois mémoires du comte de Broglie, je les lirai avec attention : j'ai été content des autres que vous m'avez envoyés. Pour ce qui regarde l'affaire de la Bastille, il m'a demandé il y a quelque tems que M. de Sartines se joignît à vous, lorsqu'il en seroit question. Je lui avois écrit à Marly, qu'il n'y avoit que faire d'en parler, que je la regardois comme finie, et que je ne voulois pas en entendre parler. D'ailleurs, on avoit fait un monstre d'une *très-petite affaire; et qui ne le regardoit en rien;* vous pouvez lui en parler sur ce ton-là, et je crois qu'il n'y insistera plus. Alors vous finirez les séances. Mais je vous recommande bien de prendre tous les papiers et chiffres. (Vous remettrez à M. du Muy ce qui regarde la guerre.) Ce n'est pas que je croie que M. le comte de Broglie en fît mauvais usage: mais tout cela doit être au dépôt des affaires étrangères, et non chez des particuliers, après lesquels ils pourroient tomber à des gens mal intentionnés.

Transcrit sur l'original de la main de Louis XVI.

LETTRE

Du Comte de Broglie. *)

SIRE,

Je suis enfin arrivé au terme auquel j'aspirois depuis l'avénement de votre majesté au trône. J'ai achevé de mettre sous les yeux des ministres qu'il lui a plu de nommer, les preuves incontestables de ma conduite. Ils sont en état de prononcer sur la manière dont j'ai toujours fait usage de l'accès que j'ai eu auprès du trône, pendant vingt-trois ans, pour l'utilité et la gloire de mon maître;

---

*) Cette lettre est dans date: mais on voit par son contenu qu'elle doit avoir été écrite dans les premiers jours d'Avril 1775.

et de dire si j'ai jamais profité de la confiance dont j'étois honoré, pour nuire à qui que ce soit, ou pour supplanter personne, ni m'occuper de mes intérêts. J'ose me flatter qu'ils assureront votre majesté que je ne peux pas même être flétri du soupçon d'intrigue. Je me suis dévoué sans réserve au bien du service de mon maître, en lui consacrant mes travaux et mes veilles dans le silence et même l'obscurité. L'espoir d'être utile m'animoit, et les marques d'intérêt et des bontés infinies du feu roi m'ont essentiellement soutenu.

J'aurois désiré, sire, pouvoir parvenir à ma justification sans accuser personne : mais il m'a fallu faire connoître à votre majesté le véritable auteur de la trame ourdie pour me perdre, et exposer à ses yeux le détail de toutes les machinations mises en oeuvre pour remplir ce but. S'il lui plait de jetter les yeux sur le *précis* que j'ai l'honneur de lui adresser, elle se convaincra de la nécessité où j'étois d'éclaircir une procédure qui m'a inculpé d'un crime de trahison d'état, tandis que je m'apperçois qu'on ne la lui a représentée que comme une simple tracasserie qu'il étoit à propos d'étouffer. Votre majesté verra, en daignant y fixer un moment son attention, que cette procédure peut être examinée, sans compromettre les secrets de l'état et de l'administration. Elle ne contient rien qui annonce la confiance dont j'étois honoré de la part de feue sa majesté. La forme de cette correspondance peut donc rester ignorée, sans que cela m'empêche de combattre et de détruire les assertions flétrissantes qui ont été hasardées contre moi; et puisque par l'instruction de la Bastille, on n'a pas découvert les détails du secret qu'il plaisoit au feu roi de conserver, le mystère n'en seroit pas dévoilé par la connoissance que le public acquéreroit des causes et des suites de cette inique procédure; et le jugement qu'il lui plairoit d'en porter prouveroit de plus en plus à ses sujets son attachement pour la justice, et l'esprit d'équité qu'elle a déjà manifesté en tant d'occasions depuis son avénement à la couronne.

Votre majesté est déjà instruite des différentes épreuves auxquelles le courage dont j'ai toujours eu besoin a été exposé depuis vingt-trois ans; mais je la supplie de me permettre de lui avouer qu'aucune de ces épreuves n'a été comparable à celle que j'ai eue à supporter, lorsqu'après la mort du feu roi, je me suis vu en butte, vis-à-vis de mon nouveau maître, aux mêmes imputations d'intrigue et d'esprit dangereux dont on m'avoit précédemment calomnié ; et quoique la justice qui lui est naturelle l'ait engagé à repousser une partie de ces traits envenimés, je n'ai pu me dissimuler qu'ils avoient fait quelque impression, et que je n'avois pas le bonheur d'être connu d'elle, comme je l'aurois désiré, (et qu'elle me permette de le dire) comme je l'aurois mérité.

Dans une position aussi critique que celle où je suis resté à cette époque, j'ai cru, sire, devoir demander, préalablement à tout, l'examen de ma conduite ; j'ai cru qu'il falloit que la nature de l'intime confiance dont feue sa majesté m'avoit honoré, ainsi que la manière dont j'y ai répondu, fussent connues par des personnes incapables de prévention, qui en rendissent un compte exempt de toute partialité ; j'ai cru enfin qu'il étoit nécessaire qu'elle fut bien persuadée que ce n'est pas le métier d'espion, ni de rapporteur clandestin auquel je me serois rabaissé vis-à-vis de votre auguste ayeul, mais que j'ai été appellé par ce monarque, sans l'avoir désiré, et même avec une sorte de résistance à la *place de ministre secret*, dont j'ai rempli le devoir avec honneur et fidélité.

Ce n'est donc qu'après avoir eu le bonheur, sire, de paroître à vos yeux tel que je suis, que j'ose prendre la liberté de mettre à vos pieds mes respectueuses instances, pour me permettre de me laver dans le public des soupçons odieux qui ne sont que trop répandus sur mon compte. Je dois à ma famille, à mes amis, autant qu'à moi-même, d'effacer jusqu'à la moindre trace d'une flétrissure consignée aujourd'hui dans les dépôts du gouvernement. Qui pourroit me répondre de l'usage qu'on en feroit un jour contre moi ou mes enfans? Mais votre majesté ne permettra pas que je sois accablé du poids de cette cruelle inquiétude; elle daignera m'accorder la liberté de produire ma justification, effacer toutes les traces d'une disgrace aussi peu méritée, et faire connoître que tel est le jugement qu'elle veut bien elle-même en porter. Qu'elle me permettre de lui observer que l'accueil favorable du maître est le premier bienfait qu'un sujet sensible et attaché puisse désirer. Si je suis assez heureux pour l'obtenir, justifié alors à vos yeux, sire, à ceux de votre conseil et du public, des inculpations inouies et fabuleuses dont je suis noirci, honoré personnellement de votre auguste bienveillance, et marqué au sceau de vos bienfaits, il ne me restera rien à désirer que de pouvoir employer le reste de ma vie à lui témoigner mon éternelle reconnoissance.

Je suis avec le plus profond respect et la plus parfaite soumission,

Sire,

De votre majesté,

Le très-humble, très-obéissant et très-fidèle serviteur et sujet,

Le Cte de Broglie.

PRÉCIS

Du Mémoire et des Pièces mises par le Comte de Broglie sous les yeux de MM. les Comtes du Muy, de Vergennes, et de M. de Sartines, dans la Conférence du 27 Mars 1775, ordonné par Sa Majesté à la très-humble prière du Comte de Broglie.

DE l'exposé des faits présentés dans le mémoire, ainsi que du contenu des pièces y jointes, le comte de Broglie ose de flatter qu'il résulte la preuve incontestable des faits suivans.

1°. Toute l'affaire de la Bastille, en 1773, dans laquelle on a faussement impliqué le comte de Broglie, ainsi que le baron de Bon, n'a eu pour fondement *) que les prétextes les plus frivoles : M. le duc d'Aiguillon en a été le véritable auteur.

---

*) Le comte de Broglie ne parlera pas ici de M. le marquis de Monteynard impliqué aussi dans cette affaire; ils n'ont rien de commun ensemble que la haine de M. d'Aiguillon; ce ministre vouloit avoir la place de M. de Monteynard, et il l'a eue.

2°. Pour former au moins une ombre de délit, d'après lequel on pût créer un fantôme d'intrigue et de complot, dont le comte de Broglie auroit été le chef, et le sieur Favier un des complices, M. le duc d'Aiguillon accusa d'abord ce dernier, vis-à-vis de feue sa majesté elle-même, d'un crime capital, dont il ne s'est seulement pas trouvé la moindre trace au procès.

3°. Cette accusation si grave ne fut qu'un moyen hasardé sans scrupule, pour surprendre l'ordre du roi de faire arrêter le sieur Favier. Il est prouvé que dans l'instant même où M. le duc d'Aiguillon articuloit cette délation contre lui, il avoit en main les garans le plus sûrs de son innocence.

4°. M. le duc d'Aiguillon n'a eu d'autres pièces à produire dans cette procédure que quelques lettres enlevées, et quelques autres prétendues interceptées. Du tout ensemble, il ne résultoit aucune preuve contre le comte de Broglie, ni le baron de Bon; et contre le sieur Favier même, on n'en pouvoit rien induire de répréhensible que quelques légéretés et personnalités sur le compte de M. le duc d'Aiguillon.

5°. Résolu néanmoins de perdre le comte de Broglie, à quelque prix que ce fut, il se flatta d'y réussir par les moyens que l'autorité, l'intrigue et la force lui avoient mis en main; il espéra que dans le cours d'une procédure extrajudiciaire, secrette et rigoureuse, la crainte d'un côté et la ruse de l'autre arracheroient aux prisonniers quelques aveux, dont il pourroit tirer avantage, pour impliquer au moins le comte de Broglie dans une affaire louche. C'en étoit assez, à son gré, pour la rendre criminelle.

6°. Ce ministre fit nommer deux commissaires (sur lesquels apparemment il croyoit avoir des droits) pour informer ce singulier procès.

7°. Il en avoit d'abord exclu le commissaire né de la Bastille, M. de Sartines, alors lieutenant-général de police.

8°. Il avoit fait arrêter, sur des ordres particuliers émanés des bureaux de M. le duc de la Vrillière, les sieurs Favier et Ségur *), à l'insu du lieutenant-général de po-

---

*) Le comte Broglie ne nomme ici le sieur de Ségur pour aucun rapport réel, direct ou indirect qu'il eût avec lui, non plus qu'avec M. le marquis de Monteynard

lice, et avec défense au gouverneur de la Bastille d'en rendre compte a ce magistrat.

9°. M. le duc d'Aiguillon a donné pour greffier d'office de cette révoltante commission, le secrétaire particulier d'un sieur Commarieux, créature et instrument de ce ministre. L'exemple est inouï; mais le fait est notoire.

10°. Plusieurs des interrogatoires ont été faits avant que M. de Sartines eût été enfin admis à la commission, ou en son absence, et les questions à faire aux prisonniers arrivoient d'ailleurs toutes minutées.

11°. Il n'y a eu aucune confrontation entre les prisonniers, ni avec les prétendus témoins, ni aucune communication des charges aux prétendus impliqués : l'une et l'autre ont été demandées inutilement.

12°. On a supposé des lettres qui n'ont pas été produites; on en a cité d'autres qui n'ont pas été représentées : on en a produit d'anonymes et prétendues interceptées.

13°.

---

et le sieur Dumourier, qui ont tous été compris dans cette affaire. Sans se défier de leur cause, il lui suffit de dire que ce n'est pas la sienne.

13°. On a séduit, au nom de M. le duc d'Aiguillon, un jeune et nouveau secrétaire de M. le baron de Bon, par des espérances de fortune, pour l'engager à écrire des faussetés, des impostures dont on pût se prévaloir contre ledit baron de Bon, le comte de Broglie et les trois prisonniers. On a supposé des dépositions de ce secrétaire, qui n'ont jamais existé.

14°. Malgré tous ces efforts multipliés pour donner quelqu'apparence à cette implication, il n'a pu résulter, ni des pièces, ni des interrogatoires des trois prisonniers, aucune preuve, aucun indice contre le comte de Broglie et le baron de Bon, ni du prétendu corps de délit, (c'est-à-dire, des lettres du sieur Favier) aucune charge sérieuse contre lui-même *).

15°. Dans le rapport fait au feu roi, en présence de son conseil, de toute cette pro-

---

*) On doit regarder comme un grand bonheur qu'on n'ait pas pu trouver deux faux témoins, ce qui devoit être plus aisé à se procurer que de corrompre deux magistrats. Il est vraisemblable que c'est à la présence seule de M. de Sartines qu'on a l'obligation de n'avoir pas vu ce chef-d'oeuvre d'iniquité entièrement consommé.

cédure informe et illégale, on en a tiré les conclusions les plus aggravantes contre le comte de Broglie, le baron de Bon, et le sieur Favier.

16°. Ces conclusions ne tendoient à rien moins qu'à les déclarer coupables de haute-trahison, puisqu'ils y ont été dénoncés comme ayant *formé* et même *commencé d'exécuter un projet tendant à renverser l'administration, bouleverser le système politique, rompre les alliances, et allumer une guerre générale.*

17°. Ces accusations si graves étoient d'autant plus criminelles de la part de ceux qui les alléguoient, que toutes les preuves indiquées pour les appuyer, servent au contraire à en démontrer évidemment la fausseté. Il n'en est pourtant pas moins vrai que si le feu roi n'avoit opposé à tout ce faux rapport et à toutes les insinuations de l'accusateur un silence obstiné, une résistance constante, accompagnée de beaucoup d'humeur, la France auroit pu voir renouveller les scènes injustes et sanglantes, dont quelques règnes antérieurs ont fourni des exemples; et le comte de Broglie, et les prétendus impliqués pouvoient également perdre et l'honneur et la vie.

Enfin, le roi régnant ayant daigné permettre au comte de Broglie de communiquer aux ministres que sa majesté a nommés, toutes les pièces relatives à cette affaire qu'ils ont entre les mains, il se flatte de leur avoir prouvé combien les suites malheureuses et presqu'irréparables que cette oeuvre d'iniquité a nécessairement entraînées, influent encore sur l'existence de ceux qui en sont les victimes. Les bruits les plus injurieux ont été semés et accrédités. Des ministres même ont articulé en conversation *) des faits aussi graves que faux contre le comte de Broglie; il en a la preuve par plusieurs lettres de ce tems-là, et ces lettres sont aussi sous les

---

*) M. le duc d'Aiguillon a eu la hardiesse de dire au maréchal de Broglie, que l'exil du comte de Broglie étoit fondé sur des causes qu'il ne lui étoit pas permis de dire, mais que le comte de Broglie les savoit bien. M. de Boynes a parlé plus clairement à Madame la comtesse de Lameth, en articulant qu'il avoit vu et lu les preuves des accusations portées contre le comte de Broglie. C'est ainsi qu'on vouloit le perdre, même dans l'esprit de ses plus proches, en y faisant naître des soupçons capables de suspendre les effets de leur amitié.

yeux des trois ministres. Les conclusions de MM. les commissaires ont été déposées à la Bastille et dans différens bureaux où elles existent, et où elles serviront à jamais de monument à la charge du comte de Broglie, du baron de Bon, et des autres accusés ou impliqués.

On a plus fait : on a répandu à la cour et dans Paris des extraits, des précis, plus ou moins étendus, mais tous également calomnieux, de ce rapport infidèle, et il en existe différentes copies.

De ces manoeuvres diffamatoires contre l'innocence et l'honneur des accusés ; il est resté des traces difficiles à effacer ; mais plus elles sont encore profondes, plus il est indispensable de les détruire.

Telle est la réunion des faits et des circonstances, dont les preuves les moins équivoques ont été mises sous les yeux des trois ministres désignés par le roi pour cet examen.

Le comte de Broglie met toute sa confiance dans le compte qu'ils en rendront à sa majesté ; dans la justice, l'équité qui caractérise également ses actions et ses décisions.

C'est d'elle qu'il attend, avec la soumission la plus respectueuse, ce qu'il plaira au roi d'ordonner pour la justification nécessaire d'un serviteur fidèle, dont la conduite, depuis quarante-deux ans, a été pure et intacte, à qui sa fidélité même et la confiance dont son ancien maître l'a honoré pendant vingt-deux ans, ont attiré de grands malheurs. Sa majesté apprendra sans doute, par MM. les ministres qu'elle a chargés de lui rendre compte de la suite du travail du comte de Broglie pendant ce long intervalle, s'il les a jamais mérités, et s'ils n'y ont pas reconnu le zèle le plus infatigable et l'amour le plus pur et le plus désintéressé pour la gloire de son maître.

RAPPORT

De MM. les Comtes du Muy et de Vergennes, et de M. de Sartines, sur la Procédure de la Bastille contre le Comte de Broglie, le Baron de Bon, et les sieurs Favier, Ségur et Dumourier.

SIRE,

Conformément aux ordres de votre majesté, nous avons examiné avec la plus scrupuleuse exactitude la procédure faite à la Bastille, de l'ordre du feu roi, à l'occasion de certaines correspondances prétendues illicites entre M. le marquis de Monteynard, le sieur Dumourier et d'autres, dans laquelle on a impliqué Mr. le comte de Broglie. Comme c'est de légitimer la justification de celui-ci que votre majesté nous a expressément chargés, nous ne nous sommes pas bornés à l'entendre sur ses moyens de défense ; nous les avons comparés ensuite avec les interrogatoires qu'on a fait subir aux prisonniers, et avec les pièces principales du procès. Il résulte, sire, de l'examen impartial que nous avons fait :

1°. Que c'est gratuitement qu'on a voulu faire un crime à M. le marquis de Monteynard de sa correspondance avec un officier au service de votre majesté qui voyageoit dans la basse-Allemagne, et que l'imputation qu'elle avoit pour objet de renverser le système politique de ce royaume et d'allumer la guerre, est détruite par les lettres même qu'on allègue en preuves. C'est encore avec bien moins de fondement qu'on a entrepris d'impliquer M. le comte de Broglie et M. le baron de Bon dans cette intrigue. Les prétextes dont on a coloré cette supposition sont évidemment mendiés, et si frivoles qu'ils ne méritent pas d'être discutés.

2°. Comme c'est des lettres du sieur Favier qu'on a emprunté principalement les charges contre M. le comte de Broglie, nous devons dire à votre majesté que ces lettres nous paroissent plus imprudentes que criminelles ; mais, sous quelque point de vue qu'on les considère, il ne s'y trouve rien, et la procédure elle-même n'offre rien qui ait dû en faire partager le reproche ou le blâme à

M. le comte de Broglie et à M. le baron de Bon. Nous nous en sommes convaincus en effet, sire, par l'inspection la plus attentive de toute la procédure, qui ne présente pour corps de délit que des lettres interceptées dont quelques-unes même peuvent paroître suspectes. Presque toutes ne renferment que des raisonnemens vagues et spéculatifs sur les meilleurs plans de politique à adopter pour la France ; une critique assez amère de ceux qu'elle paroissoit suivre ; des nouvelles d'intrigues et de cabales de cour ; des inculpations et des traits de satire contre M. le duc d'Aiguillon ; et enfin des voeux pour son éloignement du ministère.

3°. Le dessein d'impliquer M. le comte de Broglie dans une affaire désagréable est manifesté dans toute la procédure. Cependant nulle preuve acquise contre lui ; nulle induction même tant soit peu probable. Les commissaires du roi, éblouis sans doute par les apparences qu'offroient les lettres interceptées et saisies, et par le sens forcé qu'on a pu chercher à leur donner dans des conversations particulières, ont pu être induits en erreur sur la nature de la correspondance secrette qu'il suivoit de l'ordre du feu roi. Il est possible qu'on leur ait donné le change. Nous voyons bien la trace d'une intrigue; mais nous n'appercevons pas bien distinctement la main qui la dirigeoit.

Les nuages qu'on avoit cherché sans raison à élever contre M. le comte de Broglie et contre M. le baron de Bon étant entièrement dissipés par l'examen le plus exact, comme par les éclaircissemens les plus satisfaisans qu'ils nous ont fournis sur tous les points, il est de notre devoir, sire, d'attester à votre majesté, de leur pleine et entière innocence sur tous les chefs d'accusation qu'on a portés contr'eux, et en même tems de lui représenter très-humblement qu'il est de sa justice comme de sa bonté de leur donner des preuves publiques qu'elle les regarde comme de bons et fidèles sujets et de zélés serviteurs, afin que le tort qu'on a cherché à faire à leur réputation par des accusations calomnieuses, en employant une forme inusitée pour les accréditer, soit réparé de manière à n'en laisser aucune trace à la postérité. Nous estimons que votre majesté pourroit à cet effet se faire rapporter la procédure originale déposée à la Bastille, et les copies qui en existent, quelque part qu'elles se trouvent, pour en anéantir le souvenir.

Nous osons encore proposer à votre majesté de faire la grace au comte de Broglie de lui écrire une lettre dans laquelle elle daigneroit l'assurer, non-seulement qu'elle n'a contre lui aucune impression qui lui soit défavorable, mais au contraire qu'elle rend justice au zèle, à la fidélité et à l'intelligence avec lesquels il a servi le feu roi, son aïeul, qu'elle ne doute pas de la persévérance de son attachement pour son service, et qu'il doit compter sur son estime et sur sa bienveillance.

Nous ne donnons pas plus d'étendue à ce rapport, votre majesté ayant sous ses yeux un *précis des faits* qui lui a été remis par M. le comte de Broglie. L'exactitude avec laquelle il est rédigé nous dispense, sire, de revenir sur les objets qui y sont traités ; ils sont mis dans un jour si vrai que nous sommes persuadés que, maintenant que la prévention est calmée, si les mêmes commissaires qui ont été chargés d'instruire la procédure la revoyoient aujourd'hui, ils ne pourroient méconnoître l'illusion dans laquelle ils ont donné, et s'empresseroient vraisemblablement à détruire la surprise qu'un rapport trop peu sévèrement combiné a pu faire au public, et voudroient par-là réparer le tort qu'ils peuvent avoir causé à la réputation de citoyens non moins distingués par l'honnêteté de leurs sentimens et la sûreté de leurs principes et de leur conduite, que par les titres de leur naissance et de leurs dignités.

A Versailles, le 24 Avril 1775.

Signés le maréchal DU MUY, LE SARTINES, DE VERGENNES.

Transcrit sur l'original écrit de la main de M. de Vergennes, et signé des trois commissaires.

LETTRE

Du Roi au Comte de Broglie.

Versailles, le premier Mai 1775.

MONSIEUR le comte de Broglie, après avoir fait examiner et m'être fait rendre le compte le plus exact de la correspondance secrette que vous avez eue pendant dix-huit ans avec le feu roi, mon seigneur et aïeul, j'ai reconnu que vous vous étiez comporté avec tout le zèle et toute la fidélité que vous lui deviez, que les circonstances quelquefois embarrassantes où vous vous étiez trouvé n'avoient jamais ralentie : et qu'en tout, vous vous étiez acquitté de cette commission de la manière la plus sage et la plus conforme aux vues du feu roi. J'ai vu de plus que pendant la dernière année, vous vous étiez trouvé compromis dans une affaire où vous n'aviez eu aucune part, et que sur des soupçons qui ne pouvoient exister que dans l'ignorance où l'on étoit des relations et travaux que vous faisiez de l'ordre du roi, ce qui ne vous a jamais engagé à trahir son secret. Je vous fais cette lettre pour vous assurer que je n'ai aucune impression défavorable sur votre compte, et qu'au contraire j'ai reconnu dans toute votre conduite la marche d'un bon et fidèle serviteur; et que, ne doutant pas de la persévérance de votre attachement à mon service, je vous donnerai toujours des preuves de mon estime et de ma bienveillance.

Sur ce, je prie Dieu, M. le comte de Broglie, qu'il vous ait en sa sainte garde.

Copié sur la minute de la propre main de Louis XVI, tirée du carton intitulé: *Relations du roi avec sa famille* ; chemise: *Projets de réponses du roi à plusieurs particuliers*.

MEMOIRE

Du Comte de Broglie aux Comtes du Muy et de Vergennes, contenant une Notice des différens articles de la Correspondance secrette. (16 Février 1775.)

MESSIEURS les comtes du Muy et de Vergennes ont vu dans la conférence du premier de ce mois un travail fait par ordre du feu roi, dont l'objet étoit de se mettre au moins en mesure vis-à-vis de l'Angleterre *).

---

*) Ce mémoire sur les moyens de réussir dans une descente en Angleterre, ne se trouve pas dans le dépôt ; et quand il s'y seroit trouvé, nous ne l'aurions pas publié. Il est essentiel que les Anglais n'en aient pas connoissance.

L'approbation entière dont sa majesté avoit honoré ce travail étoit l'effet d'un sentiment que rien n'avoit pu étouffer dans son ame, c'est-à-dire, le regret d'avoir été entraîné par une longue suite de fautes et de malheurs à faire une paix aussi humiliante que nécessaire.

La supériorité, l'égalité même perdue pour la France sur toutes les mers, n'étoit pas le seul désavantage dont le roi fut sensiblement affecté. Il voyoit avec douleur combien, depuis l'époque de cette guerre malheureuse, la France perdoit tous les jours de son poids dans la balance de l'Europe. Il crut devoir s'occuper principalement des moyens d'arrêter les progrès de cette dégradation si rapide, et se flatta de les trouver dans sa correspondance secrette.

Le comte de Broglie en avoit la direction. Il en connoissoit les difficultés, et ne se dissimuloit point que les circonstances étoient plus propres à les accroître qu'à les applanir. Son zèle et son obéissance suppléèrent les talens qui pouvoient lui manquer, et l'aidèrent à supporter les dégoûts toujours renaissans et inséparables d'un travail suivi dans le silence, qui fut quelquefois utile, mais dont l'attention la plus suivie et la prévoyance la plus éclairée ne pouvoient pas toujours assurer le succès.

Le comte de Broglie en avoit fait la fâcheuse expérience pendant le cours de son ambassade en Pologne : mais alors les dangers de cette confiance secrette ne retomboient que sur son personnel. Il les supporta avec courage, et n'en retraça l'amertume pendant tout le tems de sa direction que pour la sauver, ou au moins l'adoucir aux personnes qui avoient l'honneur d'être admises avec lui à ce travail direct.

C'est la justice qu'elles lui rendent sans doute, et que MM. du Muy et de Vergennes ne lui refuseront pas, quand ils auront parcouru avec un peu d'attention les pièces originales destinées à cette séance.

Elles consistent en une suite d'instructions et de dépêches, toutes approuvées du feu roi, dont plusieurs sont apostillées de sa main, avec des lettres du comte de Broglie à sa majesté.

Les premières démontrent les vues politiques du maître ; les autres, l'exactitude dans l'exécution de ses ordres.

La lecture de ces différentes pièces en développera bien mieux les détails qu'aucune espèce d'analyse qu'on en pût faire. Mais pour rendre cette lecture moins pénible, le comte de Broglie a cru devoir joindre ici une notice divisée en autant d'articles que de cours où le feu roi avoit des ambassadeurs, des ministres ou des chargés d'affaires admis à la correspondance secrette.

GENÈVE,

Depuis 1767 jusqu'en 1774.

CETTE correspondance se réduit à une relation des troubles de Genève, à un mémoire relatif à l'établissement de Versoix, et à quelques dépêches écrites au sieur Hennin, résident dans cette république.

Dans une de ces dépêches du 31 août 1769, on verra quelques observations relatives à la liberté de religion que le ministère vouloit établir à Versoix, pour y attirer les commerçans étrangers. Cet article important est encore traité dans une autre dépêche du 26 Mars 1770 à ce résident. Celle-ci renferme d'ailleurs des points de prévoyance avec une discussion politique sur les prétendus avantages qu'on retireroit du commerce de Versoix. Cette discussion répand le jour le plus clair sur tout ce qui concerne le projet de cet établissement. Sa majesté regardoit sur-tout comme peu convenable à sa gloire et aux intérêts de son royaume, la promesse faite aux Bernois de ne construire aucunes fortifications, et de laisser tous les passages libres à travers de son territoire.

NAPLES,

Depuis 1772 jusqu'en 1774.

CETTE correspondance bien succincte renferme cependant quelques pièces qui peuvent exciter l'intérêt et la curiosité.

On y verra d'abord un précis des instructions que M. le duc d'Aiguillon avoit données à M. le baron de Breteuil.

Ce précis adressé au feu roi par le comte de Broglie lui fut renvoyé avec des apostilles à quelques articles écrites de la propre main de sa majesté. C'est d'après ces apostilles que le comte de Broglie dressa les instructions secrettes du baron de Breteuil.

Parmi les lettres écrites à ces ambassadeurs dans cette correspondance, il s'en trouve une du 7 juillet 1772 qu'on croit intéressante à lire, en ce qu'elle présente un tableau général et rapide des affaires de l'Europe, en rapprochant par des transitions naturelles celles du nord et celles du sud.

CONSTANTINOPLE,
Depuis 1756 jusqu'en 1773.

On ne rappellera point ici l'ancienne correspondance de M. Desalleurs, sous la direction de M. le prince de Conti ; on se bornera aux deux époques des ambassades de MM. les comtes de Vergennes et chevalier de Saint-Priest.

Elles développeront le tableau général du système politique que sa majesté avoit adopté, et qu'elle a constamment suivi dans les affaires du nord.

On y verra, avec peine sans doute, la dégradation successive de notre influence à la Porte, malgré les attentions continuelles du roi pour la conserver ; les soins et les travaux de ses ambassadeurs pour seconder ses vues. M. le comte de Vergennes en a assuré le succès dans deux circonstances bien intéressantes ; l'une, pendant le cours de la dernière guerre ; la seconde, dans le tems des troubles de la Pologne.

Dans la première, cet ambassadeur a eu à combattre sans cesse, et à détruire les insinuations et les menées des cours de Londres et de Berlin, dont les ministres et les émissaires à Constantinople n'épargnoient rien pour engager les Turcs à déclarer la guerre à l'une ou l'autre des deux impératrices ; sa vigilance déconcerta leurs projets. Il parvint à contenir le ministère ottoman toujours à la veille d'être ébranlé par les intrigues des Anglais et des Prussiens, et sauva l'Autriche et la Russie d'une diversion qui pouvoit devenir aussi embarrassante que nuisible à la cause commune.

M. le comte de Vergennes n'a pas été moins heureux à la seconde époque. Il est parvenu à tirer les Turcs de la même apathie où il les avoit tenus précédemment. Il les a déterminés à s'opposer aux vues ambitieuses de Catherine II ; il a eu la gloire de voir, avant son départ de Constantinople, le ministère ottoman prendre une résolution vigoureuse, et déclarer la guerre à la Russie. Si cette guerre n'a pas empêché le démembrement de la Pologne, on ne peut s'en prendre qu'à l'esprit d'indiscipline et de révolte de la milice turque, et à l'ignorance des généraux ottomans. Les opérations politiques de M. le comte de Vergennes n'en sont pas moins dignes d'éloges, et d'autant plus que pour remplir l'objet principal d'opposer les Turcs à la Russie, il n'a pas employé les moyens dispendieux dont il étoit autorisé à faire usage, et qu'il s'est contenté d'éclairer le ministère ottoman sur ses véritables intérêts d'une manière assez sensible pour le détromper, sans rendre la France responsable de l'événement. C'est une des occasions où le feu roi a été le plus satisfait du travail politique dont il avoit donné la direction au comte de Broglie ; et en effet, les relations particulières de M. le comte de Vergennes suffiroient seules pour prouver l'utilité de cette correspondance, quand elle étoit maniée avec zèle et dextérité.

M. le chevalier de Saint-Priest, qui a eu le bon esprit et le mérite de sentir tout le prix du modèle qu'il trouvoit dans son prédécesseur, s'est conduit d'après les instructions qu'il en a reçues; avec non moins de zèle, pour concourir aux vues de sa majesté. Les premiers instans de son admission à la correspondance secrette furent marqués par une circonstance qui auroit pu décourager un ambassadeur moins pénétré des sentimens d'obéissance et de fidélité à son maître. Il reçut, à la veille de son départ pour Constantinople, une lettre du sieur Gérard, premier commis des affaires étrangères, qui le prévenoit de la part de M. le duc de Choiseul, *de veiller avec attention à une certaine correspondance particulière*, etc. M. le chevalier de Saint-Priest, peu affecté des soupçons qu'on le chargeoit d'éclaircir, communiqua l'avertissement au comte de Broglie, en le priant d'assurer le roi de son dévouement sans réserve pour ses volontés.

Cette anecdote, peu importante dans le fond, n'est citée ici que pour relever la fermeté de la conduite de M. le chevalier de Saint-Priest, qui ne s'est jamais démentie, et prouver en même tems que la crainte sur les persécutions et les dégoûts, dont la correspondance secrette fut toujours environnée, n'avoit que trop de fondement.

M. le chevalier de Saint Priest trouva dans les vices du gouvernement turc et l'incapacité du ministère des obstacles bien difficiles à vaincre: ils ne le rebutèrent pas. A force de tournures, de patience, il parvint à faire décider la continuation de la guerre, dans le moment où la Porte alloit subir les conditions les plus honteuses, les plus contraires à ses propres intérêts, à ceux de la Pologne et de l'Europe entière.

Si cet ambassadeur n'a pas pu s'opposer avec le même succès au dernier traité de paix, on ne doit pas moins applaudir au zèle et à l'intelligence qui ont dirigé toutes ses démarches constamment honorées de l'approbation de sa majesté.

VIENNE,
Depuis 1770 jusqu'en 1772.

CETTE correspondance confirme l'opinion qu'on doit se former des vues de sa majesté. Elle comprend une période d'autant plus intéressante dans la politique, qu'elle est l'époque du concert formé entre les trois cours de Vienne, de Pétersbourg et de Berlin, pour le partage de la Pologne, que le comte de Broglie avoit prévu et annoncé depuis si long-tems. Nous ne saurions nous dissimuler qu'il n'a été effectué que par notre négligence à en prévenir l'origine, ou par la foiblesse des moyens que nous avons employés pour en arrêter le cours. Ce sont des faits bien clairement développés dans les dépêches adressées à M. Durand, et dans les relations de ce ministre. La position délicate et critique dans laquelle il s'est trouvé à Vienne n'a besoin d'aucun détail ni de commentaire, pour faire sentir les efforts de son zèle que la politique du ministère autrichien peut avoir quelquefois trompé, mais jamais altéré. C'est la justice que le feu roi lui a toujours rendue. Et en effet, en parcourant les dépêches de M. Durand, on n'aura pas de peine à convenir que le silence qu'on a tant reproché à M. de Kaunitz peut fort bien être imputé à celui de notre ministère. On ose même avancer qu'il a donné lieu, ou au moins servi de prétexte à la réunion des trois cours co-partageantes. Cette assertion n'est point hasardée. MM. les comtes du Muy et de Vergennes s'en convaincront plus facilement encore dans les letttes que le comte de Broglie avoit eu l'honneur d'écrire au roi à cette occasion, et dans le compte qu'il eut celui de rendre de deux conversations que M. de Mercy avoit eu l'adresse de lier avec lui.

Le comte de Broglie aura encore l'honneur de prévenir MM. les comtes du Muy et de Vergennes d'une commission particulière, dont il chargea, par ordre du roi, M. Durand. Il s'agissoit de prendre à Vienne des renseignemens sur ce qui regardoit l'archiduchesse Elisabeth. Le comte de Broglie se borna à écrire en conséquence. M. Durand le mit en état de rendre à sa majesté un compte fidèle de cette commission, selon les vues du roi, sans se permettre d'autres réflexions que celles qui lui étoient suggérées par son respect et son obéissance. MM. les comtes du Muy et de Vergennes en jugeront eux-mêmes par la lecture de l'ordre du roi, de la réponse de M. Durand, et des lettres que le comte de Broglie eut l'honneur d'adresser à sa majesté dans cette circonstance, qui est une nouvelle preuve

preuve de la confiance entière que le feu roi avoit dans sa discrétion et sa fidélité.

ANGLETERRE,
Depuis 1764 jusqu'en 1774.

Cette correspondance renferme deux époques. La première présente une suite de lettres du comte de Broglie au sieur d'Eon, avec l'approuvé du roi. Elles roulent sur deux points principaux.

En premier lieu, le désir de sa majesté d'être instruite régulièrement par la voie secrette de tous les détails les plus mystérieux sur les affaires d'Angleterre, et les encouragemens de tous genres donnés au sieur d'Eon sur la conduite qu'il auroit dû tenir en Angleterre, avant et après l'éclat de ses démêlés, quelquefois même les représentations les plus fortes et les réprimandes les plus sévères sur chaque nouvelle scène ; enfin des reproches trop bien fondés sur sa légéreté à compromettre dans ses écrits des personnes, dont les torts, même prouvés, n'auroient jamais pu autoriser ses écarts. C'est sur quoi le comte de Broglie n'a jamais varié, à commencer de sa dépêche du 10 Avril 1764 jusqu'au 10 Juin 1766, date des instructions sécrettes pour M. Durand allant en Angleterre.

Alors la scène change. On voit le fruit des mesures équitables et sages qui avoient été prises à l'égard du sieur d'Eon, et dont le succès est dû à la prudence et à la dextérité de M. Durand, mais sur-tout à la confiance qu'il lui inspiroit personnellement. Les dangers réels que le sieur d'Eon avoit courus, pouvoient et devoient encore faire excuser ses soupçons et sa défiance de tout émissaire inconnu. La présence d'un ministre du roi qu'il connoissoit parfaitement le rassura, le flatta; et M. Durand sut le rendre aussi docile aux volontés du roi, que désormais tranquille et mesuré dans sa correspondance.

A l'égard de M. Durand, les points d'instruction, qui lui avoient été indiqués par la correspondance secrette, se trouvent parfaitement remplis dans la sienne sur l'Angleterre.

La seconde époque s'étend depuis le retour de ce ministre jusqu'au 11 Juillet 1774, date de la dernière lettre du comte de Broglie au sieur d'Eon, approuvée de sa majesté régnante. Cette deuxième époque prouve de plus en plus l'attention continuelle du feu roi sur les affaires d'Angleterre, et sa façon de voir et d'apprécier les différentes idées que le sieur d'Eon lui suggéroit d'après ses liaisons, ses découvertes ou ses conjectures. On voit aussi combien le comte de Broglie s'occupoit d'en vérifier la réalité ou le fondement, par les ordres qu'il lui fit donner successivement de les communiquer au sieur Francis, ministre du roi, et au prince de Masseran, ambassadeur d'Espagne.

HOLLANDE,
Depuis 1768 jusqu'en 1770.

Il seroit inutile de rappeller ici la correspondance secrette de feu M. le marquis d'Avrincourt pendant son ambassade de Hollande; elle ne renferme rien d'important. On se bornera à communiquer celle de M. le baron de Breteuil qui lui a succédé.

On voit d'abord dans ses instructions que feue sa majesté ne bornoit pas les soins de cet ambassadeur aux seules relations de sa résidence. Elle lui prescrivoit encore de se procurer le plus de moyens possibles pour être instruit de ce qui se passoit en Dannemarck, en Suède et en Angleterre.

Sa majesté recommandoit en conséquence à M. le baron de Breteuil de lier, avant son départ de Paris, la correspondance la plus intime avec M. le comte du Châtelet, qu'elle n'avoit pas jugé à propos d'admettre à sa confiance secrette, et d'en envoyer exactement les copies au comte de Broglie.

On remarquera dans toutes les dépêches suivantes le même esprit, les mêmes vues du feu roi, et dans plusieurs, des témoignages de sa satisfaction.

On ne sera pas fâché de voir dans deux de ces dépêches, du 27 Octobre 1768 et 15 Février 1769, la manière dont le feu roi pensoit et s'exprimoit sur le renouvellement de nos liaisons avec la cour de Berlin, que notre ministère paroissoit désirer, et que M. le baron de Breteuil étoit chargé de négocier avec M. le baron de Thulemeyer, envoyé extraordinaire du roi de Prusse à la Haye.

Les lumières que M. le baron de Breteuil reçut dans cette occasion par la correspondance secrette, lui furent d'un grand secours. Cet ambassadeur s'en servit utilement et se conduisit dans cette circonstance délicate avec toute la dextérité dont il est capable, en observant les ménagemens qui lui étoient prescrits pour ne point donner d'ombrage à la cour de Vienne.

SUÈDE,

Depuis 1758 jusqu'en 1774.

1°. M. d'Avrincourt.

On ne trouve ici que trois notes ou lettres de M. Tercier. Elles ne contiennent que des instructions et des indications sur les moyens pris pour adresser le chiffre secret à cet ambassadeur, et à prendre par lui pour faire passer sûrement les dépêches. On a cru devoir laisser ces pièces, attendu qu'elles sont munies d'un approuvé du feu roi, selon la forme ordinaire.

2°. M. le baron de Breteuil.

On voit ici, comme dans tout le cours de la correspondance secrette, *l'utilité que le feu roi se proposoit d'en recueillir. C'étoit sur-tout qu'elle servît de supplément à celle du ministre des affaires étrangères, en dévelop-*

pant et interprétant quelquefois les véritables intentions de sa majesté. Elle avoit aussi pour objet *de se faire instruire plus particulièrement de certains détails sur les cours voisines où il n'y avoit point de ministre admis à la correspondance secrette.* C'est dans cet esprit qu'elle ordonnoit à M. le baron de Breteuil d'en lier une intime avec ceux qui y résidoient, pour se mettre en état de la mieux informer sur tout ce qui pouvoit s'y passer. On s'apperçoit au reste de l'attachement du feu roi pour ses anciennes alliances, et surtout pour celle de la Suède, malgré la décadence successive de cette puissance, réduite aujourd'hui à un état si différent de celui où l'avoit fixée le traité d'Oliva. Sa majesté voyoit très-bien que, dans l'état présent, divisée, épuisée et accablée, elle pouvoit nous être infiniment plus à charge qu'utile, tant qu'elle resteroit isolée dans le nord et sans aucun appui voisin. Mais le roi ne renonçoit pas à l'espoir de la tirer de cet état de solitude et d'abandon, en profitant de quelque circonstance heureuse, pour rétablir enfin son système de barrière entre la Russie et l'Autriche, système antérieur à celui de l'alliance, et avec lequel il ne le regardoit point comme incompatible.

C'est par une suite de cet attachement que sa majesté s'intéressoit si fort à la diète de 1763, qu'elle en sentit si vivement le mauvais succès, le triomphe du parti opposé à celui que soutenoit son ambassadeur, et la douleur qu'elle avoit de voir ses soins infructueux. Mais on voit en même tems combien sa majesté étoit éloignée de lui en imputer l'événement; elle témoignoit au contraire à M. le baron de Breteuil sa satisfaction de son zèle et de ses soins.

3°. M. le comte de Vergennes.

Cette correspondance si intéressante par la grande époque de la révolution, (dont le succès, disoit le roi lui-même dans son instruction secrète, étoit réservé à cet ambasadeur) le fut dès son début par l'avis certain des liaisons intimes et des engagemens secrets entre l'empereur et le roi de Prusse. M. le comte de Vergennes sut se le procurer du roi de Suède par M. de Scheffer, et en rendit compte aussi-tôt par la voie secrette. Cette découverte étoit d'autant plus importante qu'elle avoit échappé à la vigilance de M. Durand, et que ses relations y étoient fort opposées. Ainsi on peut assurer que la première notion du traité pour le partage de la Pologne, fut donnée avec certitude par M. le comte de Vergennes.

Toutes les lettres suivantes, relatives à la révolution, contiennent autant d'éloges de la conduite sage et bien combinée, par laquelle M. le comte de Vergennes avoit aidé le roi de Suède à préparer de loin ce grand événement. Après la part distinguée qu'il eut au succès, rien ne pouvoit mieux lui attirer des marques de la satisfaction du roi, que le compte exact et judicieux qu'il continua de rendre à sa majesté des intrigues et des partis à la cour de Suède, ainsi que des qualités plus ou moins louables dans le personnel du nouveau monarque, qui se développoient peu-à-peu depuis l'établissement de son autorité.

On trouve dans la suite de cette correspondance de nouveaux avis d'une convention entre l'empereur et le roi de Prusse, pour exclure la France et le roi de Suède de la garantie, qui leur appartient à si juste titre, de la paix de Westphalie. Elle annonce aussi d'autres engagemens projettés au sujet de l'affaire de San Rémo. Ces avis prouvent de plus en plus la vigilance et la pénétration de M. le comte de Vergennes, qui ne se laissoit pas renfermer dans les limites de son ambassade. On voit par ses dépêches combien il savoit prévoir les conséquences de cette convention, non moins dangereuse pour la liberté de l'Italie que pour celle de l'Empire. Il paroît également par les réponses du roi que sa majesté savoit beaucoup de gré à cet ambassadeur, et de ses avis et de ses réflexions ; qu'elle daignoit y ajouter les siennes ; et que son attachement à l'alliance ne lui a jamais fait perdre de vue ses anciens principes, relativement à l'Empire et à l'Italie, ni les droits et les obligations essentielles à la dignité de sa couronne.

On observera encore dans cette correspondance deux époques personnelles à M. le comte de Vergennes. La première, le désir que sa majesté lui témoigna qu'il ne fît point usage du congé qu'il lui avoit accordé, désir d'autant plus flatteur qu'il fut motivé par le besoin que les deux rois avoient de cet ambassadeur à Stockholm, pour ne pas être privés dans cet intervalle, l'un de ses talens et de ses services, l'autre de ses sages conseils.

La seconde est relative à la circonstance de l'exil du comte de Broglie. La plupart des personnes admises à la correspondance secrette en furent consternées et peut-être effrayées. M. le comte de Vergennes n'en fut intimidé en aucune manière, et il s'empressa au contraire de témoigner à M. le comte de Broglie que son zèle n'en seroit point refroidi.

POLOGNE,
Depuis 1758 jusqu'en 1774.

Les détails traités dans la séance du 27 janvier sur les motifs et l'origine de la correspondance secrette, dont le premier objet a été la Pologne, nous dispensent de nous étendre ici sur la première partie de cette correspondance.

La seconde avec les sieurs Hennin et Gérault ouvre une nouvelle scène non moins intéressante. C'est l'histoire de l'interrègne après la mort d'Auguste III, de l'élection du comte Poniatowski, des diètes de convocation, d'élection, du couronnement ; de celle de 1767 pour changer la forme du gouvernement ; enfin de la confédération de Bar, en opposition aux décrets de cette assemblée.

On y verra encore que d'après les intentions et les ordres du feu roi, le comte de Broglie n'a pas cessé d'indiquer les moyens à prendre pour prévenir la ruine de la république ; que dès 1760, il avoit annoncé tout ce qui est arrivé en 1767 et dans les années suivantes, jusqu'au partage de la Pologne.

Ce triste événement de la tragédie du nord avoit également été prédit par le comte de Broglie dans les instructions, mémoires et lettres dont on met aujourd'hui les originaux sous les yeux de MM. les comtes du Muy et de Vergennes.

En parcourant ces différentes pièces, ainsi que la correspondance de Vienne avec M. Durand, ces deux ministres éclairés se convaincront aussi combien l'on étoit occupé des démarches les plus amiables à répéter sans cesse auprès de la cour de Vienne, soit pour l'engager à s'expliquer sur ses vues ultérieures au sujet de la Pologne, soit pour lui faire confidemment des ouvertures qui n'auroient laissé à cette cour aucun prétexte, pas même celui de notre réserve et de notre silence.

On observer également dans le cours de ces deux correspondances nécessairement liées ensemble, combien de projets et de plans d'opérations politiques et militaires le comte de Bróglie avoit indiqués pour arrêter le torrent.

On y verra l'usage qu'il proposoit de faire des restes du parti français et patriote, pour rassembler et ranimer ce qui restoit de citoyens, pour leur suggérer un projet de campagne analogue au genre de guerre propre à la nation.

On y trouvera de même le mobile et l'objet des démarches faites par les confédérés, et secondées secrettement par le général Mokronosky auprès de notre cour et de celle de Vienne; les encouragemens donnés, les promesses faites à ce général par notre ministère et démenties par leur inexécution, les fautes au moins d'omission dont l'enchaînement a rendu inutiles tant de soins et de prévoyance, tous les obstacles manifestes et les oppositions sourdes que les intentions même du roi ont éprouvés et du dedans et du dehors ; enfin, cette fatalité attachée depuis trop long-tems à nos opérations les mieux concertées, et qui les a toujours rendues ou imparfaites dans l'exécution, ou tardives et infructueuses.

RUSSIE,

Depuis 1757 jusqu'en 1774.

CETTE branche de correspondance présente successivement plusieurs époques intéressantes.

Le sieur d'Eon étoit déjà honoré de la confiance du roi avant l'année 1757. M. le prince de Conti l'y avoit fait admettre, et envoyer à Pétersbourg. Il eut toujours depuis l'honneur de correspondre avec sa majesté par la voie du sieur Tercier.

Ce premier commis étoit aussi, par l'ordre exprès du roi, en commerce réglé avec le comte de Woronzow, vice chancelier et puis chancelier de Russie.

Le chevalier Douglas avoit reçu par le même canal l'ordre du roi de proposer à ce ministre une correspondance secrette et directe entre sa majesté et l'impératrice Elisabeth. Tous ces objets furent remplis : cette correspondance auguste fut établie et suivie par deux intermédiaires, le chancelier et le sieur d'Eon.

Celle entre le roi et le ministre russe mit sa majesté à portée de faire passer à sa cour plusieurs avis intéressans, dont l'objet est marqué, et l'utilité démontrée par les pièces originales. Le comte de Broglie profita de même des moyens qu'elle lui fournit, pour dissuader le ministère russe de quelques démarches violentes et arbitraires. On y voit, par exemple, une réponse du sieur Tercier au comte de Woronzow, *dans le sens du comte de Broglie*, c'est-à-dire, d'après ses directions, et dans l'esprit de ses dépêches particulières au roi, comme il paroît par les notes explicatives également approuvées du roi ensuite de cette minute.

Le point le plus important de la lettre du chancelier Woronzow étoit le désir et même le projet que sa cour avoit formé de s'emparer de Dantzick. On insiste dans cette réponse sur l'injustice de cette entreprise, sur son inutilité pour la cause commune, sur le préjudice qui en résulteroit pour la Pologne, en pure perte pour l'alliance. Il paroît que cette opposition du roi à l'occasion de Dantzick, quoiqu'insinuée avec beaucoup de modération et de ménagemens, sauva pour lors cette ville, et détourna de la Prusse-Polonoise le fléau de la guerre. Il en résulta pour l'alliance un avantage réel, puisqu'elle obligea les Russes à se porter en avant dans les états du roi de Prusse, et à seconder par-là de plus près les opérations des armées autrichiennes.

Le comte de Broglie ne peut se dispenser d'observer ici que pendant le cours de cette correspondance, le sieur d'Eon qu'il ne connoissoit pas encore, reçut toujours des marques de la satisfaction du roi et de sa confiance.

Ce fut toujours dans le même esprit et dans les mêmes vues du roi sur les affaires du nord, que la correspondance continua dirigée par le comte de Broglie avec M. le baron de Breteuil. Il venoit d'être admis au secret, lorsqu'il partit pour Pétersbourg. Témoin, dans son premier séjour, de la mort d'Elisabeth et de l'avénement de Pierre III, il revenoit en France, lorsqu'il reçut à Varsovie la nouvelle de la révolution, et peu après à Vienne l'ordre de retourner à la cour de Russie.

Ces grands événemens arrivés en moins de six mois, fournirent au roi le sujet de différentes instructions et dépêches dont on met ici les originaux sous les yeux de MM. les comtes du Muy et de Vergennes. On y verra combien sa majesté fut souvent satisfaite du zèle de M. le baron de Breteuil, de ses talens et de ses services.

Depuis le dernier départ de ce ministre, le sieur Rossignol fut chargé à Pétersbourg de la correspondance secrète. La première pièce que présente cette partie contient des articles qui peuvent mériter quelque attention.

Une instruction datée de 1765 annonce très-distinctement tout ce qui est arrivé deux ans après à la fameuse diète de confédération, et les prédictions y sont motivées. Il paroît par la suite de cette correspondance que sa majesté continua de donner la même attention à tout ce qui pouvoit se passer, soit dans l'intérieur de la Russie, soit dans les négociations des ministres étrangers à cette cour, soit enfin sur le théâtre de la guerre en Turquie et en Pologne. Le soin d'y veiller exigeoit du zèle et des efforts : sa majesté daigna approuver ceux du sieur Rossignol.

La mission de M. Durand à la cour de Russie est trop récente (en 1775) pour être susceptible de beaucoup de détails. Tous les objets sont présens à la mémoire d'un ministre des affaires étrangères, qui étoit alors avec lui dans une intime correspondance.

On observera seulement dans le cours de celle-ci, que le comte de Broglie avoit prévu dès-lors le dénouement de la guerre entre les Russes et les Turcs; qu'il suggéroit en conséquence quelques négociations éventuelles, et que sa majesté ne s'occupoit pas moins d'une entreprise dont la Suède paroissoit alors menacée de la part de la Russie, et des précautions à prendre pour en détourner cette dernière puissance.

Dans la lettre du comte de Broglie, en date de Ruffec le 2 Novembre 1773, à M. Durand, au sujet du sieur Marbeau, employé auprès de lui dans la correspondance secrette, on verra combien le feu roi étoit attaché à cette correspondance, et combien en même tems sa majesté prenoit de précautions pour la dérober à son ministre des affaires étrangères.

La suivante et dernière, toujours de Ruffec, le 15 mars 1774, confirme de plus en plus cette volonté décidée du feu roi de continuer dans les circonstances les plus critiques la correspondance secrette. M. Durand avoit alors témoigné quelque inquiétude sur tout ce qui se passoit et dont l'exil du comte de Broglie pouvoit lui faire craindre qu'il n'en rejaillit quelque chose sur lui.

Peu rassuré par l'ordre ancien qu'il avoit à ce sujet, il en désiroit un nouveau, et ce fut l'objet de cette lettre où l'on trouve un double approuvé du roi : sa majesté n'ayant pas dédaigné d'en mettre un second au *post-scriptum* sur un détail au sujet du sieur Marbeau, minutieux en apparence, mais en effet très-essentiel dans ces circonstances.

Il seroit superflu d'observer ici que ce contre-tems et même beaucoup d'autres circonstances décourageantes n'ont jamais rebuté ni ralenti le zèle du comte de Broglie, et qu'au contraire la confiance dont le roi ne cessa point de l'honorer, l'a mis jusqu'au dernier moment en état de défendre et de rassurer dans ces instans critiques tous ceux qui avoient part au mérite et au danger de la correspondance.

CONCLUSION.

D'APRÈS tout ce qui vient d'être communiqué à MM. les comtes du Muy et de Vergennes, il ne reste au comte de Broglie qu'une observation à faire; c'est que si ce long et immense travail, souvent soupçonné et jamais entièrement découvert, lui a fait presque autant d'ennemis que de gens en place; c'étoit uniquement parce qu'ils n'étoient pas à portée d'en connoître l'esprit et la manière dont il a été constamment traité.

Loin que le comte de Broglie se soit jamais laissé aller à aucune aigreur contre ceux même dont il recevoit sans cesse de mauvais offices, il a au contraire évité en toute occasion l'air de la plus légère personnalité. Sans prétendre se faire un mérite de sa modération, il croit cependant pouvoir y attacher quelque prix. Il en reçoit aujourd'hui un bien flatteur, puisqu'il a, dans ce moment, la satisfaction inestimable d'en fournir les preuves les moins équivoques, de se montrer à découvert, et de développer enfin son ame toute entière aux yeux de deux ministres, juges compétens des sentimens et de la délicatesse dont un homme honoré de la confiance de son maître ne doit jamais s'écarter. Le comte de Broglie a rempli cet important devoir dans toute son étendue.

Si, dans plus d'une circonstance, il n'a pas opéré tout le bien qu'il auroit désiré, il lui reste au moins la consolation d'avoir souvent empêché de plus grands maux, d'avoir toujours cherché et proposé des remèdes, sans avoir été découragé par les désagrémens que les affaires éprouvoient en général, et qu'on lui faisoit essuyer en particulier. Sa fidélité et son zèle le soutinrent constamment dans les mêmes principes.

Jaloux de mériter de plus en plus la confiance de son maître, et de le servir comme il vouloit l'être, le comte de Broglie eut l'honneur de lui proposer un travail étendu, qui présenteroit un tableau de l'état politique de l'Europe, d'après lequel il pourroit calculer, pour ainsi dire, la dégradation de notre influence, ce qui nous en restoit encore, et enfin les moyens de recouvrer ce que nous en avions perdu. Le feu roi en sentit aussi-tôt l'utilité. Ce monarque n'avoit abandonné qu'avec le plus vif regret les anciennes vues de former et de soutenir, depuis le pôle jusqu'à l'Archipel, une barrière impénétrable entre la Russie et le reste de l'Europe. Il daigna accueillir la proposition du comte de Broglie, qui fit commencer ce travail aussi-tôt qu'il en eut reçu l'ordre de sa majesté. Il fera l'objet de la quatrième séance.

IDÉE GÉNÉRALE

Des Motifs qui avoient déterminé le travail intitulé : Conjectures raisonnées.

MÉMOIRE

Adressé par le Comte de Broglie à MM. les Comtes du Muy et de Vergennes. (Premier Mars 1775.)

La fin du mémoire remis à messieurs les comtes du Muy et de Vergennes le 16 du mois de février, avoit annoncé le travail que le comte de Broglie aura l'honneur de communiquer aujourd'hui à ces deux ministres : mais avant de le présenter, il est nécessaire de rendre compte de ce qui y a donné lieu.

Malgré la vigilance du zèle avec lequel le comte de Broglie avoit cherché à prévenir tout ce qui pouvoit occasionner un refroidissement de la part de la cour de Vienne, et les soins qui avoient été prescrits à M. Durand sur cet important article qu'il ne perdit jamais de vue, on ne s'appercevoit que trop du peu de succès de ces mesures de prévoyance. M. Durand, sur la fin de sa résidence en cette cour, avoit enfin pénétré le secret qu'elle formoit à notre insu avec d'autres puissances, soit pour se prémunir contre les dangers qu'elle auroit courus en restant spectatrice des projets qu'on méditoit sur la Pologne, soit pour ne pas laisser échapper les avantages qu'on lui offroit en la sollicitant d'y concourir.

A son retour en France, au commencement de 1772, M. Durand communiqua au comte de Broglie ses réflexions sur l'état où il avoit laissé les choses à son départ.

Ces réflexions et celles que le comte de Broglie avoit faites à mesure sur les progrès des événemens ouvrirent un champ trop vaste pour de simples lettres, telles qu'il avoit l'honneur d'en écrire au roi sur le courant des affaires. Il sentit la nécessité de mettre sous les yeux de sa majesté un mémoire qui renfermeroit en même tems ce qui s'étoit passé depuis la mort du roi Auguste III, la situation où se trouvoient alors les affaires dans le nord et dans l'Empire, les suites fâcheuses qui en devoient résulter, et les remèdes qu'on pourroit employer pour les prévenir.

La lecture de ce mémoire qu'on croit nécessaire de représenter ici dans toute son étendue, mettra messieurs les comtes du Muy et de Vergennes en état de juger de la justesse des réflexions qu'il contient. Le comte de Broglie ne cherchera pas à s'en prévaloir, quoiqu'il se soit trouvé malheureusement prophétique. Il l'envoya au feu roi le 7 Juin 1772.

A son retour de Ruffec, au mois de Janvier 1773, le comte de Broglie jugea que le mal continuant d'empirer dans une progression rapide, il devenoit chaque jour plus pressant de former un état de la situation politique non seulement de la France, mais de l'Europe.

En faisant de nouveau cette observation à sa majesté, le comte de Broglie lui avoua que ce travail étoit si étendu qu'il n'oseroit l'entreprendre sans le secours de quelqu'un dont l'expérience et les lumières répondissent à l'immensité de l'objet : il proposa, par une lettre du 17 Mars 1773, de se servir du sieur Favier qui n'étoit pas admis à la correspondance secrette. Le comte de Broglie expliqua au sieur Favier le plan de cet ouvrage,

vrage, lui représenta la vérité, la fidélité et l'impartialité qu'exigeoit sa destination ; et dès le 17 Avril 1773, il eut l'honneur d'adresser à sa majesté les premiers numéros de ces mémoires. Ils se sont succédés au nombre de quatorze, jusqu'à la fin du mois d'Août.

On verra dans l'introduction de l'ouvrage quel en est le plan. On y a posé pour principe fondamental que la considération, la dignité, la prééminence, le rang enfin d'une puissance quelconque est fondé sur sa puissance militaire, sa puissance fédérative et sa puissance pécuniaire. On a examiné ensuite dans quelle position la France se trouvoit sous ces trois points de vue, et l'on a été obligé de convenir qu'elle étoit déchue depuis l'époque de 1756 jusqu'à celle de ce travail, au point de se trouver en troisième ou quatrième ligne dans l'ordre des puissances de l'Europe.

Après avoir examiné et résolu ces douloureuses questions dans la première section, on a traité dans la deuxième de la position respective des puissances de l'Europe à l'égard de la France, en suivant l'ordre topographique et commençant par le Nord pour faire le tour de l'Europe.

Tome I. G

On réserve à la fin de ce mémoire quelques observations sur la troisième section qui n'a pas été exécutée : mais il faut auparavant parler de l'objet général de ce travail.

C'étoit de remettre sous les yeux de sa majesté ce que ses lumières naturelles et acquises ne lui avoient pas permis de se dissimuler, c'est-à-dire, les causes et les progrès de la dégradation successive du crédit de la France, de sa considération, de son influence dans le système de l'Europe depuis 1755, à l'époque de sa rupture forcée avec l'Angleterre, jusqu'en 1773 où ce travail a été commencé.

Si l'on daigne jetter les yeux sur ce qu'il y avoit de fait lors de la catastrophe qui l'a interrompu, (la mort de Louis XV) on verra que les deux dernières parties n'étoient que préparatoires, et en quelque sorte purement historiques. Elles présentent d'abord un bilan politique de l'état de la France, relativement au système de l'Europe considéré en général : mais il auroit été inutile et même déplacé d'articuler seulement de tristes vérités, et dont le résultat ne pouvoit qu'affliger en pure perte, si en ne dissimulant pas toute l'étendue du mal, on n'en avoit point développé les causes premières et secondes. La connoissance exacte de son origine et de ses progrès pouvoit seule conduire aux moyens de la guérison.

Il a donc été indispensable de retracer dans ce tableau une suite raisonnée des principaux événemens compris dans le vaste intervalle qu'on a parcouru, de suivre pied-à-pied les vicissitudes, les révolutions de la politique et les variations apparentes ou cachées que les circonstances publiques ou personnelles ont successivement amenées dans le système général de l'Europe, et dans le système particulier de chaque ministère.

Si, en remplissant une tâche aussi délicate que celle qu'on s'étoit imposée, des motifs de ménagement ou d'intérêt personnel eussent pu engager à masquer la vérité, cela n'eût servi qu'à s'attirer le mépris du maître, lors même qu'il auroit dédaigné de le marquer.

Quelques apparences trompeuses, et quelquefois trop vraisemblables, ont pu laisser croire au public que le feu roi restoit constamment plongé dans l'illusion, qu'il la chérissoit, qu'il n'en vouloit point sortir; mais les preuves du contraire qu'on a mises sous les yeux de messieurs les comtes du Muy et de Vergennes, et plus encore les lumières qu'ils avoient déjà par eux-mêmes, les ont sûrement convaincus que cette opinion étoit mal fondée.

On savoit l'attachement que sa majesté avoit réellement pour le système d'alliance avec la cour de Vienne; on n'ignoroit pas que ce monarque pacifique la regardoit comme son ouvrage favori, et qu'il s'en applaudissoit comme du gage le plus précieux de la tranquillité publique.

Mais on étoit également instruit de l'attention qu'il recommandoit de donner à la manière dont ses alliés répondoient à la fidélité avec laquelle sa majesté remplissoit ses engagemens avec eux, et dont elle désiroit avec raison qu'ils suivissent l'exemple.

Vainement on auroit tenté de s'écarter dans ce travail du vrai point de vue que le roi lui-même avoit saisi d'avance. Plus on connoissoit les principes d'après lesquels il avoit adopté ce système de l'alliance, plus il auroit été dangereux de tracer sous ses yeux une fausse route. Il n'étoit pas question de savoir si on s'étoit quelquefois égaré : il ne s'agissoit plus que de calculer à quelle distance on étoit du chemin qu'on auroit toujours dû suivre.

Tel fut l'objet de ce travail. Si dans le cours d'un grand voyage politique, on s'est cru obligé de tout observer, de tout exposer sans déguisement, il ne s'ensuit pas que le voyageur ait vu avec des yeux prévenus pour ou contre. Tous les objets d'observation existent encore; et c'est devant des connoisseurs éclairés, des juges compétens, qu'on donne aujourd'hui le premier exemplaire de ces remarques *). S'il y en a quelques-unes qui pourroient paroître critiques, il n'appartient qu'à eux d'en apprécier la justesse.

On se flatte du moins qu'ils rendront justice à l'esprit qui les a dictées. Ce n'est pas celui de censure ni de personnalité; c'est en-

---

*) Il n'y a que le feu roi qui ait reçu un exemplaire de ces cahiers article par article. On ignore s'il les a communiqués à quelqu'un. Sa majesté régnante doit les avoir trouvés dans les armoires, à l'exception du seul article de la deuxième section, qui n'étoit pas mis au net lors de l'interruption de ce travail, mais qui se trouve à la fin de cet exemplaire. (*Note du comte de Broglie.*)

core moins un sentiment d'antipathie pour le système établi, mais seulement le désir de se conformer aux principes même et aux vues primitives du feu roi, relativement à ce grand objet. Si l'on a souvent insisté sur la nécessité de former un nouveau système, ou pour mieux dire de modifier le système actuel d'une manière plus analogue aux principes qui l'avoient fait adopter, et qui pouvoient le rendre utile, cette restriction toujours ajoutée annonce clairement le but qu'on s'étoit proposé. Ce ne fut donc jamais de saper, de renverser cet édifice politique, mais uniquement de poser une base sur laquelle il sembloit possible et même indispensable de l'affermir et de le consolider. Tel auroit été le sujet de la troisième et dernière section.

(Ici est le sommaire, article par article, des *conjectures raisonnées sur la situation de la France dans le système politique de l'Europe, et réciproquement sur la position de l'Europe à l'égard de la France.*)

Pour résumer en un très-court précis toutes les conclusions de ces différens articles, nous citerons l'exemple même de la cour de Vienne.

En se liant avec la Russie et la Prusse pour le partage de la Pologne et la ruine des Turcs, elle n'a jamais paru croire que ces traités eussent rien de contraire à l'alliance subsistante entre elle et la France. Elle nous a sans cesse déclaré le contraire, et nous n'avons trouvé nous-mêmes dans cette démarche aucun sujet de refroidissement. Si cette conduite rsspective a été adroite de la part du ministère autrichien, elle est sage de la nôtre et conforme au principe que le comte de Broglie n'a jamais cessé d'inculquer, celui de maintenir l'alliance. Donc s'il étoit jugé nécessaire dans le cabinet de Versailles, comme il l'a été dans celui de Vienne, de former de notre côté quelques alliances nouvelles, ou de prendre des engagemens plus particuliers avec d'autres puissances; cela ne sauroit ou ne devroit du moins pas nuire non plus au maintien de l'alliance, ni à l'union et à l'amitié entre les souverains. Quel est donc l'objet indiqué dans tout ce qui a été dit ou annoncé relativement à cette alliance, à laquelle tant de motifs peuvent encore nous attacher ? C'est de faire en sorte que si la France n'y joue pas à l'avenir le premier rôle exclusivement, elle le partage avec la cour de Vienne ; qu'elle soit et qu'elle paroisse en toute occasion à sa place naturelle dans l'ordre politique du système de l'Europe, c'est-à-dire, en première ligne et toujours de front avec la première puissance en dignité, mais qui ne l'est point en réalité, et qui ne peut jamais le devenir que par un nouvel enchaînement d'erreurs et de fautes auxquelles on ne doit pas s'attendre désormais.....

En donnant au commencement de cette séance, une idée générale des motifs qui avoient déterminé ce travail, nous avons annoncé les observations et éclaircissemens qui vont la terminer.

La seconde section de ce travail étoit à peine finie, lorsqu'il fut interrompu. Messieurs les comtes du Muy et de Vergennes sont priés de se rappeller tout ce qui a passé jusqu'ici sous leurs yeux depuis le commencement des conférences. Le comte de Broglie ose se flatter qu'ils auront pris une juste idée de la carrière épineuse qu'il a remplie depuis vingt-deux ans, ainsi que des principes qui ont toujours dirigé sa conduite et son travail. Il ne leur aura pas échappé que son unique voeu a toujours été de concourir à celui de son maître, pour le maintien d'une alliance à laquelle il savoit mieux que personne combien sa majesté étoit attachée. Il a dû, par cette raison, lui présenter avec d'autant moins de déguisement, quelques abus qui en étoient résultés, qu'il étoit assuré que le feu roi approuveroit tous les moyens de redressement et de restauration de cette même alliance.

C'étoient ces moyens, adaptés à un système général de politique avec toutes les puissances de l'Europe, qui devoient faire *le sujet de la troisième section.* On se proposoit d'y indiquer les mesures à prendre pour établir sur de solides fondemens la puissance militaire et la puissance fédérative de la France.

Au sujet de ce plan resté sans exécution, le comte de Broglie tentera de relever l'injustice de ceux qui se sont permis de hasarder contre lui les reproches les plus déplacés. Une réflexion suffira pour en montrer l'illusion. La seule occasion où l'on eût pu avoir prise sur le comte de Broglie se seroit trouvée dans l'examen d'un système politique qu'il eût proposé ; mais ce n'auroit été que dans la troisième section, et elle n'a pas été commencée. On ne peut donc apprécier l'esprit dans lequel cette partie auroit été traitée, que par un seul moyen; c'est de juger ce futur contingent qui n'est pas arrivé, par le même esprit qui a dicté depuis 1755 tous les mémoires, lettres et dépêches du comte de Broglie. Il ne craint pas que des ministres éclairés et impartiaux puissent jamais interpréter défavorablement sa vigilance et sa sollicitude. En jettant au hasard les yeux sur plusieurs de ses lettres, ils trouveront dans' toutes le même zèle qui l'a animé, et au moment de l'entrée des Prussiens en Saxe, et pendant son séjour à Vienne.

Au surplus, le comte de Broglie se croit dispensé d'aucune apologie. Il ne cherche point à se faire un mérite d'avoir pensé que l'alliance avec la cour de Vienne étoit nécessaire dans son principe, et pouvoit, devoit même être utile par ses suites. S'il eût pensé différemment, il l'auroit dit avec la même liberté que le feu roi avoit daigné agréer et encourager. C'eût été tout au plus une erreur dont des gens raisonnables ne pourroient pas lui faire un crime. C'est néanmoins ce qui a été entrepris de la manière la plus inouïe, et qui a donné lieu à tous les événemens qui ont fait le sujet de la correspondance que le comte de Broglie a eu l'honneur d'entretenir avec le feu roi pendant les sept derniers mois de son règne. Il en mettra les détails sous les yeux de MM. les comtes du Muy et de Vergennes dans la séance qui terminera les conférences ordonnées par sa majesté, et dans laquelle il se flatte de ne rien laisser à désirer de ce qui peut établir la pureté de sa conduite, et détruire jusqu'aux plus légers soupçons d'intrigue et de tracasserie dont on a voulu le noircir.

MÉMOIRE DU COMTE DE BROGLIE,

Sur la paix du Nord, le démembrement de la Pologne, et les suites que ces événemens peuvent et doivent avoir sur le systéme politique de la France. (Ce Mémoire, annoncé dans la Pièce précédente, a été remis par le Comte de Broglie à Louis XVI, le premier Mars 1775.)

Dès le premier moment des troubles de la Pologne, dont on pourroit fixer l'époque à la mort d'Auguste III, on a prévu que les Russes profiteroient de ces événemens, pour constater leur despotisme dans ce royaume, y décider à leur avantage les contestations qui existoient depuis long-tems sur l'affaire des limites entre la Russie et la république de Pologne, et s'emparer de l'Ukraine-Polonoise.

Les spéculateurs attentifs à l'effet que l'annonce de pareils projets devoit faire sur le roi de Prusse, ont été quelque tems dans l'incertitude. Elle consistoit à juger si ce prince croiroit devoir s'y opposer, ou s'il préféreroit de les favoriser; et si en se joignant avec la Russie, il chercheroit pour prix de son concours à s'emparer de son côté des provinces de le Pomérelie et de la Warmie, qui lient et arrondissent ses états, et dont la richesse, la fertilité et la population les font regarder comme la meilleure partie de la Pologne.

Il est apparent que sa majesté prussienne s'est déterminée dès le commencement à préférer ce second parti, et qu'elle ne s'est depuis occupée qu'à travailler, de concert avec l'impératrice de Russie, à en préparer le succès.

Ces deux puissances n'ont pu s'empêcher de prévoir que presque toute l'Europe verroit avec jalousie de semblables agrandissemens; mais l'excès de leur ambition leur a inspiré le courage nécessaire, pour surmonter les obstacles qui pourroient s'y opposer.

Ces obstacles devoient naturellement venir de la Turquie, de la cour de Vienne, de la république de Pologne, soutenue ou au moins dirigée par la France, et enfin des puissances maritimes, qui ne pouvoient voir qu'avec ombrage les établissemens que la Russie et la Prusse alloient former sur les côtes de la Baltique, et qui assuroient, sur-tout à cette dernière, le commerce exclusif de la Pologne, dont la Vistule est la clef. Il étoit évident qu'aucune puissance ne pourroit plus faire ce commerce, qu'avec la permission de sa majesté prussienne, puisqu'après cet événement toutes les rivières qui servent au transport et à l'exportation des denrées de ce royaume, couleroient à l'avenir au travers des états prussiens, où elles auroient leurs embouchures dans la mer Baltique.

Dans de pareilles circonstances, l'impératrice de Russie n'a pas craint de donner beaucoup au hasard. Informée de longue main et avec précision, de la décadence du gouvernement ottoman, de son anarchie, de sa mollesse, et de son impéritie en tout genre, elle s'est déterminée à attaquer les Turcs de tous côtés. On a vu les flottes russes porter leurs pavillons dans l'Archipel, et y tenter des expéditions que des intelligences secrettes avec les Grecs de ces contrées y avoient préparées, pendant que les armées de terre entretennes de tous leurs besoins aux dépens de la Pologne, se sont avancées jusques sur le Danube.

Les succès de ces différentes entreprises, et de celles qui se sont exécutées en même tems en Moldavie, dans la Valachie, la Crimée et sur le Niester, ont passé les espérances qu'en avoit pu concevoir Catherine II, et ont jetté sur les Turcs un vernis de lâcheté et d'impuissance, dont ils ne peuvent se relever.

Il n'y avoit que deux moyens, dont même la réunion étoit nécessaire, pour arrêter ce torrent de prospérités.

Le premier, de donner à la partie la plus nombreuse de la nation polonoise, qui restoit encore attachée à son indépendance et à ses priviléges, les moyens de former une opposition puissante et respectable. Ils ne pouvoient lui être fournis que par les cours de France et de Vienne, et on ne sauroit se dissimuler l'intérêt qu'elles avoient l'une et l'autre à s'y déterminer. Il est certain qu'au moment où a éclaté la confédération de Bar, des secours pécuniaires de la part de la France, distribués avec sagesse, économie et connoissance de cause, auroient mis les Polonois en état de se soulever de tous côtés, et d'opérer la diversion la plus incommode et la plus efficace qui pût être faite en faveur des Turcs. Elle auroit donné aux confédérés une considération vis-à-vis du ministère ottoman, et même du reste de l'Europe, qui vraisemblablement auroit préservé ce malheureux royaume du démembrement presque déjà exécuté, et de l'avilissement dans lequel il est plongé.

M. le duc de Choiseul a senti à différentes reprises l'intérêt que la France avoit à ne pas laisser accabler un pays dont les liaisons avec la France sont aussi anciennes que naturelles, et dont l'utilité est évidente. Il a été présenté à ce ministre plusieurs projets par M. le général Mokronosky, qui ont tous été accueillis favorablement, mais n'en sont pas moins restés sans exécution. La cour de Vienne, avec qui M. le duc de Choiseul vouloit les concerter, y a toujours mis des délais et des obstacles, qu'il n'auroit pas vraisemblablement éprouvés, si avec un langage ferme, noble et clair, il lui avoit déclaré que la France ne pouvoit voir avec indifférence ce qui se passoit en Pologne; que son éloignement ne la mettoit pas à portée d'y agir par elle-même: mais que c'étoit le cas où une alliance aussi respectable devoit se réunir, et annoncer conjointement une volonté fixe de s'opposer à tout projet de démembrement et d'envahissement. Une pareille déclaration devoit être communiquée à toutes les cours, avec ordre aux ministres respectifs d'y faire connoître le danger de prolonger une indifférence, qui ne pouvoit qu'être nuisible à tout le reste de l'Europe, et d'ajouter les protestations les plus solemnelles et les plus sincères du plus parfait désintéressement.

Il est indubitable qu'une telle conduite de la part des cours de France et de Vienne auroit eu le plus glorieux succès. La France, avec des secours pécuniaires portés seulement à 200,000 liv. par mois, auroit mis toute la Pologne en armes; les grands seigneurs, assurés de la protection de deux alliés aussi puissans, se seroient déclarés, et toutes les armées russes n'auroient pas suffi pour dissiper cette multitude de confédérations, qui, dispersées dans toute la Pologne, séparées dans leurs entreprises, mais réunies dans leur esprit, auroient eu un corps représentatif de la république entière, fait pour être respecté et écouté. Les Turcs alors en auroient agi avec les Polonois en alliés ; on auroit pu même les unir par des traités ; la confédération auroit fait recevoir ces ministres dans toutes les cours ; elle auroit été sûre d'être admise à la négociation de la paix, et de pouvoir elle-même traiter ses intérêts avec succès.

C'étoit alors que la cour de Vienne devoit se décider à la contenance menaçante qu'elle a prise depuis, trop tard, si elle avoit véritablement envie de s'opposer au pillage de la Pologne. On doit croire que dans les conférences tenues à Neustadt, en 1770, entre l'Empereur et le roi de Prusse, et dont M. de Kaunitz n'a fait peut-être que des demi confidences à M. Durand, il a été question de ce démembrement, et que le ministre autrichien ne s'est occupé depuis, qu'à y faire participer leurs majestés impériales avec le plus d'avantages qu'il lui seroit possible. L'envahissement du comté de Zips, dans la même année, et l'occupation des territoires des quatre starosties de Nowitang, Sandeck, Biecz et Pitzno dans le palatinat de Cracovie, où les Autrichiens se sont alors établis, ne permet pas de douter que, dès cette époque, M. de Kaunitz n'eût formé la resolution de les réunir à la Hongrie, et de faire valoir des droits chimériques sur des possessions cédées en 1238, par Boleslas-le-Chaste, roi de Pologne, en faveur de Béla IV, roi de Hongrie. Mais Boleslas, chassé par ses sujets, n'a jamais été en droit d'aliéner des parties du royaume, qui ne le reconnoissoit pas; et en effet, depuis plus de cinq cents ans, ces quatre starosties n'ont pas même été réclamées par les Hongrois, qui ne les ont jamais possédées.

Depuis cette prise de possession, à laquelle M. le prince de Kaunitz a voulu donner l'air d'une simple précaution, protestant même que sa cour seroit toujours prête à tout restituer, dès que les autres puissances voisines de la Pologne voudroient en user de même, la cour de Vienne s'est mise en armes, et a toujours cherché à nous persuader qu'elle avoit des dispositions moins hostiles que pacifiques; mais le moment est arrivé, où la Russie et la Prusse l'ont obligée de se déclarer.

C'est dans ces circonstances que M. le comte de Mercy est venu annoncer à M. le duc d'Aiguillon que le danger que les forces autrichiennes courroient en s'opposant seules aux armées russes et prussiennes réunies, a déterminé leurs majestés impériales à un démembrement de la Pologne, qu'elles ne pouvoient empêcher.

Cet ambassadeur a dit que sa cour en reconnoissoit l'injustice, et que pour la diminuer, elle a cru devoir y participer, imaginant que c'étoit le seul moyen d'y mettre des bornes, et observant au surplus que la portion qui en reviendroit à ses maîtres, étoit si disproportionnée avec les acquisitions des deux autres puissances, qu'ils ne pourroient voir qu'avec douleur un événement qui faisoit pencher la balance à leur désavantage de la manière la plus sensible.

M. le comte de Mercy a cherché à excuser le silence qui nous a été gardé pendant le cours de cette négociation sur celui que nous avons observé nous-mêmes ; il a reproché à M. le duc d'Aiguillon ses liaisons avec les émissaires prussiens, et sur-tout la déclaration inutile faite à M. de Sandoz, que nous verrions avec indifférence tout ce qui se passeroit en Pologne; il a prétendu que le roi de Prusse avoit fait connoître à Vienne, l'envie que la France avoit de se rapprocher de lui; d'où il a conclu que sa cour ne pouvant compter invariablement sur nous, avoit dû prendre ses précautions contre un orage auquel seule elle ne sauroit résister. M. le duc d'Aiguillon a témoigné de son côté de la sensibilité à la réticence, et même à la méfiance de la cour de Vienne, d'où il peut résulter un refroidissement entre les deux cours, qui allant par une gradation naturelle chaque jour en augmentant, peut mener à une dissolution entière et prochaine de toute espèce de liaisons entre les alliés.

Pour résumer le tableau qui vient d'être tracé, et constater la situation politique de l'Europe au moment où la paix entre les Turcs et les Russes sera signée, et où le démembrement de la Pologne sera effectué, il est nécessaire de fixer l'état où se trouvera chaque puissance.

On ne peut disconvenir que la Russie ne termine cette guerre de la manière la plus glorieuse, et qu'elle ne remplisse par la paix qu'elle est prête à conclure, presque tous les projets de Pierre-le-Grand. Les fruits qu'elle en retirera sont le commerce assuré de la mer noire; l'affranchissement de la Crimée, de la Moldavie et de la Valachie sous sa protection; le levain de révolte et de fanatisme répandu dans tous les sujets grecs de l'empire turc, même dans ceux de cette religion établis dans les pays autrichiens; la soumission des petits Tartares; par conséquent les bornes de l'empire reculées, les lignes de la nouvelle Servie devenues superflues, et les troupes qui les gardoient libres d'agir ailleurs; l'Ukraine-Polonoise soumise, assurant un point de dépôt pour la guerre sur le Danube et en Pologne; la civilisation des Cosaques, qui fournissent déjà de bonnes troupes; la remonte de toute sa cavalerie; une subsistance facile; et une influence despotique sur la Pologne. Dans une pareille position, on doit prévoir qu'elle sera prête incessamment à recommencer avec avantage, soit pour porter les derniers coups à la Turquie, soit pour attaquer la cour de Vienne, soit pour prendre un parti à la mort du roi de Prusse, contre le successeur de ce prince.

Sa majesté prussienne, sans avoir essuyé la dépense ni même l'embarras de la guerre, après avoir outrageusement pillé la Pologne, enlevé hommes, chevaux, bestiaux, argent, enrichie des dépouilles de ce malheureux royaume, gagnera encore, pour son lot de médiateur, toute la Prusse-Polonoise, quelques démembremens de la Grande-Pologne et l'évêché de Warmie ; ce qui le rend maître de l'embouchure de la Vistule, et lui assure (comme il a déjà été observé) le commerce exclusif de la Pologne, à qui il imposera la loi la plus dure pour l'exportation et le débit de ses denrées. Cette acquisition est par-là de beaucoup supérieure à celle de la Silésie, et donne à la puissance prussienne une consistance et un ensemble qui ne peut que la rendre formidable.

Des trois puissances co-partageantes, l'Autriche est la seule dont la part n'est pas proportionnée à celle des deux autres ; mais enfin elle acquiert un territoire assez considérable, et cela sans coup férir, et sans rien dépenser. Le nombre de ses troupes, déjà très-important, augmente encore ; et elle fait tout cela, en amassant de l'argent, en éteignant ses dettes, en acquérant un grand crédit et de grands moyens, pour se trouver, au moment de la mort du roi de Prusse, en état de reprendre la Silésie, ou pour entreprendre d'ici à peu d'années telle autre guerre qui conviendra au génie martial de l'empereur. Il n'en manquera pas d'occasions ; la succession du roi de Prusse et le recouvrement de la Silésie sur les héritiers de ce prince, celle de la maison de Neubourg lui en offriront en Allemagne ; il en peut rencontrer d'autres, soit en Pologne, en Turquie, peut-être même en Italie.

Il n'est pas possible de passer sous silence la part que le roi de Pologne aura à ces événemens, ou du moins ce qui en résultera pour lui, soit que les puissances voisines croient être intéressées à rendre cette couronne héréditaire, soit qu'elles désirent d'y laisser subsister l'anarchie qui a fait le malheur de cette république. Stanislas-Auguste se trouvera vraisemblablement possesseur assez tranquille du trône où Catherine II l'a fait monter.

L'abat-

L'abattement de la noblesse, et le renversement des anciennes formes constitutives lui auront applani tous les obstacles qu'il a jusqu'ici éprouvés ; et s'il parvenoit à rendre la couronne héréditaire, il pourroit alors, comme puissance intermédiaire, se faire rechercher de ses voisins et des autres puissances de l'Europe.

Pendant que toutes les puissances gagnent plus ou moins à cet arrangement général du Nord, la France seule, exclue de la médiation et du partage, ayant perdu toute influence en Pologne, en Suède, reste exposée à perdre encore, par les insinuations de la Russie et de l'Angleterre, son commerce du Levant et son ancien crédit sur les Turcs, qui rejetteront sur elle tous les malheurs de la guerre.

Il faut convenir que cette position, qui n'est ici nullement exagérée, doit faire faire les plus sérieuses réflexions au ministère, et l'engager à prendre, sans délai, des mesures convenables pour prévenir les malheurs qui en pourroient être la suite.

Le premier de tous les remèdes, sans doute, seroit de travailler au redressement des finances. C'est le meilleur moyen de rétablir la considération, sans laquelle une grande puissance est exposée, autant qu'une petite, à éprouver le manquement de ses ennemis et la négligence de ses propres alliés. C'est à l'état fâcheux où les a mises une mauvaise administration, qui dure sur tout depuis dix à douze ans, qu'il faut attribuer la décadence sensible de notre crédit en Europe. Mais c'est une matière qui n'entre point dans le plan de ce mémoire. Contentons-nous donc de jetter les yeux sur le système qu'il convient d'embrasser pour ramener notre politique égarée, et former des mesures capables de regagner l'influence et la considération dont la France est en droit de jouir en Europe.

Il est d'une sage prévoyance de chercher à lire dans l'avenir, et de supposer les événemens les plus vraisemblables et les plus prochains, pour tâcher de les tourner à son avantage, ou au moins s'assurer de n'être pas pris au dépourvu, lorsqu'ils arriveront.

Rien n'est plus humiliant que de se trouver sans alliés, si ce n'est d'en avoir sur lesquels on ne puisse pas compter, et qui ne donnent que des marques de méfiance et d'inconsidération. Quand une conduite maladroite ou inattentive a mis dans cette position, rien n'est plus pressé que d'en sortir; et il faut commencer par examiner de quel côté il convient de tourner ses vues, afin de mettre dans ses démarches l'assurance, la noblesse, et sur-tout la bonne foi la plus parfaite.

Dans la circonstance délicate où se trouve la France, il seroit peut-être naturel, mais il n'en seroit pas moins dangereux de laisser établir un refroidissement avec la cour de Vienne, qui ne tarderoit pas à dégénérer en brouillerie. Il est beaucoup plus à propos de s'expliquer confidemment avec cette cour. On peut ne lui pas dissimuler qu'on a lieu de se plaindre, que la délicatesse et l'amitié du roi sont blessées; mais qu'il faut renouer des liens auxquels sa majesté est attachée, et qu'ainsi on désire reconnoître la nature et l'étendue des vues du ministère autrichien, avec la résolution de coopérer à leurs succès, et l'espérance que leurs majestés impériales se prêteront de leur côté à ce qui peut être de la convenance du roi.

Il ne semble pas qu'il y ait de tems à perdre pour prendre des mesures à cet égard. Mais soit qu'elles réussissent ou non, vis-à-vis de la cour de Vienne, il ne faut pas moins se former un plan de conduite avec les autres puissances, nommément avec le roi de Prusse, si l'éloignement de la cour de Vienne nous obligeoit à nous rapprocher de ce prince.

Jamais partage ne s'est fait sans être l'occasion de querelles entre les co-partageans : il convient de se tenir à portée d'en profiter. Si le roi de Prusse avoit la bonne foi et la fidélité dans ses engagemens, qui mettroient le comble à ses autres grandes qualités, on pourroit croire qu'il ne se trouveroit pas de difficultés à se rapprocher de ce prince, et qu'il sentiroit l'avantage que notre alliance lui procureroit et à son successeur, pour la garantie des possessions qu'il lui laissera ; et cette liaison seroit peut-être le moyen le plus propre à assurer à cette époque la tranquillité de l'Europe.

La même réflexion peut avoir lieu pour la Russie : mais les mêmes difficultés peuvent s'y trouver ; et elles doivent encore être augmentées par l'amour-propre et l'orgueil de Catherine II. Il faut cependant s'occuper avec soin de la ramener. La cour de Vienne n'aura que plus d'attention pour nous, lorsqu'elle nous verra dans une posture honnête avec les autres puissances. L'établissement du commerce sur la mer noire aménera des objets de négociations entre la France et la Russie. Ce motif pourroit servir de prétexte à revenir à un traité de commerce qui a souvent été ébauché, et qui pourroit nous être utile, pour tirer du pays les bois de construction, et les matières premières de la marine au préjudice de l'Angleterre.

On ne doit pas oublier d'observer ici, que l'Angleterre est, après la France, la puissance à qui la révolution qui s'opère dans le Nord doit être la plus désagréable et la plus contraire. Seroit-ce un motif suffisant d'espérer qu'elle voulût se joindre à nous, pour en imposer aux puissances qui veulent s'enrichir du démembrement de la Pologne ? C'est ce dont il est difficile de se flatter ; et malgré la répugnance avec laquelle les Anglais doivent voir sa majesté prussienne devenir avec avantage une puissance maritime sur la Baltique, et la Russie en possession de tout le commerce de la mer noire, comment seroit-il possible de former un concert solide avec l'Angleterre pour s'y opposer ? Dans l'ignorance où l'on est des moyens qu'on pourroit y employer, on se contentera de dire qu'il n'y auroit nul inconvénient à traiter cet objet avec le ministère anglais, ne fût-ce que pour pénétrer l'effet que ces événemens ont pu faire, tant sur sa majesté que sur la nation britannique.

Nous n'avons jusqu'ici traité que les objets relatifs à la politique du Nord, sur lesquels les solutions que nous avons cherchées ne sont pas plus solides que satisfaisantes. En jettant les yeux sur le Midi, on appercevra encore des sujets d'inquiétude dignes de beaucoup d'attention. Le principal sans doute est l'établissement précaire de deux branches de la maison de Bourbon en Italie. On doit s'attendre que si le refroidissement actuel avec Vienne avoit des suites, une de ses premières démarches seroit d'envahir toutes les possessions de ces deux branches ; et rien ne seroit plus facile dans l'état actuel des choses. On doit croire aussi que la république de Gênes, qui a des querelles subsistantes avec l'empereur, au sujet de San-Remo, sans parler des anciennes, dont le souvenir ne doit pas être effacé, seroit une des premières victimes de notre désunion. Pour parer à ces deux inconvéniens, il seroit à propos de faire sentir à la cour d'Espagne la nécessité de mettre sa majesté sicilienne assez en forces pour résister aux premières entreprises qu'elle auroit à essuyer, et pouvoir attendre les secours que la France et l'Espagne lui enverroient.

La même prévoyance doit engager à fournir aux Génois les moyens de se précautionner également contre un premier coup de main. On connoit ceux qui ont été employés avec succès pendant la guerre finie en 1748; et combien l'animosité de ce peuple contre les Autrichiens fournit de ressources en pareille circonstance; mais encore faut-il la prévoir, et les préparer.

Un troisième moyen de parer aux échecs que l'on peut avoir à craindre en Italie, est de ménager la cour de Turin, dont l'alliance en pareil cas peut être aussi utile à la France qu'elle est desirable pour elle. Le roi de Sardaigne n'ignore pas l'intérêt qu'il a à se joindre aux puissances à qui l'agrandissement de la maison d'Autriche en Italie peut faire ombrage; ainsi il sera facile de s'en assurer.

De ce mémoire, dont l'étendue, quoique grande, n'est pas proportionnée à celle des matières qui y sont traitées, il résulte:

1°. Que, dans les circonstances actuelles il n'y a rien de si pressé que de sortir de la léthargie politique où l'on est, et de chercher à remédier au mal que cette même léthargie a occasionné;

2°. Qu'on doit faire l'impossible pour ramener la confiance de la cour de Vienne, et dissiper le refroidissement existant avec elle, dont la suite pourroit être une liaison intime de sa part avec la Russie et la Prusse, qui nous deviendroit funeste, surtout si elle étoit mise en activité par le génie bouillant et martial qu'on suppose à l'empereur;

3°. Que, malgré le désir sincère de resserrer les noeuds avec la cour de Vienne, il faut s'occuper de ce qui se passe à Berlin, et se mettre en mesures avec dextérité et sagesse vis-à-vis du roi de Prusse; de sorte que si l'éloignement de Vienne devenoit invincible, on pût parer aux effets dangereux qu'on auroit à en craindre, en renouvellant nos anciennes alliances avec sa majesté prussienne, ou du moins avec son successeur, que par cette raison il convient d'avance de ménager avec suite et avec tout le soin possible;

4°. Qu'une conséquence de cette possibilité de rupture avec la cour de Vienne doit être de mettre, par le moyen de l'Espagne, le roi de Naples en état de résister aux premiers efforts des Autrichiens, et d'attendre nos secours; d'en user de même de notre part avec les Génois; et enfin de se ménager la possibilité, même la facilité, de former une alliance avec le roi de Sardaigne, si les circonstances l'exigeoient.

CONJECTURES RAISONNÉES

SUR LA SITUATION ACTUELLE DE LA FRANCE *dans le systéme politique de l'Europe; et réciproquement sur la position respective de l'Europe à l'égard de la France;*

ENFIN,

Sur les nouvelles Combinaisons qui doivent ou peuvent résulter de ces différens Rapports, aussi dans le systéme politique de l'Europe. (16 Avril 1773.)

OUVRAGE dirigé par le Comte DE BROGLIE, exécuté par M. FAVIER, et remis à Louis XV dans les derniers mois de son règne *).

INTRODUCTION.

Pour se mettre à portée d'apprécier la situation actuelle de la France (Avril 1773)

---

*) Ce travail a terminé la fameuse correspondance. C'est le seul monument qui en reste avec les *pièces authentiques* imprimées au commencement de ce volume. Toutes les autres pièces ont été brûlées par ordre de Louis XVI, après l'examen qui en a été fait par MM. du Muy et de Vergennes.

dans l'ordre des grandes puissances, il faut remonter à la source, et partir d'un point fixe antérieur. Dès-lors on peut tracer la ligne que la France a parcourue depuis dans cette sphère politique.

Ce point antérieur doit être placé à l'époque de 1756. C'est celle de la dernière guerre, et du nouveau système, suite nécessaire du traité de Versailles du 1er Mai de cette année.

On voudroit en vain se dissimuler la dégradation rapide du crédit de la France dans les cours de l'Europe, de sa considération, de sa dignité même, enfin, osera-t-on le dire ? par un déplacement incroyable, elle sembleroit avoir perdu son rang à la tête des grandes puissances, pour ne plus jouer sur la scène politique qu'un rôle passif ou subalterne.

Cependant *point d'effets sans causes ;* il faut donc chercher celles d'une si étonnante révolution.

Ces causes se réduisent à trois principales, dérivées les unes des autres, depuis 1756 jusqu'à la paix.

1°. Le changement de système, produit par le traité de Versailles;

2°. Le faux plan de la guerre, dans lequel, en perdant de vue l'objet principal, on a pris le change et tourné en guerre de terre une guerre maritime et de colonies, ce qui a été la suite du changement de système;

3°. Les malheurs de la guerre qui ont découlé de ce faux plan, et nécessité à une paix aussi désavantageuse qu'elle parut indispensable.

Depuis la paix, trois autres causes principales, pareillement enchaînées les unes aux autres, ont amené encore plus rapidement cette dégradation.

1°. Le défaut de système politique. L'ancien étoit détruit, et ce renversement nous avoit laissés, à la paix, sans autre allié en Allemagne que la cour de Vienne. Nous étions réduits dans le Nord à n'avoir d'autre allié que la Suède, qui, ainsi isolée, ne pouvoit nous être qu'à charge. Ceux du Midi, ne pouvant avoir aucune influence dans ce système septentrional, ils étoient nuls à cet égard. On avoit appuyé et protégé la cour de Vienne; on finit par se persuader qu'elle étoit notre appui; du moins ce fut et le langage et l'opinion apparente de notre ministère.

On s'accoutuma à regarder la puissance autrichienne comme un corps avancé qui faisoit notre sûreté, et derrière lequel on pouvoit s'endormir à l'abri de toute surprise: mais au lieu de donner l'ordre à cette avant-garde, on le reçut d'elle; et la prééminence de la cour de Vienne s'établit proportionnellement à notre subordination.

2°. Cette subordination, suite du défaut de système, est devenue la cause, à son tour, des effets les plus pernicieux.

Soit que le ministère d'alors ne fut pas assez éclairé, assez réfléchi, pour en prévenir les suites dangereuses; soit que des motifs personnels l'eussent déterminé à suivre le penchant qui sembloit l'entraîner dans ce système subalterne, il ne s'occupa plus que d'agir de concert avec la cour de Vienne, ou plutôt sous sa direction.

Point de négociations pour renouer d'anciennes alliances, en former de nouvelles, ou du moins se rapprocher décemment des cours dont on s'étoit éloigné dans la dernière guerre. Si l'on parut enfin se prêter à quelques démarches d'étiquette, ce fut si lentement, si froidement, qu'on donna à la cour de Vienne le tems de se rapprocher, avant nous, des puissances avec qui elle avoit été, ou en guerre ouverte, ou en froideur marquée *). Il ne parut point qu'on lui eût demandé compte des avances qu'elle faisoit et qu'elle nous empêchoit de faire. Elle sembloit s'être placée comme un point intermédiaire entre nous et ces cours refroidies ou mal réconciliées ; mais ce fut bien plutôt un mur de séparation. On la vit régler chaque pas que nous devions faire dans la route oblique qu'elle nous avoit tracée. Enfin, sous prétexte de *l'union intime ou de l'intérêt commun*, elle parvint à persuader que nous n'avions aussi qu'une volonté commune, mais toujours suggérée par elle, et variable au gré

---

*) Il est impossible de se rapprocher plus mal-adroitement et moins noblement en même tems, qu'on le fit du roi de Prusse, au moment de l'envoi de M. de Guines : le moment de la nomination de M. de Pons a cependant été encore plus mal choisi ; et il est très apparent que c'est ce qui a donné lieu aux entraves de Neustadt, où l'on a jetté les fondemens de l'union funeste de l'empereur et du roi de Prusse.

de la sienne. L'Europe fut accoutumée à regarder la France comme une puissance devenue secondaire dans l'ordre politique; en en mot, un corps de réserve aux ordres de l'Autriche *).

A peine cependant la paix étoit-elle conclue, que la cour de Vienne avoit réclamé à toute rigueur nos engagemens les plus onéreux. C'étoit l'exécution d'un traité secret, signé aussi à Verseilles, le 30 Décembre 1758.

On ne fera pas ici l'énumération des stipulations d'une armée française de cent mille hommes en Allemagne, des subsides à payer par la France aux alliés de l'impératrice, des troupes étrangères à soudoyer aussi par la France dans les armées autrichiennes : tout cela n'avoit été que trop scrupuleusement rempli de notre part.

---

*) Jamais notre subordination n'a tant paru que dans l'affaire de Pologne, à laquelle la cour de Vienne n'a jamais voulu permettre qu'on prit part par les seuls moyens qui eussent pu être efficaces; ce qui a été la cause de la foiblesse de ceux qu'on a employés, qui n'ont servi qu'à nous compromettre cruellement, et à nous rendre presque ridicules.

Mais par l'article III de ce nouveau traité, le secours de vingt-quatre mille hommes stipulé dans celui de 1756, avoit été évalué en argent à 3,336,000 florins d'Empire, payables tous les ans pendant la durée de la guerre. (8,340,000 l.) Il en étoit dû, à la paix, aux environs de 33 à 34 millions, pour les quatre années d'arrérages : il fallut s'arranger. On prit en 1762 des termes pour le paiement, qui fut enfin achevé en 1769.

Avec une somme si considérable, et l'économie que la cour de Vienne perfectionna dans ses finances, elle se trouva presqu'en meilleur état qu'avant la guerre; elle remboursa, on fit des réductions, l'argent à la main; elle établit son crédit, pendant que la France achevoit de ruiner le sien, pour en avoir abusé au gré de l'Autriche; et par un effet certain de la *puissance pécuniaire*, celle-ci augmenta graduellement son *crédit de considération* et la France, à proportion, perdoit du sien propre ce que son allié en acquéroit à ses dépens.

Cette supériorité (dont on ne fut point frappé alors, mais qui ne laissa pas d'être apperçue par des observateurs instruits) fut le premier degré de celle que l'Autriche a depuis usurpée insensiblement.

Le bon état de ses finances lui permit de rester puissamment armée, tandis que le ministère français, reformant d'un côte et prodiguant de l'autre, laissoit la France désarmée, et sa frontière presqu'ouverte. Dès-lors le *crédit de considération*, fondé sur la puissance militaire, fit pencher de plus en plus la balance politique du côté de la cour de Vienne.

Ce nouveau degré de supériorité, ou ne fut pas plus senti, ou fut dissimulé avec le même artifice. On crut, ou l'on feignit de croire, que si l'impératrice tenoit son état militaire sur un pied si formidable, c'étoit pour la France autant que pour elle-même ; *que l'union intime des deux cours* tiendroit toujours les forces de l'une à la disposition de l'autre; et que tout devenant commun entre deux alliés qui alloient encore s'unir plus étroitement par les liens du sang, c'étoit 200 mille hommes de plus que le roi auroit à son service *).

---

*) Il faut avoir peu de connoissance de l'histoire, pour croire qu'on puisse, en politique, se reposer sur les assurances amicales qu'on se prodigue, au moment de

Les prétextes d'ailleurs ne manquoient point pour pallier cette espèce de connivence. „ Le roi de Prusse restoit aussi puissamment „ armé ; l'impératrice ne pouvoit sans im- „ prudence désarmer devant lui, et s'exposer „ par-là à de nouvelles invasions. Celle-ci „ auroit fait renaître le *casus foederis*, et nos „ secours alors ne pouvoient plus être limités. „ Il auroit fallu alors envoyer au fond de „ l'Allemagne des armées entières, et courir „ encore tous les risques d'une guerre qui „ auroit si mal réussi. Il falloit donc un frein à „ l'ambition du roi de Prusse, et qui assurât „ en même tems notre tranquillité. Ce frein „ ne pouvoit être qu'un état de guerre for- „ midable : l'Autriche s'en chargeoit à ses „ propres dépens. Elle prévenoit par-là „ toutes les tentations que ce voisin dan- „ gereux auroit pu avoir de troubler encore „ l'Allemagne et de bouleverser l'Europe. La

---

la formation d'une alliance, ou à celui d'une union faite ou resserrée par des mariages. La prudence exige de n'y compter qu'autant que les intérêts communs s'y trouvent, et l'expérience de tous les siècles apprend que ces liaisons de parenté sont souvent plus embarrassantes qu'utiles, quand les intérêts sont naturellement opposés.

„France, d'ailleurs, tranquille, assurée au
„Midi, n'avoit rien à craindre du Nord, tant
„qu'elle resteroit unie avec la cour de Vienne.
„Quelle autre puissance pouvoit l'attaquer
„de ce côté-là? Et si quelqu'une l'eût osé,
„les états autrichiens lui opposoient une bar-
„rière insurmontable. Qu'avions-nous donc
„besoin, en tems de paix, de tenir sur
„pied de grandes armées ? Celles de l'im-
„pératrice veilloient à notre sûreté, et cette
„heureuse position nous répondoit, au moins
„par terre, d'une paix éternelle *),,.

Ainsi, de notre aveu, la cour de Vienne se ménageoit sur nous tous les avantages de la *puissance militaire.* Il ne manquoit plus, pour nous mettre hors d'état de les lui disputer, que d'établir sa *puissance fédérative* sur les ruines de la nôtre.

Le défaut de système avoit entraîné la subordination de la France aux vues, aux dé-

---

*) Tel étoit le langage de notre ministère. Mais comment pouvoit-on regarder comme un avantage la foiblesse où la France restoit, pendant que l'Autriche et la Prusse demeuroient puissamment armées? Et comment n'a-t-on pas prévu l'avantage que cela leur donneroit sur nous?

sirs de la cour de Vienne. Cette seconde cause avoit amené son effet nécessaire. Ce fut pour la France de rester abîmée de dettes, sans crédit, et presque sans troupes, sur-tout sans autre alliance au-delà du Rhin, que celle d'une cour prête à lui échapper, isolée alors, épuisée par une administration de finances monstrueuse. On la crut sans ressource; à quoi auroit servi son alliance?

L'Autriche cependant sembloit acquérir tous les jours une nouvelle vigueur, un degré de considération et de crédit. Recherchée par les Turcs, caressée par le roi de Prusse, ménagée par la Russie, implorée par la Pologne, elle avoit à choisir entre ces quatre alliés. De trois, elle a mis le plus riche à contribution, pour le sacrifier ensuite, et s'est liguée, avec les deux plus forts pour dépouiller le plus foible *).

---

*) Depuis le moment de la vacance du trône de Pologne, la cour de Vienne a négocié très-habilement avec toutes ces cours, pour lesquelles elle n'a cherché en même tems à nous inspirer que de la méfiance pour les unes, de l'indifférence pour les autres. Il n'est pas mal-adroit d'avoir tiré, en juillet 1771, 12,000,000 l. des Turcs, à compte sur un subside de 30,000,000, pour après cela se lier avec leurs ennemis.

3°. Cette alliance de l'impératrice avec la Russie, dernière cause et dérivée des deux précédentes, en a donc été l'effet nécessaire; et en démasquant le système bien combiné de la cour de Vienne, elle a fait le *complément* de notre dégradation.

La puissance *fédérative*, fondée sur le nombre, l'utilité, la solidité des alliances, étoit le troisième et dernier avantage que l'Autriche avoit à prendre sur nous. Ses nouveaux alliés, en le partageant avec elle, ont aussi gagné chacun un rang dans l'ordre politique.

L'Europe, en général, a vu avec surprise la France rangée tout d'un coup en quatrième ligne parmi les puissances du continent. Mais cette surprise n'a été que pour le vulgaire, pour les esprits courts, frivoles et inappliqués. Ceux qui, dans la pratique ou la spéculation des affaires, ont réuni les avantages de l'observation et du calcul, avoient pu compter chaque pas retrograde que nous faisions, pour arriver au point où l'on vouloit nous placer.

L'affaire de Pologne et la guerre des Turcs ont été les derniers de ces pas si mal mesurés.

Il resteroit sur tout cela de tristes réflexions à faire.

Comment les choses ont-elles pu en venir, par degrés, a ce point de calamité pour la Pologne et pour la Porte?

Comment une chaîne d'intrigues; ou plutôt de tracasseries prolongées depuis 1765 jusqu'en 1771, n'a-t-elle abouti qu'à la ruine de nos alliés, de nos protégés, et à notre propre humiliation *) ?

Comment avoit-on commencé si foiblement et si tard ce qu'on auroit pu et dû entamer beaucoup plutôt avec énergie **) ?

---

*) La Pologne est anéantie, la Turquie sera au moins très-entamée et fort abaissée; la Suède court les plus grands risques d'éprouver un pareil sort.

**) Si on avoit donné à la Pologne 2,000,000 l. de subsides au moment que la confédération de Bar a éclaté, et qu'en reconnoissant M. de Willorusky pour ministre de cette confédération, on eût envoyé auprès de ses chefs un ministre de France, en état de bien faire employer cette somme, toute la Pologne eût été confédérée en trois mois, et il y eût eu plus de cent mille Polonois sur pied, partagés en différens corps, qui auroient désolé l'armée russe, auroient intercepté toutes ses communications, pillé ses convois, ses magasins, ses hôpitaux; et certainement l'utilité dont cette diversion intestine eût été aux Turcs, auroit bien mis en droit de leur demander de payer ce subside. Tout cela

Comment s'est-on laissé jouer si long-tems et si grossièrement par la cour de Vienne?

Comment cette illusion, qui auroit dû finir avec le ministère de M. de Choiseul, s'est-elle soutenue jusqu'au dernier moment?

Comment la France a-t-elle pu, sans le savoir, sans s'en douter, servir jusqu'au bout d'instrument à l'Autriche, pour amener la Russie et le roi de Prusse au point de s'unir avec elle?

Mais il n'est plus tems d'agiter ces douloureuses questions. Il suffit d'avoir remonté aux causes primitives de la situation où se trouve aujourd'hui réduite la première puissance de l'Europe.

Partons à présent d'un autre point fixe; c'est l'état actuel. Tâchons auparavant de le bien apprécier. Il est triste au premier coup-d'oeil; mais il n'est peut-être pas désespéré.

SECTION

---

a été proposé par des mémoires que M. de Mokronosky a présentés à M. le duc de Choiseul. Ce ministre, de son premier mouvement, commençoit par adopter ces idées; mais la cour de Vienne a toujours empêché de les exécuter.

SECTION PREMIÈRE.

De la Situation actuelle de la France dans le système politique de l'Europe.

On doit regarder comme une maxime fondamentale et un principe incontestable, que le crédit ou la considération d'un prince, d'un état quelconque, sa dignité même et sa prééminence, son rang enfin dans l'ordre politique, est nécessairement fondé sur la puissance ; que celle-ci pourroit être envisagée sous deux faces, les troupes et les alliances ; puissance militaire et puissance fédérative.

On pourroit ici ajouter un troisième article ; c'est la puissance pécuniaire, la base et l'aliment des deux autres ; mais cet objet regarde l'administration intérieure, dont on ne discutera pas les détails dans le présent mémoire. Peut-être sera-t-on dans le cas d'y revenir, et sera-t-il possible de prouver que nos ressources en ce genre ne sont pas épuisées au point que l'Europe le croit. La France aura toujours plus de *nume-*

raire disponible qu'aucune autre ; et le crédit même, tout ruiné qu'il puisse être, renaîtra, si l'on veut, des premières mesures sages, bien calculées et sur-tout économiques que l'on voudra prendre.

On n'envisagera donc ici la situation actuelle de la France dans le système politique de l'Europe, que relativement à la *puissance militaire* et à la *puissance fédérative.*

ARTICLE PREMIER.

De la Situation actuelle de la France dans le systême politique de l'Europe, relativement à la Puissance Militaire.

Cette puissance n'est pas uniquement fondée sur des armées nombreuses. Les moyens d'attaque en sont, il est vrai, le nerf et le mobile ; mais tous les moyens de défense entrent aussi dans sa composition.

A cet égard, la France a conservé ses avantages sur les autres puissances de l'Europe : l'ensemble et l'arrondissement de ses possessions ; la défense naturelle d'une partie de ses frontières, par les montagnes et les mers; la sûreté artificielle, par un triple cordon de places fortes, quoique très-mal entretenues; l'esprit d'une nation toujours invincible chez elle, ou toujours renaissante même de ses défaites, pour chasser ensuite l'ennemi et recouvrer enfin son territoire.

Mais de ces avantages, tout précieux qu'ils sont, il ne résulte véritablement qu'une force *d'inertie*, c'est-à-dire, la difficulté d'être attaquée, la facilité de se défendre, la possibilité de recouvrer enfin ce qu'on a perdu. C'est à proprement parler la *partie passive* de la puissance militaire. Elle ne suffit point pour élever un prince, un état quelconque, au premier rang dans l'ordre politique, ni pour l'y maintenir, s'il néglige trop long-tems la *partie active* de la puissance militaire.

C'est donc par l'entretien constant, soutenu et perfectionné d'un état de guerre formidable, qu'un prince ou un état quelconque peut ou s'élever ou se maintenir au premier rang entre les grandes puissances. La Russie, la Prusse, l'Autriche elle-même ne sont parvenues que par ce moyen à la place qu'elles occupent aujourd'hui ; et c'est par le contraire que la France en paroît déchue. Il faut d'ailleurs observer, en passant, que ce n'est que pendant la paix qu'on peut former une bonne armée, et que ce seroit le tems où il seroit le plus essentiel que les troupes fussent entre les mains de gens capables de décider de leur constitution et de les instruire pour la guerre.

Il est triste sans doute pour un souverain chéri, humain, bienfaisant, d'enlever à l'agriculture, à l'industrie, aux arts utiles, la fleur de sa population : mais, faut-il l'avouer ? ce n'est point à la France à se plaindre de cette nécessité. Louis XIV a fait le malheur de l'Europe et a porté de rudes atteintes au bonheur de ses peuples, en établissant le premier l'usage des grandes armées. Son exemple et ses entreprises en ont fait un besoin constant pour tous les autres potentats ; l'Europe est montée sur ce ton : c'est une maladie épidémique, et la philosophie même n'en guérira point les princes qu'elle compte parmi ses sectateurs et ses prosélites.

Toute force étant relative, comme toute grandeur, la puissance militaire d'un état quelconque existe plus ou moins, en proportion de celle des autres états qui figurent avec lui sur la scène politique. Tant qu'il peut ou sait conserver ce genre de supériorité, il y joue les *premiers rôles*. Réduit à l'égalité, il ne les a plus *qu'en partage*; s'il tombe au-dessous de cette proportion, il ne doit plus prétendre qu'aux rôles *subalternes*.

C'est à quoi la France devroit désormais s'attendre, si elle persistoit à rester désarmée; car on ne peut pas dire que ne voulant point jouer de ces rôles subordonnés, elle en seroit quitte pour n'en jouer aucun.

1°. Ce seroit une triste et humiliante situation, qui répugneroit à la dignité et à la supériorité primitive de cette monarchie. La maison régnante est la plus illustre, comme la plus ancienne de l'univers. La nation a régné jadis sur toute l'Europe connue; et même après avoir perdu l'empire d'Allemagne, elle a toujours eu dans la masse générale une prépondérance qui est devenue en quelque sorte le patrimoine de la couronne.

Cette opinion reçue depuis tant de siécles, ce dogme consacré par une prescription plus que millenaire, n'avoit jamais souffert aucune altération jusqu'à l'époque trop célébre du pacte de famille *). Alors pour la première fois, la France admit à l'égalité une autre monarchie; et de ce préjugé qu'elle forma contr'elle-même, résulta peutêtre la première idée du déplacement qu'elle

---

*) On ne prétend pas blâmer l'alliance avec l'Espagne, qu'on regarde comme la plus essentielle et la plus naturelle que la France puisse jamais former: mais on croit qu'il seroit facile de prouver que le moment où elle a été faite a été mal choisi; que faute de connoître la mauvaise administration intérieure de cette couronne à l'époque de ce traité, et combien elle étoit peu préparée aux efforts qu'on attendoit d'elle, son concours n'a pas servi à diminuer les désavantages de la paix pour la France, et qu'elle les a seulement fait partager à l'Espagne. Il eût donc été plus utile de faire craindre cette alliance à l'Angleterre, pour la déterminer à la paix, et d'attendre que la tranquillité fût rétablie en Europe, pour contracter des liaisons indissolubles avec l'Espagne. Il auroit sur-tout fallu ne jamais admettre à l'alternative de la préséance cette monarchie; et c'est une faute irréparable beaucoup plus à regretter que la perte de plusieurs provinces dont on peut tôt ou tard se r'emparer.

éprouve aujourd'hui. Les puissances, en assez grand nombre, qui ne cédoient point à l'Espagne, commencèrent alors à révoquer en doute notre préséance ; et comme, pour toute ambition, l'égalité, une fois obtenue, n'est qu'un pas de plus vers la supériorité, on crut bientôt qu'il ne seroit pas impossible de l'usurper sur nous : tant il est dangereux de se laisser entamer sur l'opinion dans tout ce qui tient à la prééminence !

Mais on ne sauroit trop le répéter, cette supériorité *de droit* ne s'acquiert et ne se maintient que par la supériorité *de fait*, c'est-à-dire, par la réalité d'une puissance prépondérante.

Ensuite il faut bien observer que tout prince ou état, déchu du premier rôle n'est pas toujours le maître de *n'en jouer aucun*.

Dans *l'ordre politique*, ainsi que dans *l'état social*, l'infériorité a toujours entraîné de fait la dépendance. La chimère d'un état plus foible qui resteroit indépendant vis-à-vis des plus forts est démentie par l'histoire et par l'expérience. S'il n'est pas conquis, il est subjugué ; et en attendant d'être englouti à son tour, il est souvent forcé de creuser l'abîme où les autres disparoissent *).

Tel seroit cependant le sort de la France même, si elle pouvoit adopter l'idée peu glorieuse de rester *seule dans son coin* tranquille spectatrice des grands événemens prêts à bouleverser l'Europe. Une ou deux révolutions dans l'ordre politique pourroient bien ne pas l'affecter encore directement; mais la troisième au plus tard, qui seroit très-prochaine, transporteroit trop près de chez elle le lieu de la scène.

Alors il faudroit bien, de force ou de gré, choisir entre deux partis; car il n'en resteroit pas un troisième : ou de consentir aux projets des puissances armées et

―――――――――

*) Le peu d'influence que nous avons eue dans tout ce qui s'est passé dans le Nord, l'exclusion formelle que la Russie avoit donnée précédemment à la France dans les négociations entre elle et les Turcs; enfin, la demande qu'on nous a faite de ratifier le démembrement de la Pologne, sur la promesse de renoncer à cette condition à l'agression de la Suède, sont autant de preuves d'infériorité bien humiliantes; et la dernière surtout ne seroit propre qu'à déshonorer la France, sans même préserver la Suède du sort dont elle est menacée, et qui ne seroit tout au plus que différé de peu de tems.

prépondérantes contre les princes ou états foibles qui seroient attaqués, et de confirmer par des accessions et des garanties les usurpations des plus forts ; dans ce premier cas, que pourroit-on espérer de plus favorable que d'être *dévoré le dernier ?* ou de s'opposer hautement aux mesures prises de concert par les puissances armées et prépondérantes contre les états foibles et désarmés qu'elles voudroient envahir : mais alors quelle apparence de s'y opposer avec succès, désarmé soi-même et abâtardi par une longue paix ; forcé de prendre en un instant des mesures offensives, sans avoir préparé d'avance les moyens d'attaque ou même de défense, si l'attaque ne réussissoit point, ce qui ne seroit que trop vraisemblable dans des circonstances si désavantageuses ?

Ce n'est pas qu'on prétende ici suggérer des idées guerrières et ambitieuses. La paix est sans doute l'avantage le plus précieux pour un prince ou un état quelconque ; et la postérité bénira toujours la mémoire d'un roi pacifique. Les lumières et la réflexion ont perfectionné, sur-tout dans ce siècle, la théorie des gouvernemens sages. La guerre est à craindre pour les petits états, attendu qu'ils peuvent tout perdre ; et pour les grands aussi, parce que leur degré d'action et de consommation, tant d'hommes que d'argent, étant toujours en raison de leurs moyens, il n'y a aucune proportion entre ce que leur coûtent ces efforts dispendieux, et ce qu'ils pourroient gagner par le succès même le plus complet.

C'est donc dans un esprit de paix, de conservation et d'humanité, qu'on ose répéter ici cet axiome si connu : *si vis pacem, para bellum*. Ce n'est en effet qu'en se tenant toujours préparé pour la guerre, qu'on peut s'assurer pour long-tems les avantages inestimables d'une solide paix.

On pourroit même retourner ainsi la phrase : *si vis bellum, para pacem*; et véritablement le moyen le plus sûr d'avoir bientôt la guerre, c'est de se réduire à ce qu'on appelle improprement *l'état de paix*; c'est de rester avec un pied de troupes si bas qu'il suffise à peine pour la défensive.

L'expérience de tous les tems a prouvé cette vérité : on chercheroit vainement quelqu'exemple du contraire, il n'en existe point.

On a vu une fois la France vingt ans de suite en paix (du côté du Nord et de l'Allemagne) sans être précisément armée ; mais quel étoit alors l'état des puissances rivales ? Epuisées toutes pour le moins autant que la France, *par la guerre de succession*, aucune d'elles après la paix n'étoit restée avec un état militaire plus fort que le nôtre.

La Prusse, à cet égard, étoit encore au berceau ; la Russie, à l'école ; et nous n'avions encore avec l'une ni l'autre aucun de ces rapports directs ou indirects d'où peut naître la guerre.

Si l'Autriche avoit déjà fait une grande figure, c'étoit au moyen des subsides qu'elle a toujours reçus. Ceux-ci avoient cessé à l'époque de la paix d'Utrecht ; et réduite à ses propres revenus, alors si mal administrés, on sait à quel état son militaire étoit réduit, lorsqu'en 1733 elle força la France à une rupture.

Il n'est pas surprenant que, dans de telles circonstances, la France qu'on pouvoit regarder alors comme la première puissance de l'Europe, ait pu si long-tems conserver la paix avec des voisins, tous plus désarmés, plus épuisés qu'elle-même.

On ne doit pas plus s'étonner qu'elle n'ait eu à cette époque rien à démêler avec la Prusse et la Russie.

Cet exemple unique est-il applicable à l'espèce présente ? Jettons autour de nous un coup-d'oeil rapide.

A commencer par l'Allemagne, nous y trouverons l'Autriche et la Prusse qui n'ont pas désarmé à la paix, et dont les deux états militaires, réunis ensemble par la nouvelle alliance, forment une masse de quatre à cinq cent mille hommes.

Dans le Nord, un empire qui véritablement avoit toujours pu mettre sur pied des armées aussi nombreuses que mal disciplinées, mais qui réunit aujourd'hui le double avantage du nombre et de la discipline. Ses forces, ajoutées à celles des deux autres copartageans, donnent déjà un total de sept à huit cent mille hommes.

Ce nombre n'est pas exagéré : mais si les trois puissances continuent d'augmenter leurs forces par des enrôlemens forcés dans leurs nouvelles possessions, ce total pourroit, sans difficulté, se porter en fort peu de tems jusqu'à un million d'hommes.

Quelle parité y a-t-il donc entre les circonstances où la France du même côté a joui de vingt années de paix, et celles où l'Europe se trouve depuis les traités de Paris et d'Hubertsbourg ?

Encore, dans des circonstances alors si favorables, n'auroit-elle pu la conserver si long-tems, au defaut de la puissance militaire, si elle n'en eût trouvé les moyens dans sa puissance fédérative.

La France avoit à cette époque, et vers le Nord, et dans l'Empire, des alliés puissans, et d'autant plus utiles que ne s'étant livrée exclusivement à aucun, elle les balançoit sans cesse les uns par les autres : mais ceci nous ramène à l'objet de l'article suivant, et nous n'anticiperons point ici sur les détails et les discussions dont cette partie essentielle est nécessairement susceptible.

Concluons qu'aujourd'hui la France se trouve réduite à l'état le plus foible, relativement à la puissance militaire, et proportionnellement avec les autres cours dont les entreprises et les projets, ou formés ou éventuels, doivent le plus exciter son attention et ses précautions.

Que de cet état d'infériorité, il résulte pour elle :

1°. La possibilité d'être engagée de force ou de gré à des accessions et des garanties d'où naîtroient forcément des mesures offensives et ruineuses, et par conséquent l'impossibilité de conserver la paix ;

2°. La même impossibilité, si elle refusoit de se prêter à ces accessions et garanties, puisque la foiblesse de son état militaire présent pourroit tôt ou tard tenter ces mêmes cours de s'en prévaloir, ainsi que de leur supériorité à cet égard, pour exiger de la France à main armée ces démarches qu'elle n'auroit pas voulu faire.

Donc la situation actuelle de la France, dans le système politique de l'Europe, relativement *à la puissance militaire*, est désavantageux, précaire, et même dangereux.

Son crédit, sa considération, sa dignité même, tout y est compromis ; et en y restant, elle ne sauroit espérer de recouvrer son rang à la tête des grandes puissances. Elle ne pourroit pas même se flatter de conserver l'égalité ; et soit pour s'y maintenir, soit pour la rétablir, elle seroit forcée enfin de faire ou de soutenir la guerre.

Donc, bien loin de lui assurer la durée et l'affermissement de la paix dont elle jouit encore, cette situation l'expose à tous les inconveniens d'une guerre entreprise ou soutenue par force et sans préparation. -

Donc enfin, l'amour même de la paix et le besoin de l'affermir imposent à la France la nécessité de faire un effort pour sortir de cette situation et se remettre de niveau avec les autres grandes cours, relativement à la puissance militaire.

SECTION II.

De la Position respective des Puissances de l'Europe à l'égard de la France.

Suivons toujours l'ordre topographique, et commençons par le Nord, pour faire de-là le tour de l'Europe.

ARTICLE PREMIER.

De la Suède.

On a déjà traité dans la section précédente de l'alliance de cette couronne. Il ne seroit pas difficile de démontrer que, depuis Gustave-Adolphe, elle ne fut jamais utile à la France, même dans le tems des plus grandes prospérités des armées suédoises, et que dans les adversités dont cette nation a été accablée depuis, son alliance nous fut toujours onéreuse.

Les progrès de Gustave-Adolphe, qui s'avança comme un torrent jusqu'à nos frontières, nous l'avoient rendue formidable. Sa mort nous la rendit plus coûteuse et plus épineuse ; et la politique du chancelier Oxenstiern embarrassa souvent celle du cardinal de Richelieu.

Les négociations de la paix de Westphalie ne traînèrent si long-tems que par l'opposition où se trouvoient presque toujours les intérêts et les prétentions de la Suède avec les nôtres.

Vingt ans après, sans aucun motif apparent qu'une basse jalousie, elle se laissa engager dans la triple alliance (en 1668), et osa partager avec l'Angleterre et la Hollande la gloire *d'avoir arraché les Pays-Bas à la France*.

Dans la guerre qui précéda le traité de Nimègue, la Suède, il est vrai, étoit revenue à l'ancien système d'union avec la France ; mais le malheur de ses armes et les fautes de son gouvernement lui firent perdre en deux campagnes tous ses états dans l'Empire, et les plus belles provinces de son territoire propre. Elle alloit perdre tout le reste ; Louis XIV le sauva, en portant ses armes victorieuses dans la basse-Allemagne, pour faire restituer à la Suède tout ce qu'on lui avoit pris. Le grand électeur de Brandebourg, Frédéric-Guillaume, attaqué par elle, et conquérant à juste titre de la Poméranie, fut trop heureux de recevoir la paix à cette condition. Le roi de Dannemarck s'y soumit aussi par le même traité de Saint-Germain, en 1679.

Il en coûta sans doute à la France pour ce rétablissement de la Suède dans toutes ses possessions. Quelqu'avantageuses qu'eussent été pour la première les conditions de la paix de Nimègue (en 1678), elles l'auroient été encore davantage, si Louis XIV n'avoit préféré à ses intérêts particuliers la gloire de protéger une puissance alliée, quoiqu'il en eût éprouvé, dix ans avant, une espèce d'infidélité qu'il lui avoit pardonnée.

Relevée par la France au plus haut degré de prospérité, la Suède n'en fut guère plus reconnoissante. Au fort d'une guerre où tous ses ennemis naturels étoient engagés contre la France, elle ne lui offrit que sa médiation ; et pendant les négociations de la paix de Riswick (en 1697), cette médiation fut toujours partiale pour les alliés, et désavantageuse pour la France.

Les victoires de Charles XII auroient été pour Louis XIV un sujet de consolation dans ses propres malheurs, une ressource même pour la France, si ce conquérant n'eût pas méconnu et ses intérêts et ceux de l'Europe entière. Il pouvoit lui rendre la paix, et devenir le bienfaiteur de la France et de l'humanité. Il alla se perdre en Ukraine. Réduit à chercher un asyle en Turquie, et rentré enfin dans ses états pour les perdre pièce à pièce, il y reçut toujours les bienfaits de Louis XIV qu'il n'avoit pas voulu secourir, et qui étoit lui-même accablé d'infortunes.

Depuis cette époque jusqu'à la guerre malheureuse de la Suède en 1742, cette puissance, toujours à charge à la France, le devint encore davantage par ce mauvais succès.

Si, dans la guerre de 1757, la Suède fut engagée avec nous dans la même cause, ce ne fut que pour son malheur et sans nous être d'aucune utilité. Le parti russe s'étoit trouvé momentanément réuni avec le nôtre par les circonstances bizarres de ce tems-là. Il ne fallut donc pas de grands efforts d'intrigues ou d'éloquence pour engager des gens accoutumés à la corruption, à se faire payer fort cher pour une chose à laquelle tous les partis étoient d'ailleurs déterminés.

La convention de Stockholm fut conclue (en 1757); les subsides promis devoient être payés, moitié par la France et moitié par la cour de Vienne : mais l'article IV du *traité secret* conclu à Versailles, le 30 décembre 1758, entre le roi et l'impératrice-reine, la soulagea de ce fardeau. Il retomba tout entier à la charge de la France, même à compter du 1 Juin précédent. Ainsi tout bien considéré, on exagéra beaucoup dans cette occasion les services de notre parti en Suède et son attachement pour nous. On n'avoit pas moins grossi la part qu'on nous donnoit aux révolutions arrivées dans ce royaume. A bien apprécier ces événemens, la France n'y fut que pour son argent.

On a vu comment la Suède l'a gagné et employé dans cette guerre. On sait ce qu'il en a coûté depuis, jusqu'à l'année dernière, pour nourrir sans effet la corruption, toujours évaluée trop haut, de gens qui n'y étoient que trop accoutumés. Quelques avantages obtenus (en 1769) pour notre commerce, quelques succès d'intrigues que la cour de Suède eut en même tems, présentèrent pour le moment une perspective plus riante: mais elle disparoissoit déjà, lorsque la révolution est enfin arrivée.

Le plus grand avantage que la France pour le présent en puisse retirer, sera celui d'avoir affaire uniquement et directement au nouveau monarque; de ne plus jetter son argent en dépenses secrettes, ou si l'on avoit encore malheureusement besoin de corruption, d'en laisser le détail et le maniement à celui qui y est le plus intéressé. Elle peut et doit s'assurer par-là d'un emploi utile, clair et régulier, des secours pécuniaires qu'elle continueroit d'accorder au roi de Suède personnellement, ainsi que des subsides promis à sa couronne.

Mais on l'a déjà dit, (section Ière, art. II.) ce n'est encore que semer; on n'est pas prêt de recueillir. Puisque cependant on se trouve engagé depuis 150. ans dans cette culture, il ne faut pas l'abandonner aujourd'hui, quelqu'ingrate qu'elle ait été jusqu'à présent.

Il nous faut, dit-on sans cesse, un allié dans le Nord. On a raison : mais il en faudroit deux pour se soutenir réciproquement et balancer dans la Baltique la puissance énorme de la Russie. C'est ce que nous discuterons dans l'article suivant. Revenons à l'état présent de la Suède.

Il doit nous occuper, non seulement par la crainte d'une attaque de la Russie, qui peut tout au plus être retardée, mais encore par le besoin de tenir ensemble le parti du nouveau monarque, et le garantir des effets funestes d'une division intestine.

Le parti même des *bonnets* ne peut pas être regardé comme anéanti. La force a étouffé sa réclamation : la force peut la faire élever de nouveau. La Russie et le Dannemarck auroient beau protester de leurs intentions pacifiques ; tant que ces deux puissances resteront armées dans la Baltique, on ne peut compter sur rien.

C'est ce qu'on examinera dans les articles de ces deux puissances. Résumons cependant sur la *position respective de la Suède à l'égard de la France*.

Le voeu du roi de Suède est certainement de conserver l'amitié, et de se prêter à toutes les mesures qui pourront lui mériter et lui assurer la protection de la France : mais pour ne pas perdre celle dont le roi l'honore personnellement, il doit se gouverner d'après les directions de la seule cour qui ait pris son parti. Il faut qu'il soit absolument impartial entre les cabales qui peuvent diviser son royaume ; qu'il mette toute son industrie, non à les fomenter et les balancer l'une par l'autre, ce qui est et fut toujours un misérable expédient, mais à les réunir dans l'intérêt commun de son service et du bien public qui ne doit jamais en être séparé. Il auroit dû conséquemment se livrer moins à l'influence de M. Scheffer, et en même tems ne pas dégoûter M. le comte de Fersen.

Les circonstances dans lesquelles ce chef du parti soi-disant *patriotique* s'étoit réuni à celui de la cour, n'annonçoient de sa part que l'impossibilité de maintenir le sien. Celle de le relever un jour n'est pas aussi décidée. La retraite de ce chef, qui, par les circonstances, peut paroître équivoque, mérite beaucoup d'attention *).

En vain se laisseroit-on endormir par les assurances de la Russie : son ministre à

---

*) On ne parle pas ici du général Pechlin. Il a été long-tems le Wilkes de la Suède; mais il a le désavantage d'une vénalité connue et scandaleuse, même dans un pays où elle a été universelle. Il finira de même si l'on veut, malgré l'importance qu'il a voulu se donner aussi par sa retraite. Il y a la même différence de M. de Fersen à lui, que de milord Chatam à M. Wilkes.

Stockholm *) restera toujours à le tête du parti des *bonnets* qu'il connoît, qu'il manie à son gré, et qu'il réunira facilement, sur-tout si M. de Fersen se concertoit avec lui. Dans cette position, l'intrigue au-dedans pourroit rendre inutiles toutes les mesures qu'on auroit prises au-dehors.

Si la fermentation étoit une fois portée par les intrigues de la Russie au point de l'explosion, ce seroit en vain qu'on voudroit se prévaloir de ses assurances et de ses protestations. Toute portée pour soutenir immédiatement le parti qui auroit éclaté ou forcé la cour à le prévenir, elle ne lui refuseroit point sa protection, et se tireroit d'affaire par une distinction aisée à trouver. Elle n'attaqueroit point le roi; mais elle défendroit la nation opprimée.

Pour prévenir ce coup toujours inévitable, s'il n'est pas bien prévu, on cherchera dans la suite de cet ouvrage les moyens de

---

*) M. le Comte d'Osterman, caractère profond, sombre et mélancolique, né dans les conjurations; élevé, depuis la disgrace de son père, entre la Sibérie et l'échafaud. Il a joué et jouera encore en Suède un rôle analogue à ce caractère.

de donner au nouveau monarque une consistance fixe et permanente, qui puisse en même tems nous rendre son alliance moins inutile et moins onéreuse.

Concluons seulement ici que la position respective de la Suède à l'égard de la France est celle d'un état sans moyens, sans ressources de son propre fond, encore divisé, déchiré au-dedans, menacé au dehors, exposé à l'attaque de plusieurs ennemis puissans et voisins, et qui n'a pour appui qu'un allié unique, puissant aussi, mais éloigné, sans communication avec lui par terre, et dans des circonstances où il est, dit-on, difficile, peut-être impossible de le secourir par mer.

ARTICLE II.
Du Dannemarck.

Chacun sait et l'état intérieur de cette cour, et ses ménagemens forcés pour l'Angleterre et pour la Russie.

A l'égard de la première, sa position est délicate. Peu s'en est fallu que l'affront fait à la reine n'ait entraîné la nation angloise dans une guerre contre le Dannemarck. Celui-ci ne l'a évitée qu'en se prêtant à toutes les conditions qu'on en a exigées : c'est-à-dire la liberté de la reine, la conservation de son titre, et le paiement régulier des intérêts, tant de sa dot que de son douaire.

On a parlé d'un second mariage du roi de Dannemarck : cela seul pourroit constater le divorce et le rendre authentique aux yeux de toute l'Europe. Il seroit à souhaiter pour la France que ce mariage eût lieu. L'Angleterre vraisemblablement ne le verroit pas d'un oeil tranquille, et il pourroit en résulter entr'elle et la cour de Copenhague au moins une cessation de correspondance ; car un ministre anglois ne pourroit pas décemment faire sa cour à la nouvelle reine, et la reconnoître ainsi pour femme légitime au nom du roi son maître.

Mais il y a peu d'apparence que ce bruit soit jamais fondé. Outre la crainte d'une rupture avec l'Angleterre, la reine douairière, qui gouverne aujourd'hui, auroit de trop bonnes raisons pour empêcher ce mariage. Il romproit tous ses projets pour l'élévation du prince son fils, et lui feroit perdre le fruit de sa révolution.

Il ne faudroit donc pas compter sur cet événement, qui cependant seroit le seul moyen de faire cesser tout d'un coup les ménagemens forcés du Dannemarck pour l'Angleterre : tant qu'ils subsisteront, et que les liens d'intimité entre celle-ci et la Russie ne se relâcheront point, le Dannemarck n'en restera que plus subordonné à ces deux puissances.

L'influence de la Russie et son ascendant sur la cour de Copenhague, après avoir commencé sous Pierre I, s'affoiblit sur la fin de son règne. On sait les démarches éclatantes qu'il fit en faveur de la maison de Holstein-Gottorp : le mariage de sa fille aînée avec le chef de cette branche, et tout ce qui s'ensuivit sous le règne de Catherine I, alloient séparer pour jamais les intérêts du Dannemarck de ceux de la Russie. Sa mort les rapprocha sous Pierre II, et les réunit sous l'impératrice Anne, contre les vues de la maison de Holstein.

L'avénement d'Elisabeth et l'adoption du jeune duc pour son successeur, sembloient devoir rompre ces liens qui attachoient depuis si long-tems le Dannemarck à la Russie, et ceux de la confiance fondée sur l'intérêt commun. Cet événement en fit succéder de nouveaux, peut-être plus forts et plus durables; ce sont ceux de la crainte.

La longue et fameuse querelle, entre la maison régnante et celle de Holstein - Gottorp, n'étoit qu'assoupie par l'impuissance de celle-ci, et par l'abandon général et absolu où elle étoit tombée. L'héritier des prétentions sur le Sleswick l'étoit devenu du trône de Russie; le Dannemarck trembloit: heuseusement pour lui, le ministère russe regardoit d'un oeil de mépris les petits intérêts domestiques de ce jeune prince. L'orgueil national les laissoit appercevoir à peine comme un point dans la carte de l'Europe, et ce point disparut à côté d'un si vaste empire. On cherchoit même à détacher le grand-duc de toute affection, de tout penchant, de tout intérêt étranger à la nation qu'il avoit adoptée: on n'y réussit point.

On ne s'en embarrassa guère; et pendant tout le règne d'Elisabeth, on fit avec la cour de Copenhague sur l'affaire de Sleswick différentes conventions, dont la multiplicité même prouvoit l'insuffisance et l'invalidité: mais le ministère russe n'en remplit que mieux son objet ; c'étoit de tenir par la crainte le Dannemarck dans la dépendance de la Russie. Dès-lors elle acheva d'écraser la Suède, ou par la force de ses armes, ou par les cabales et les divisions intestines qui y entretenoit l'anarchie, et parvint à établir dans le Nord un despotisme de couronne à couronne, dont l'histoire moderne n'offroit aucun exemple.

Outre cet intérêt réel et politique, les ministres en eurent un personnel à soutenir ce systême. Ce fut le bénéfice qui résulteroit pour eux de toutes ces négociations et conventions accumulées. Un usage asiatique, reste des mœurs anciennes, leur permettoit de recevoir pour chaque traité une certaine somme fixée par le chancelier, et pour les autres ministres à proportion ; mais cette espèce de corruption autorisée ne formoit que le plus petit objet des dépenses secrettes que la cour de Copenhague étoit obligée de faire en Russie.

Outre des douceurs plus cachées et plus considérables pour les chefs de l'administration, les favoris et les sous-ordres vendoient aussi leurs bons offices, ou jusqu'à leur silence ou leur indifférence *); et ce fut en grande partie l'origine des dettes dont le Dannemarck se trouva accablé.

La mort d'Elisabeth dérangea tout ce système de la cour de Copenhague, qui au fond n'en étoit pas un, mais seulement un tissu de petits expédiens et de remèdes palliatifs, pour vivre au jour la journée, et conserver en payant une possession toujours précaire. L'avénement de Pierre III jetta le Dannemarck dans la crise de 1762, dont il n'échappa que par une espèce de miracle.

Cet événement dut lui démontrer combien jusqu'alors sa méthode avoit été défectueuse et ruineuse. A peine eut-il commencé à respirer, qu'il auroit dû chercher à se faire des appuis solides contre la Russie, pour le cas éventuel et très-vraisemblable du retour des mêmes circonstances. Il ne paroît pas cependant que la cour de

---

*) MM. de Schouvaloff, sur-tout le comte Alexandre, *grand-maître* du grand duc; MM. de Nariskin, de Sievers, ect. recevoient beaucoup d'argent. MM. Wolkoff et Olzewicff étoient pensionnés; ces deux derniers pourroient bien l'être encore.

Copenhague ait rien changé à cette méthode vicieuse et dangereuse. On y a continué de ménager la Russie, de négocier avec elle seule sur le même pied, et d'acheter la tranquillité par la dépendance et la soumission. Le despotisme de la Russie, sous lequel on n'avoit pas cessé de plier, s'est fait sentir encore plus durement lors de la dernière commission de M. de Saldern à Copenhague ; et le ministère danois n'a pas pu s'empêcher d'en laisser échapper des plaintes amères : mais la crainte, ce grand mobile des gouvernemens foibles, a bientôt étouffé ces murmures impuissans.

La révolution de la Suède sembloit offrir au Dannemarck une occasion et des moyens de sortir de cette servitude, si son gouvernement connoissoit ses vrais intérêts, ou qu'il eût le courage d'y conformer ses mesures. Loin d'armer contre la Suède, l'objet de ses préparatifs devroit être sans doute de la soutenir contre la Russie. Les alarmes du Dannemarck, son état incertain relativement à la possession de Sleswick, le despotisme de la Russie à son égard fondé sur cette incertitude, subsisteront toujours tant qu'il n'aura point d'appui dans le Nord contre cette puissance, dont le poids énorme accable également le Dannemarck et la Suède. Celle-ci rendue à ses vrais principes et recouvrant peu-à-peu son activité, pourroit une fois, de concert avec la cour de Copenhague, et peut-être bientôt avec d'autres puissances voisines, l'aider à secouer enfin le joug de la Russie. Il ne seroit pas absolument impossible que ce fût aussi le véritable objet des armemens du Dannemarck, s'il pouvoit s'assurer d'être puissamment secondé par la France, et que l'Angleterre voulût du moins rester neutre de fait comme de nom ; et le succès de cette manoeuvre pourroit être d'autant plus sûr que l'objet en seroit moins prévu : mais on ne fait pas toujours, on fait même très-rarement ce qu'on pourroit et devroit faire. Il arrive le plus souvent qu'on se laisse entraîner par la crainte et par la force de l'habitude.

Si ces deux mobiles sont encore ceux du ministère danois, il est très-apparent que, bien loin de se concerter avec nous sur aucun objet particulier, la cour de Copenhague va se laisser emporter dans un tourbillon de projets fort opposés à tous les nôtres.

En partant de cette supposition qui n'est que trop vraisemblable, il nous reste à examiner quelle est la position respective du Dannemarck à l'égard de la France.

Si l'on veut remonter à l'origine des alliances du Dannemarck avec la France, on la trouvera très-ancienne ; mais on reconnoîtra qu'elle lui a toujours été également inutile et onéreuse.

François I, par un de ces traits de chevalerie analogue à son caractère, fournit à Christiern II, roi de Dannemarck, un corps de six mille hommes qui se trouva au siège de Stockholm. C'étoit à Charles V a secourir son beau-frère : son rival s'en chargea. Les frimats du nord détruisirent ce secours, dont il ne revint pas en France la dixième partie. Charles V cependant s'occupoit d'affermir en Espagne son autorité mal établie, et préparoit en Italie les coups qu'il devoit porter à François I.

Depuis cette époque jusqu'à nos jours, le Dannemarck a souvent fait avec nous des alliances défensives et des traités de subsides, dont le montant accumulé feroit aujourd'hui une somme immense : mais dans le vrai, il ne nous a jamais été d'aucun secours. Il s'étoit même entièrement livré à nos ennemis dans la guerre de succession ; e. peut-être à cet égard n'étoit-il pas sans excuse, attendu la partialité que nous avions montrée pour la Suède. Mais après la ruine de celle-ci, les intérêts de George I, comme électeur d'Hannovre, l'engagèrent à nous entraîner dans son alliance avec cette couronne, et à lui faire garantir par la France la possession de Sleswick. Pour cela et pour notre argent, elle ne nous a jamais fourni aucune valeur.

On a sagement fait de lui retrancher des subsides qui ne paroissoient avoir aucun objet réel, ni même vraisemblable. Ses affinités, son intimité avec l'Angleterre, son assujettissement à la Russie et ses préjugés d'habitude contre la Suède, excluoient les trois cas seulement où son alliance auroit pu nous être utile, et notre argent bien employé.

Le changement de système arrivé en 1756 acheva de rompre tous les liens que le Dannemarck auroit pu espérer de renouer avec la France. Celle-ci, livrée à la cour de Vienne, fut aussi-tôt brouillée avec le roi de Prusse. Elle est restée depuis separée pour le moins d'intérêts avec ce monarque. C'étoit par son alliance seule, qu'elle auroit pu conserver avec le Dannemarck, ainsi qu'avec la Suède, une communication libre et sûre par la basse Allemagne. Ce chemin une fois fermé, les puissances du Nord ne pouvoient plus ni espérer quelque secours de notre part, ni se prêter à aucune diversion en notre faveur. Celle qui eût osé l'entreprendre étoit (seroit encore) sûre d'être écrasée avant que la France eût pu lui donner la main; et c'est en effet ce changement de système qui a isolé de nous tout le Nord et la plus grande partie de l'Empire. Chacun s'est retourné du côté du plus fort: les uns ont plié devant la cour de Vienne; les autres ont fléchi sous le pouvoir de la Russie: tous enfin ont craint, ménagé, flatté le roi de Prusse.

Si à l'époque de la convention de Closter-Seven, le Dannemarck parut un moment se prêter à nos vues, ce fut premièrement pour nous éloigner de ses frontiéres auxquelles nous touchions déjà, et détourner le torrent d'un autre côté; de plus, pour faire sa cour au feu roi d'Angleterre, en sauvant du moins son armée; ensuite pour plaire aux cours de Vienne et de Pétersbourg, en rejettant sur le roi de Prusse tout l'effort de nos armées; enfin, parce qu'alors la situation de ce prince paroissoit absolument désespérée. Mais depuis lorsqu'elle l'a vu relevé, victorieux, tranquille, réuni avec les deux puissances autrefois conjurées contre lui, quel parti restoit-il à prendre que de les ménager toutes trois, et de s'unir avec elles, ou pour y gagner quelque chose, ou au pis aller pour ne rien perdre?

Quel secours en effet auroit pu attendre le Dannemarck, s'il avoit voulu ou osé se déclarer pour la Suède, secouer le joug de la Russie, et braver la proximité comme la puissance du roi de Prusse? Auroit-ce été de la cour de Vienne? celle-ci est liguée avec les deux autres. De la France? eh! que pourroit-elle, que voudroit-elle entreprendre contre deux des co-partageans, tant que le lien qui l'unit au troisième lui tient aussi les mains liées ? De l'Angleterre ? cette cour a des mécontentemens personnels contre celle de Copenhague ; et malheureusement loin de la secourir elle-même, il est trop apparent qu'elle ne voudroit pas nous le permettre. Avions-nous préparé les voies pour nous faire demander ce secours ou pour le faire accepter d'avance en cas de besoin ? Nos mesures étoient-elles prises pour nous assurer que du moins l'Angleterre ne s'y opposeroit pas ? Avions-nous enfin médité, combiné, concerté, tenté quelques moyens de communiquer par mer avec le Nord, puisqu'il nous étoit devenu physiquement impossible d'y pénétrer par terre ?

Si contre toute attente et toute vraisemblance, rien de tout cela n'avoit été prévu ni calculé ; si depuis on avoit vécu au jour la journée et compté pour toute ressource sur le chapitre des événemens ; si l'on avoit sans cesse espéré ou promis, tantôt une dissension et une rupture entre les trois co-partageans, tantôt une révolution ou dans le gouvernement ou le ministère de Russie ; si l'on s'étoit laissé séduire par des assurances de celle-ci, des promesses vagues de la cour de Vienne, des complimens de celle de Londres, faudroit-il s'étonner, lorsque l'orage crèvera, de voir le Dannemarck fondre de son côté sur la Suède ? Cela seroit dans l'ordre essentiel et nécessaire des événemens politiques.

Concluons donc que la position respective du Dannemarck à l'égard de la France est actuellement celle d'une puissance peu assurée dans son intérieur, gênée par l'Angleterre, alarmée par le roi de Prusse, subjuguée par la Russie, animée contre la Suède par les préjugés invétérés d'une haine nationale, isolée de la France, de ses intérêts, de ses alliances, de ses secours, médiocrement intentionnée pour nous, et le fut-elle beaucoup mieux, nécessitée à suivre l'impulsion la plus contraire à nos vues, à nos projets, à nos entreprises.

Mais de ce penchant qui l'entraîne par la force des circonstances, des événemens vraisemblables et peut-être prochains qui doivent en résulter, il naîtra de nouveaux rapports entre le Dannemarck et nous, et respectivement avec d'autres puissances ; ceux-ci amèneront de nouvelles combinaisons ou de nouveaux motifs de rapprochement ou d'éloignement réciproque ; de-là aussi des changemens combinés ou nécessités dans le système politique entre les puissances septentrionales, et de celles-ci à l'égard de la France, et peut-être des occasions favorables pour celle-ci de recouvrer son influence dans le Nord. A cette influence tenoient en partie sa considération, sa dignité et sa prééminence dans l'ordre des grandes puissances.

Ce sera un des principaux objets de nos conjectures dans la suite de cet ouvrage. (Section 3.) Continuons à présent notre tournée d'observations.

ARTICLE II.

De la Situation actuelle de la France dans le système politique, relativement à la Puissance fédérative.

On croit avoir prouvé dans l'article précédent que la situation actuelle de la France, relativement à la puissance militaire, ne sauroit subsister encore quelque tems, sans entraîner pour elle les malheurs d'une guerre directe ou indirecte, offensive ou défensive, et que, dans tous les cas, elle la feroit ou la soutiendroit avec désavantage, parce qu'elle n'y auroit pas été préparée.

Prouvons à présent que la situation de la France, relativement à la puissance fédérative, ne l'expose pas moins aux mêmes inconvéniens et aux mêmes désavantages : mais parcourons auparavant ses alliances existantes, et suivant l'ordre topographique.

A commencer par le Nord, nous n'en trouvons qu'une avec l'état le plus foible de cette partie de l'Europe, la plus onéreuse de toutes, et la plus susceptible de compromettre notre tranquillité : c'est l'alliance de la Suède.

Jamais le danger n'en a été si prochain, ni même si inévitable. Les mesures prises depuis long-tems pour donner à la Suède quelque degré d'activité et d'utilité, ont été souvent mal conduites, mal dirigées. L'aberration de notre système politique en 1756 les rompit pour un tems, et en fit prendre d'opposées. On y revint depuis avec plus de chaleur et de prodigalité que de combinaisons et de calculs. On fit beaucoup d'éclat ; aucun progrès réel ; enfin l'instant est arrivé.

Le projet de favoriser la révolution étoit sans doute noble, grand et digne du roi ;

l'exécution a fait honneur autant à ses lumières qu'à sa générosité, et l'importance du succès ne peut pas être contestée.

Mais les premiers fruits de cette révolution seront nécessairement tardifs. Loin de songer sitôt à les cueillir, il faudra semer et cultiver encore long tems. Il faut à présent conjurer l'orage tout formé et tout prêt d'éclater ; ainsi le succès même a fait naître pour le moment un embarras de plus.

Il ne doit cependant pas nous rebuter : le premier pas est fait, et dans cette carrière on ne recule pas impunément. La gloire du roi seroit compromise, non-seulement à abandonner le nouveau monarque, qu'il a honoré d'une amitié personnelle et paternelle, mais encore à le secourir foiblement.

Les moyens indirects seroient sans doute préférables et leur succès plus certain, si la France n'avoit pas laissé décheoir dans le Nord et en Allemagne sa puissance fédérative. La voie des négociations auroit suppléé à la force des armes, et du moins la médiation, l'intervention de notre unique alliée en Allemagne auroit dû nous tenir lieu de tous ces moyens. L'a-t-on demandée, exigée à tems? Auroit-on osé nous la refuser *)?

Des conjectures là-dessus seroient trop vagues et trop incertaines. Nous traiterons dans la *troisième section* des moyens qui pourroient nous rester à cet égard, ou de ceux qui devroient bientôt résulter des nouvelles combinaisons du système politique: suivons à présent l'ordre que nous nous sommes prescrit.

En Allemagne, nous avions (nous avons encore si l'on veut) la cour de Vienne. Ce seroit aussi un sujet de conjectures où l'on ne peut que s'égarer, lorsque l'on n'est pas au courant des affaires. C'est à ceux qui en tiennent le fil, à juger si désormais nos liaisons les plus intimes avec cette cour pourront s'appeller *une alliance*.

Il semble du moins au premier coup-d'oeil que ce seroit un abus des termes. Une alliance suppose une communauté d'intérêts, ou du

---

*) On ne sauroit se dissimuler qu'après le mystère que la cour de Vienne nous avoit fait de son alliance avec la Russie et la Prusse, elle a comblé la mesure de sa négligence pour la France, en ne s'occupant pas d'éloigner l'orage qui menace la Suède, quand même nous ne l'aurions pas sollicitée de le faire: que seroit-ce si elle nous l'avoit refusé?

moins de rapport entr'eux qui les concilie, les unit et les rend les mêmes. Les objets, il est vrai, peuvent en être différens, relativement à chacun des alliés, mais non pas séparés, encore moins contradictoires.

On laisse à penser, si, du moins à présent, tel est le cas de notre alliance avec la cour de Vienne.

Elle auroit beau nous protester *) „que „ses sentimens sont toujours les mêmes à „notre égard; que sa ligue atroce avec la „Russie et le roi de Prusse n'est qu'une *déviation* passagère, où elle a été entraînée „par les circonstances; un courant qui l'em„porte, mais qui nous la ramènera, pour se „livrer désormais uniquement à l'amitié, à „la confiance qu'elle nous a vouée; que cette „union forcée n'a eu d'autre objet que de pré„venir une guerre générale, dans laquelle „nous aurions été entraînés nous-mêmes né„cessairement: que si nous eussions voulu

---

*) Tel est le langage de M. le prince de Kaunitz et celui de M. le comte de Mercy; mais il faut convenir que ces raisonnemens sont plus spécieux que fondés en raisons, et il n'y auroit rien de plus aisé que de les détruire.

„ nous engager plus avant et plus ouverte-
„ ment dans les affaires de Pologne, elle n'y
„ auroit agi que de concert avec nous; mais
„ qu'elle ne pouvoir s'en mêler toute seule,
„ sans se mettre à dos deux grandes puis-
„ sances, déjà pour ainsi dire en possession
„ de ce royaume *); que voyant éclorre les
„ projets d'agrandissement formés par le roi
„ de Prusse, elle n'avoit eu d'autre parti à
„ prendre que d'accepter les offres qu'on lui
„ faisoit pour le sien propre; que c'étoit l'u-

---

*) M. le comte de Mercy a répandu dans le public que tout ce que sa cour a fait avec la Russie et la Prusse avoit été communiqué d'avance à notre ministère, et que ce n'est qu'à notre refus de nous mêler des affaires de Pologne que la cour de Vienne a été obligée de céder aux propositions de deux autres puissances auxquelles elle n'étoit pas en état de résister. Il a dit plus; car il a prétendu que le roi de Prusse avoit communiqué au ministère autrichien des réponses de M. le duc d'Aiguillon, par lesquelles ce ministre assuroit sa majesté prussienne que la France étoit indifférente à tout ce qui se faisoit en Pologne, et ne regarderoit même pas comme le *casus foederis* tout ce qui pourroit arriver à ce sujet entre les cours de Vienne et de Berlin. On ne sauroit regarder ces allégations de M. de Mercy que comme une manière de disculper sa cour, étant impossible que M. le duc d'Aiguillon ait commis des fautes aussi capitales, et d'où proviendroit tout l'embarras où il se trouve aujourd'hui.

,, nique moyen de maintenir l'équilibre, de
,, conserver la paix, et de gagner du tems
,, pour remettre à loisir toutes choses sur
,, l'ancien pied d'une communauté d'intérêts
,, et de volontés entre les deux familles si
,, étroitement unies par les liens du sang. "
Enfin, toutes les autres phrases de protocole et
d'étiquette, lorsqu'après avoir trompé un allié,
on veut se ménager les moyens de le tromper
encore. Il n'en seroit pas moins vrai que, par
cette nouvelle alliance, la Pologne resteroit
démembrée, l'empire ottoman écrasé, le roi
de Suède peut-être détrôné; toute l'Allemagne
n'existeroit plus qu'à la discrétion et sous le
bon plaisir de l'empereur et du roi de Prusse,
en attendant les occasions de dépouiller chacun de ces princes, l'un après l'autre.

L'Italie menacée et de l'oppression et de
la tyrannie sous le prétexte spécieux des
droits de *l'empire romain*, et l'Europe entière soumise à l'influence de trois potentats réunis pour la subjuguer ou la bouleverser, on demande si c'est pour la France
cette perspective *d'intérêts communs*, sans
laquelle, nous l'avons dit, il ne peut exister
d'alliance solide et durable.

La France, il est vrai, conserve au Midi ses alliés naturels, le roi d'Espagne et du moins encore le roi des Deux-Siciles. Les mêmes liens du sang et d'intérêt commun peuvent lui acquérir un jour le roi de Sardaigne; Venise, Gênes, et peut-être les Suisses pourroient également être jettés dans ses bras par la crainte de l'empereur; mais cette même crainte pourroit aussi les retenir. (c'est le génie des républiques) Enfin tous ces alliés du Midi, présens ou futurs, ne sauroient influer, du moins de sitôt, dans le système du Nord. Nous parlerons ailleurs des motifs qui pourroient un jour et les y entraîner et les y rendre utiles. Mais dans la crise actuelle, on l'a déjà dit, ces alliés sont nuls. Ils sont pour le Nord et pour l'Allemagne, comme s'ils n'existoient pas.

Le seul donc de nos alliés méridionaux qui se trouve engagé dans la querelle du Nord et qui auroit pu nous aider à y tenir la balance, *c'est la Porte.* On sait où elle en est réduite; et à cet égard, elle s'est presque mise au même point que la Suède, c'est-à-dire, de nous embarrasser pour le moment, et de ne pouvoir nous être utile.

La France cependant n'en est pas moins obligée, engagée d'honneur à soutenir le roi de Suède, à favoriser les Turcs, au moins indirectement, et dans la négociation de la paix, puisque la guerre leur a si mal réussi; enfin à éviter, s'il se peut, qu'on ose exiger d'elle de ratifier *) par son accession et sa garantie la destruction de la Pologne; et dans cette crise qui ne souffre plus de retard, elle n'a plus d'allié que l'Autriche. Quel fond pour cela nous reste-t-il à faire sur la cour de Vienne, liguée comme elle l'est

---

*) On a répandu dans le public que la Prusse et la Russie avoient déclaré qu'au prix de cette honteuse accession, elles consentiroient à assurer la tranquillité de la Suède. Il est fort à désirer que la proposition n'en ait pas été faite, de peur qu'elle n'eût été acceptée, pour sortir momentanément d'embarras. Rien ne seroit plus affligeant que d'être réduit au point qu'on ose faire une pareille proposition à la France. Outre la honte qui en résulteroit en l'acceptant, n'est-il pas facile de prévoir que ce ne seroit qu'une suspension d'hostilités que la Russie accorderoit à la Suède; qu'en attendant elle fomenteroit dans l'intérieur de ce royaume des divisions qui lui fourniroient le prétexte de s'en mêler par la voie des armes, et de remplir le même objet du renversement de la constitution actuelle, et peut-être du démembrement de la Livonie et de la Poméranie par des voies encore plus odieuses?

avec la Russie, *connivente* avec elle contre la Porte, et co-partageante de la Pologne?

Qu'est-ce d'ailleurs qu'un allié unique, exclusif, exigeant et qu'on ne peut pas contrebalancer par d'autres alliances? Veut-il la guerre; il vous y entraîne contre ceux qu'il opprime, ou il vous la fera si vous osez vous refuser à ses projets les plus despotiques. Il faut opter alors entre l'offensive ou la défensive.

Nous l'avons avancé dans l'article précédent: si la France a joui une fois dans ce siècle d'une paix de vingt ans avec le Nord et l'Allemagne, c'est en partie à sa puissance fédérative qu'elle a dû ce rare avantage. Elle n'étoit pas alors réduite à un seul allié. Ménagée et recherchée par toutes les puissances, elle ne se livroit qu'autant et pour aussi long-tems qu'elle l'éprouvoit fidèle à son amitié, sur-tout à l'*intérêt commun*. Ce lien (on l'a dit ailleurs, on ne peut trop le répéter,) est le seul qui doive unir ou réunir deux puissances. S'il se relâche ou s'il se rompt, l'alliance ne subsiste plus de fait, quand même elle subsisteroit encore de nom. Ce n'est plus alors qu'un contrat insidieux, fraudu-

leux,

lieux, dans lequel tous les avantages se trouvent d'un côté, et toutes les charges de l'autre. Ajoutons que l'honneur, la dignité, la gloire, la sûreté même de l'une des deux puissances alliées souffriroient trop de la dépendance où elle se trouveroit par-là des volontés de l'autre; que celle-ci garderoit pour elle-même le profit, l'agrandissement, la domination, et ne laisseroit à celle-là que l'épuisement, l'avilissement et la servitude.

Le traité de Londres *), la quadruple alliance **) avoient assuré à la France la paix et la tranquillité dont elle jouit pendant les premières années du règne du roi. L'influence prépondérante de l'Angleterre dans cette alliance fut le lien qui tint si long-tems ensemble la France et l'Autriche. Dès que celle-ci entreprit de le rompre par le traité de Vienne ***), celui d'Hanovre ****) en fit aussitôt la balance. Le traité de Séville *****) fut un nouveau contre-poids: mais enfin tous ces balancemens soutenoient l'équilibre, et conservoient la paix. La France réduite et livrée à l'alliance exclusive de l'Autriche, a-t-elle au-

---

*) 1716.   **) 1718.   ***) 1725.
****) 1726.   *****) 1729.

jourd'hui de pareils moyens d'assurer sa propre tranquillité ?

Au contraire, il paroît que depuis la ligue *co-partageante*, cette alliance ne peut plus qu'entraîner la France dans des guerres directes ou indirectes, offensives ou défensives, mais toujours désavantageuses pour sa sûreté, parce qu'elle n'y seroit point préparée, et pour sa dignité parce qu'elle n'y joueroit qu'un rôle ou forcé, ou passif, ou subalterne.

Donc la situation actuelle de la France dans le système politique de l'Europe, relativement à la puissance fédérative, est désavantageuse, précaire, et même dangereuse.

Donc le crédit de cette première puissance de l'Europe, sa considération, sa dignité, sa tranquillité, sa sûreté même y sont compromis.

Donc, loin de pouvoir conserver la paix en restant davantage dans cette situation, elle s'y trouveroit de plus en plus exposée au malheur de faire la guerre ou au cas forcé de la soutenir.

Donc enfin l'amour de la paix et le besoin de l'affermir par des alliances puissantes, solides, et réciproquement utiles, impose à la

France la nécessité d'un nouveau systême politique. C'est l'unique moyen de sortir enfin de la situation désavantageuse, périlleuse et critique où elle se trouve réduite relativement à la puissance fédérative.

Récapitulation de la Section première.

Il est à-peu-près démontré que si la France a éprouvé, sur-tout depuis la dernière paix, une dégradation rapide de son crédit dans les cours de l'Europe, de sa considération, de sa dignité même; si, par un déplacement inouï, elle semble avoir perdu son rang à la tête des grandes puissances, pour ne plus jouer sur la scène politique qu'un rôle passif et subalterne, cette dégradation, ce déplacement a été l'effet de deux causes principales.

L'affoiblissement de la puissance militaire;

La réduction de sa puissance fédérative en Allemagne et dans le Nord à deux alliances, l'une ancienne et l'autre nouvelle, dont la première lui est à charge, et la seconde, après lui avoir été long-tems onéreuse et ruineuse, lui est enfin devenue dangereuse.

Que pour sortir de ce danger actuel imminent, pour se mettre en état de conserver la paix et de l'affermir, pour rétablir son crédit dans les cours de l'Europe, sa considération, sa dignité même et sa prééminence, il ne reste à la France qu'un seul moyen:

Ce seroit de former et réduire en pratique un autre systême de puissance militaire et de puissance fédérative.

On se propose de chercher, d'indiquer et de discuter dans la suite de ce travail *), les mesures à prendre pour ce nouveau plan. Mais pour y procéder avec ordre et méthode, il faut premièrement jetter un coup d'oeil sur la position respective des autres puissances à l'égard de la France. De leurs différens rapports avec nous et entr'elles mêmes, doivent nécessairement résulter de nouvelles combinaisons; et de celles-ci, les possibilités et les facilités dans la formation ou du moins dans le rétablissement de notre systême politique.

---

*) Section troisième.

ARTICLE III.

De la Prusse.

AVANT la paix de Westphalie, l'Europe ne comptoit dans le Nord que trois puissances : la **Suède** et le **Dannemarck**, dont nous venons d'examiner la position respective à l'égard de la France, et la **Pologne** dont nous parlerons bientôt. La Russie étoit encore inconnue, et le duché de Prusse, fief de la Pologne, comme la Courlande, étoit obscur et ignoré, comme elle. Mais dès que le grand électeur de Brandebourg, Fréderic-Guillaume, eut secoué par le traité de Velhau, (en 1657) le joug de la vassalité ; après sur tout que ce duché, revêtu depuis du titre royal, fut devenu celui de la maison de Brandebourg, elle a tenu dans le Nord un rang si considérable, qu'elle seule aujourd'hui seroit en état d'y balancer l'autre puissance nouvelle qui a pris l'ascendant sur cette partie de l'Europe.

Pour continuer donc notre tournée de proche en proche, et ne pas quitter le Nord sans en avoir parcouru tous les états, nous trouvons, en sortant de ceux du Dannemarck, la domination prussienne qui n'en est séparée que par le Mecklenbourg; on pourroit dire même qu'elle y est contiguë, et par les hypothèques de la maison de Brandebourg sur ce pays, dont elle a plusieurs bailliages en engagement, et par le droit du plus fort qu'elle y exerce à toute rigueur.

De-là, jusqu'à la Courlande et la Samogitie; depuis l'embouchure de la Pehne jusqu'à celle du Niemen, le roi de Prusse est aujourd'hui souverain de fait et dominateur absolu des bords de la Baltique. La basse Vistule ne coule plus que sous ses loix; Dantzick n'existe encore que sous son bon plaisir; et s'il daigne lui laisser le nom de ville libre, elle le paiera bien cher, ou viendra elle-même lui demander le titre de sujette.

En effet, ce monarque, dont l'esprit fiscal n'a jamais eu une si belle occasion de se déployer, réduiroit bientôt à rien cette ville, si elle s'obstinoit à jouer encore *la république*. Il achèveroit, comme il l'a commencé, de lui enlever le commerce des grains et de toutes les autres productions de la Pologne.

Il en est quatre moyens certains, et dont il a déjà fait l'essai.

Les droits exorbitans qu'il a mis et mettra sur la navigation de la Vistule;

Le monopole à son profit de la traite des grains, de la cire, des sels, et de toutes les autres denrées dont l'entrepôt forcé et le marché exclusif étoit autrefois à Dantzick;

La prétention de droit, et l'occupation de fait du port de cette ville;

La nouvelle direction de tout le commerce de la Pologne et de la navigation de la Vistule détournée dans l'Oder par le nouveau canal projetté et commencé, pour en établir à Stettin l'entrepôt et le débouché.

Il ne seroit pas même hors du caractère de ce monarque de mettre en usage ces quatre moyens ensemble. Jusqu'à présent, loin d'en abandonner aucun, il semble vouloir en tirer à la fois tous les avantages dont chacun n'est susceptible qu'en particulier. Il a pu et dû observer qu'en fait de perception trop de moyens différens se trouvent nécessairement opposés entr'eux; qu'ils se nuisent réciproquement et se croisent les uns les autres. Mais le juif *Ephraïm* et le financier *Delatre*, sur-tout cette fiscalité avide et précipitée qui a toujours séduit le roi de Prusse, égarent encore ses vues, et l'empêchent de les fixer. L'acquisition même de la nouvelle Prusse a rendu plus malheureux le sort de l'ancienne par l'extension des nouveaux monopoles du sel, de la cire et autres denrées au port de Königsberg, où jusqu'alors il n'étoit pas établi.

Mais ces moyens, tout forcés, tout inconsistans et contradictoires qu'ils puissent être, remplissent l'objet momentané. C'est de l'argent, et les monopolistes en fournissent d'avance. *) Le tems et l'expérience feront connoître les erreurs ; on les corrigera : mais en attendant, on jouit, on entreprend, on envahit, on réussit, et les dépouilles d'un pays fournissent à leur tour des moyens pour en usurper un autre.

---

*) On ne croira pas aisément que le roi de Prusse qui a un trésor plus considérable qu'aucun autre souverain de l'Europe, prenne de l'argent d'avance ; (ce qui est et sera toujours, pour un souverain comme pour un particulier, une *affaire de fils de famille*. Mais la crainte de toucher à ce trésor, qu'il réserve pour les

Ce n'est pas un portrait flatté de l'administration prussienne dans ses nouvelles acquisitions: il est ressemblant ; mais on le répète, la force réelle et actuelle de l'usurpateur, en un mot le nerf de la guerre, est le produit et le résultat de ses opérations, même les plus mal combinées. Il ne s'agit point à présent pour le roi de Prusse de former un plan solide et durable. Il lui falloit dans le moment des ressources abondantes en hommes ou argent, pour soutenir l'ouvrage de l'injustice : il les trouve dans la violence ; la possession s'établit, elle s'accroît encore ; et une fois fixée, elle n'aura plus besoin, pour se maintenir, que d'un certain courant, dans lequel on peut rétablir à loisir la proportion et l'harmonie entre les différentes branches de perception.

Le roi de Prusse peut donc être regardé

---

dernières extrémités, lui fait tous les jours essuyer des pertes réelles dans ses opérations de finances. Ceux avec qui il traite n'ont ni fortune ni crédit. On peut juger de-là ce que l'argent leur coûte, et ce qu'ils le lui font payer. Cependant il se fait illusion là-dessus, parce que dans tous ces marchés il n'y a point d'intérêts stipulés. Ses ministres même ont reconnu ce foible, et ne peuvent s'empêcher de le remarquer.

L

aujourd'hui comme jouissant du plus haut degré de puissance en Europe. Son trésor, auquel il ne touche point pour les conquêtes d'un genre nouveau qu'il fait en Pologne, est toujours prêt à faire face au premier moment d'une grande crise, et ce moment est encore loin. Son armée est, dit-on, de deux cent cinquante mille hommes, et ce nombre ne paroît pas exagéré, en y comprenant les recrues qu'il a faites et fait encore tous les jours, tant dans ses nouvelles acquisitions que dans les palatinats voisins. Son autorité n'est pas moins établie dans ceux-ci par la force, que dans les autres par un droit fabuleux; mais de grandes réalités, beaucoup d'hommes et d'argent, sont le résultat de toutes ces chimères.

Premier moteur et instigateur des troubles de la Pologne, il a su, presque sans paroître et sans y mettre rien du sien, amener les choses au point d'engager les cours de Vienne et de Pétersbourg à partager avec lui ce royaume. Il a séduit un jeune prince ambitieux par l'enthousiasme de la guerre, et une princesse bel-esprit par celui de la philosophie et de la législation; il s'est établi entr'eux l'arbitre et le lien de cette union nouvelle pour les faire servir tous deux d'instrument à ses vues et à ses projets. Il a prévu les circonstances qui pourroient produire la défiance et le refroidissement des deux autres alliés à son égard et entr'eux réciproquement : mais il a vu en même tems tous les obstacles qui les empêcheroient de s'unir contre lui, et il s'est ménagé d'avance la certitude d'être recherché par celui des deux qui seroit tenté ou forcé de rompre avec l'autre.

Telle est la position actuelle du roi de Prusse. Elle réunit tous les avantages de la *puissance pécuniaire*, de la *puissance militaire*, et de la *puissance féderative*.

Voyons à présent tout ce qui en résulte pour lui ; relativement au *crédit et à la considération*.

Dans l'Empire, il avoit balancé longtems la cour de Vienne; et tant que notre ancien système avoit duré, cet équilibre maintenu par notre impartialité, assuroit la tranquillité et la liberté du corps germanique, ainsi que le crédit, la considération de la France, et par conséquent sa dignité et sa prééminence dans l'ordre politique.

Notre alliance exclusive avec l'impératrice, et la guerre qui la suivit, firent éclore un autre système. Le roi de Prusse ne vit plus la France que comme un instrument de la cour de Vienne. Il sentit qu'appuyé par nous, le chef de l'Empire y seroit toujours le maître, et que dès-lors il falloit renoncer à l'idée d'un équilibre qui ne pouvoit plus subsister. Il se contenta de guetter le moment favorable pour l'exécution de ses projets, relativement à la Pologne. Une alliance entre lui et la cour de Vienne en devoit être le moyen. Cette même alliance, cimentée par l'intérêt et par le succès, devoit amener de nouveaux projets d'agrandissement et de domination en Allemagne, par l'attrait naturel de l'ambition et de la cupidité. Ces projets, tant de l'empereur que du roi de Prusse, ne pouvoient réussir que par l'union et le concert les plus intimes. Dès-lors, la France déjà devenue une puissance secondaire, relativement à l'Empire, deviendroit étrangère, nulle dans les affaires d'Allemagne. Les deux cours de

Vienne et de Berlin les arrangeroient à leur gré, et chacun des membres du corps germanique n'auroit plus d'appui ni d'espoir que dans l'intercession réciproque de ces deux cours dominantes. Elles réserveroient entr'elles ceux qu'on devroit conserver, et proscriroient de concert ceux qu'on voudroit détruire ; et la France, ou toujours séduite par l'Autriche, ou dissillée trop tard, et dans l'impuissance de s'opposer au torrent, seroit réduite à une contemplation purement passive *).

C'est cette perspective qui assure aujourd'hui au roi de Prusse dans l'Empire le plus grand crédit et la plus haute considération. Elle est fondée sur la terreur; et ce moyen, s'il n'est pas le plus agréable, est au moins toujours le plus sûr.

Le roi de Prusse n'influe pas moins dans le Nord par son alliance avec la Russie; et

---

*) Ce tableau de l'effet que produit relativement à l'Allemagne l'alliance de l'empereur et du roi de Prusse, n'est nullement chargé. Le rôle de la France est celui qu'elle joue réellement depuis cet événement, et les conséquences funestes s'en feront sentir tous les jours.

celle-ci le craignant toujours, l'a ménagera davantage. Ses intrigues à la Porte, encouragées par la Russie même, lui ont donné un nouveau degré d'importance dans les négociations de la paix ; et s'il peut y servir, on ne doute pas qu'il ne se soit mis à portée d'y nuire. Il est encore plus en état de faire à son choix l'un ou l'autre dans les démêlés de la Russie avec la Suède, et selon l'occasion, avec le Dannemarck. Enfin, le partage de la Pologne en a donné au roi de Prusse la seule portion qui puisse intéresser les puissances maritimes et commerçantes. Maître des côtes et des ports qui étoient restés à ce royaume, il devient un objet de la plus grande attention pour l'Angleterre, pour la Hollande.

Cette attention peut-être exigeroit des précautions promtes et efficaces, et des mesures vigoureuses de la part de ces deux puissances ; mais on oseroit assurer qu'elles n'en prendront point de concert, et que toutes les démarches de chacune en particulier seront officieuses et pacifiques.

L'Angleterre, il est vrai, seroit toujours en état de donner aux siennes un poids d'autant plus considérable que le roi de Prusse a aujourd'hui plus de ports et de côtes sur la Baltique. Toute puissance sans marine est plus foible en proportion de celle qui en a, selon qu'elle lui offre plus de surface et de circonférence maritime. Ce sont autant de points d'attaque pour l'ennemi fort en vaisseaux ; et les ports et les côtes, qui ne sont pas soutenus par des escadres en station, peuvent être comparés à des remparts qui n'ont ni flancs ni ouvrages extérieurs. A cet égard donc, le roi de Prusse est et seroit encore long-tems commandé et vu à revers par le roi d'Angleterre ; mais d'un autre côté, il a bien supérieurement les avantages sur l'électeur d'Hanovre, dont les possessions, entourées des siennes, lui sont ouvertes de tous côtés et absolument sans défense.

De ces deux désavantages, balancés et combinés ensemble, il doit de part et d'autre résulter un esprit de conciliation.

Il faut s'attendre cependant que celui qui est déjà en train de gagner et qui ne craint pas de perdre autant, ni de perdre sitôt, sera un peu avantageux dans la négociation. Celui, au contraire, qui ne gagne ni ne peut gagner, mais qui peut perdre beaucoup et tout-à-l'heure, doit nécessairement être beaucoup moins difficile.

De-là, on peut conjecturer que l'électeur d'Hanovre étant responsable des démarches du roi d'Angleterre, celui-ci mettra dans les siennes beaucoup de modération et d'insinuation, malgré le peu de goût et de penchant naturel qu'il a pour le roi de Prusse. Cette attention même, qu'a dû exciter de la part des puissances maritimes la nouvelle position de ce monarque sur la Baltique, semble devoir lui être un garant de plus d'un nouveau degré de considération, sinon de la nation angloise, du moins de George III et de son ministère.

A l'égard de la Hollande, on connoît en général la constitution foible et tremblante de cette république. Elle a peur de tout, souffre tout, se plaint de tout, et ne se garantit de rien. Lorsque nous parlerons de ce gouvernement vicieux dans son principe, et vicié dans ses conséquences, nous dirons pourquoi la Hollande sera et doit être quelquefois plaignante, mais toujours passive dans les différends qui peuvent résulter des nouvelles propriétés que le roi de Prusse s'est acquises sur la Baltique.

Voilà donc l'Allemagne, le Nord, le roi d'Angleterre, les Etats-Généraux, dont ce monarque n'a rien à craindre, qui ont tout à redouter de sa part, et à qui la terreur et l'intérêt tiennent et tiendront longtems encore les mains liées. Les siennes cependant restent libres, et aucun scrupule ne le retient sur l'usage qu'il pourroit en faire selon les circonstances. Ceci nous conduit à chercher quelle est sa position actuelle à l'égard de la France.

On ne remontera point aux époques de nos deux alliances avec le roi de Prusse. On a dit, on le répète encore, qu'il nous a trompés. C'est trop souvent la phrase de ceux qui se sont trompés eux-mêmes *). On se récrie sans cesse qu'il ne connoît que

―――――――――――

*) On ne peut pas disconvenir que la France n'ait été la dupe de son alliance avec le roi de Prusse ; mais il s'agit de savoir si l'alliance étoit en elle-même vicieuse, ou si les désavantages qui en sont résultés ne

ses intérêts : on a raison sans doute, et quel autre motif pourroit le décider ? Mais cet intérêt n'est pas circonscrit dans un seul parti, dans une seule alliance ; il n'est pas renfermé dans le présent seulement : il embrasse l'avenir, et il flotte toujours entre les probabilités du plus ou du moins grand avantage. Les circonstances plus ou moins favorables qui peuvent résulter de la disposition des cours avec qui il auroit à traiter, la solidité de leurs plans et de leurs systêmes, ou la légéreté, la foiblesse et la fluctuation de leur conduite, tout cela fait naître autant de combinaisons différentes de ce même intérêt qu'on croit avec raison être le principe invariable de sa politique; et par une suite de ce principe, le roi de Prusse auroit pu céder, comme il cédera toujours, à la conviction qui lui auroit

---

doivent pas être attribués à la mal-adresse de notre ministère : on croit pouvoir les lui reprocher. C'est une véritable absurdité de dire qu'un prince, qu'un état ne connoît que son intérêt. Il en doit être ainsi, quand il est bien gouverné ; mais une alliance n'est bonne et ne peut être solide, que quand les deux parties y trouvent leur intérêt réciproque, et lorsqu'ils ne veulent point le chercher aux dépens l'un de l'autre.

montré un plus grand avantage dans un autre parti quelconque.

D'après cette règle, nous avons déjà discuté la position respective du roi de Prusse à l'égard des autres puissances. Partons à présent du même principe, pour chercher quelle est et doit être actuellement la position respective de ce monarque à l'égard de la France.

L'éloignement qui a régné entre les deux cours depuis l'année 1756 jusqu'à la paix, a dû nécessairement causer une méfiance; et tout ce qui s'est passé depuis cette époque jusqu'en 1771, et qu'on a indiqué dans le commencement de cet ouvrage, n'a pu servir qu'à la confirmer. On doit donc convenir que, pendant tout ce tems, le roi de Prusse a eu et dû conserver peu d'espoir de renouer avec la France.

On ajoutera qu'alors il s'est flatté de la voir revenir à son ancien système, ou du moins que le nouveau recevroit beaucoup de modification.

Si le désir qu'il en témoignoit pouvoit absolument n'être pas sincère, au moins n'étoit-il pas sans vraisemblance: la position topographique du roi de Prusse, et dans l'Empire et dans le Nord, le mettoit dans le cas d'avoir peu à craindre de nous, mais beaucoup à en espérer; on ne risquoit rien de se prêter pour le moins aux insinuations qui ont dû être tentées de sa part, à laisser entrevoir qu'on pouvoit revenir d'un éloignement fondé sur des causes étrangères à la France, personnelles peut-être à des individus qui n'y pouvoient plus influer; enfin, à se laisser tâter et à tâter réciproquement. L'a-t-on fait? C'est encore le sujet de conjectures.

Concluons seulement que la position du roi de Prusse à l'égard de la France est celle d'un prince autrefois allié qu'on a traité comme ennemi, qu'on a voulu anéantir, et qui n'existe que par des prodiges;

Que sorti de cette crise, il n'a peut-être pas dû nous aimer beaucoup *), mais qu'il n'en auroit pas été moins disposé à se lier

---

*) D'après les réflexions contenues dans les notes précédentes, on peut établir pour certain que le roi de Prusse n'aime ni ne hait aucune puissance, et qu'il se lie de préférence avec celle qui peut lui procurer le plus d'avantages.

encore avec nous, dès qu'il y auroit pu trouver son avantage ;

Que notre alliance exclusive avec la cour de Vienne lui en a ôté l'espoir, et l'a réduit à la nécessité de se lier avec cette même cour qui avoit lâché sur lui la France pour le détruire ;

Qu'engagé trop avant, il seroit difficile, mais non pas impossible, de le ramener par intérêt au point d'où il étoit parti par nécessité *).

Et enfin, tant qu'on restera aux termes où on en est avec la cour de Vienne, il suffira au roi de Prusse de rester ligué avec elle, sans craindre notre inimitié, ni rechercher notre alliance.

―――――――――

*) L'alliance de la France avec la cour de Vienne, dont le roi de Prusse a été instruit long-tems avant qu'elle n'ait été publique, est la véritable cause de l'éloignement de ce prince ; et c'est avec raison qu'on a établi ici que c'est *par nécessité* qu'il s'est lié avec nos ennemis, plutôt que par *humeur* et *fantaisie*, comme on a voulu le supposer.

ARTICLE IV.

De la Pologne.

On ne remontera point ici à l'origine de nos alliances avec ce royaume. La France n'en a jamais eu, à proprement parler, avec la république, et n'avoit contracté avec elle, en 1660, que l'engagement gratuit de la protéger, comme garante et médiatrice du traité d'Oliva. Cependant elle s'est souvent beaucoup mêlée des affaires de la Pologne, mais jamais avec les moyens qu'elle auroit dû y employer.

Le premier plan sage et raisonné d'un système à l'égard de cette république, fut celui qui a été commencé en 1752. On avoit réussi à donner quelque consistance au parti patriotique dans la diète de cette année et dans celle de 1754, et depuis 1756 jusqu'en 1758; on proposa plusieurs fois de la rendre utile en la rendant considérable, dans l'alliance entre la France, la cour de Vienne et la Russie.

Cette alliance une fois adoptée, et n'étant pas encore permis alors d'en apprécier ni les motifs ni les conséquences, il ne fut plus question que d'en diminuer le danger et les inconvéniens.

Le danger étoit que la Russie ne prît le prétexte de la guerre contre le roi de Prusse, pour prendre de force sur le territoire de la Pologne le passage, les subsistances, et même les quartiers d'hiver. En lui permettant d'employer de nouveau ces moyens arbitraires, on livroit ce vaste pays à l'avidité des généraux russes, au despotisme de leur cour, et à tous les projets d'usurpations futures qu'elle seroit tentée de former, par la facilité d'exercer toutes sortes de vexations sur une nation divisée, isolée et abandonnée.

Ces inconvéniens étoient encore plus fâcheux pour la France, puisqu'en permettant ces vexations, elle laissoit porter atteinte à son crédit, à sa considération, à sa prééminence.

Cette foiblesse de sa part sembloit d'autant moins excusable que s'étant alliée sans aucun intérêt avec la cour de Vienne, et par elle avec la Russie contre le roi de Prusse, elle étoit en droit de faire la loi, et point du tout dans le cas de la recevoir.

La France alors auroit donc pu et dû se prévaloir du besoin qu'on avoit d'elle dans cette alliance, pour y présider, la diriger et en être l'arbitre. Elle se laissa entraîner dans des mesures si précipitées, qu'on eût dit, à voir ses démarches, que sa grandeur ou son salut dépendoit de cette même alliance.

Dans la pente rapide que nous suivions alors, il étoit difficile de nous arrêter ; mais il auroit été possible de modérer cette chaleur, de conserver au moins la dignité et la supériorité que nous n'avions pas encore laissé entamer.

Par ce système tempéré, l'objet de l'alliance en général se trouvoit rempli, autant que nos engagemens mettoient nos alliés en droit de l'exiger et que la prudence pouvoit le permettre ; et l'objet réel, important pour nous, n'auroit pas été négligé, sacrifié, c'est-à-dire, notre prépondérance et notre droit de protection ou de médiation dans le Nord, aussi bien que dans l'Empire. On l'a déjà dit, ce droit nous étoit acquis dans l'un par le traité d'Oliva, comme dans l'autre par la paix de Westphalie.

A ce

A ce titre, la France pouvoit et devoit exiger que toutes les demandes et requisitions que les deux impératrices auroient à faire soit au roi, soit à la république de Pologne, fussent préalablement communiquées au cabinet de Versailles pour avoir son approbation, et qu'ensuite elles fussent portées sous ses auspices à un *senatus-concilium*, ou même à une diète extraordinaire et confédérée.

La France, en même tems qu'elle auroit appuyé les sollicitations de ses alliés, se seroit rendue garante de l'exécution de leurs promesses. La république n'auroit cédé qu'à la prépondérance de cette couronne; et ses alliés l'auroient également respectée, en n'entreprenant rien au-delà de ce qu'elle auroit obtenu ou garanti. La Pologne l'auroit dès lors regardée comme son unique appui. Le Nord, l'Europe entière auroit continué de rechercher ou sa protection ou son amitié; et cette conduite soutenue de la part de la France auroit préservé la Pologne de tous les malheurs qui l'ont accablée et anéantie.

Ce plan fut proposé : il ne fut pas adopté *). Les auteurs du nouveau système, toujours entraînés par la cour de Vienne, se livrèrent à l'impatience qu'elle avoit d'écraser le roi de Prusse en une campagne, et à l'animosité moins intéressée, mais aussi vive, de la Russie contre ce monarque. On laissa celle-ci prendre de force sur la Pologne tout ce qu'elle auroit pu en obtenir légalement par l'intercession de la France. Le roi-électeur, chassé de ses états héréditaires, se flatta d'y rentrer plutôt, en connivant à ces violences sous prétexte de ne pouvoir les empêcher.

---

*) M. le comte de Broglie, ambassadeur en Pologne, proposa ce plan avec beaucoup plus de détails en septembre 1757. Il demandoit qu'on fit alors une confédération de neutralité d'abord, et avec laquelle, quand elle auroit eu pris toute sa consistance, les trois cours alliées auroient fait un traité, dont l'objet primitif devoit être tourné contre le roi de Prusse, à qui cinquante mille hommes de troupes légères à cheval auroient été bien incommodes depuis la Poméranie jusqu'à la frontière orientale de la Silésie. On demandoit que la même confédération à laquelle le roi de Pologne auroit accédé, eût travaillé à assurer la succession au trône de Pologne à un prince cadet de la maison de Saxe, ce qui auroit prévenu tous les malheurs que la république éprouve aujourd'hui, et dont les contre-coups peuvent et doivent s'étendre beaucoup plus loin.

La nation polonoise ne vit plus dès-lors la France que comme un instrument de celles de Vienne et de Pétersbourg. Elle perdit bientôt l'opinion qui subsistoit encore et de notre amitié et de notre protection. Elle se divisa en différens partis, dont les uns s'abandonnèrent à la Russie, les autres aux cabales, aux séditions, à la guerre intestine. La France ne fut plus comptée pour rien, et le Nord entier suivit l'exemple de la Pologne. Voilà l'origine de notre discrédit, de notre nullité, lors de l'élection du comte Poniatowsky, et du mauvais succès de tout ce que nous avons tenté ou favorisé depuis cette époque.

Il seroit inutile et désagreable de rappeller ici tout ce qui s'en est suivi, jusqu'au traité de partage et à la prise de possession des trois co-partageans.

C'est de ce point qu'il faut partir pour apprécier la position respective de la Pologne à l'égard de la France.

Tout est dit là-dessus: il n'y a plus de république; le royaume est démembré. Il y reste un roi, tant qu'il plaira à Dieu ou aux trois puissances co-partageantes; et les choses sont venues au point que, s'il leur étoit plus commode de le chasser pour partager encore ce qu'on lui a laissé, la France ainsi que tout le reste de l'Europe ne chercheroit point à les en empêcher. Les efforts des Turcs n'ont abouti qu'à leur propre ruine ; et pour sauver au moins quelques débris de leur naufrage, ils consentiront à laisser mettre désormais entr'eux et ce royaume une barrière impénétrable.

Qu'il reste donc un roi, au nom de la Pologne, ou qu'elle soit entièrement démembrée et partagée, ce pays n'aura plus ni relation, ni connexion avec la France, ni avec aucune autre puissance de l'Europe, à moins de quelque promte révolution qu'il n'est pas permis de prévoir.

Dans le premier cas, elle restera relativement aux trois co-partageans ce qu'étoit la Lorraine et le comtat Venaissin à l'égard de la France ; il n'y aura d'autre différence que le plus ou moins d'étendue entre des états également entourés et subjugués.

Dans le second, les trois portions n'étant plus que de nouvelles provinces de trois grandes dominations, elles n'auront rien de commun avec les puissances étrangères; et tous leurs rapports même entr'elles dépendront de la bonne ou mauvaise intelligence entre les trois souverains qui auront achevé de les usurper.

La position respective de la Pologne à l'égard de la France et de toutes les autres puissances de l'Europe, est donc celle d'un membre retranché de la société, d'un citoyen privé de ses droits naturels, réduit à l'esclavage, mort civilement, et par conséquent n'ayant plus dans l'ordre moral, ni propriété, ni personnalité. Tel est, en effet, dans l'ordre politique, le sort d'une nation autrefois appellée illustre, qui avoit fait proclamer czar le fils de son roi dans Moskow *), reçu dans Varsovie l'hommage de la Prusse **), et sauvé sous les

―――――――――――――――

*) Sigismond III, roi de Suède et de Pologne, fit proclamer Ladislas IV, frère de Jean Casimir, czar à Moscow, en 1626.

**) En 1525, Albert II, cadet de la maison de Brandebourg, prêta foi et hommage à Varsovie, entre les mains de Sigismond Ier, roi de Pologne, pour la partie orientale du duché de Prusse. Ses successeurs ont tenu ce même pays à titre de fief, en relevant du roi et de la république de Pologne, jusqu'en 1657, que murs de Vienne l'Autriche orgueilleuse et humiliée *).

ARTICLE V.

De la Russie.

Nous voici parvenus au foyer des troubles du Nord, depuis le commencement de ce siècle, jusqu'à la crise actuelle des affaires.

Le génie brut, mais sublime de Pierre Ier, enfanta le projet inconnu à ses prédécesseurs, de prendre son rang parmi les grandes puissances de l'Europe; et par l'effet toujours certain d'une volonté forte et décidée quand les moyens ne manquent pas

---

l'électeur Frédéric-Guillaume, profitant de la détresse où se trouva Jean Casimir au commencement de son règne, s'affranchit de cette vassalité en vertu du traité de Vilhau.

*) Sobiesky, roi de Pologne, défit les Turcs sous les murs de Vienne, délivra cette ville assiégée par deux cent mille infidèles, sauva l'Autriche et l'Empire en 1683, sous le règne de l'empereur Léopold Ier, qui, sous prétexte de difficultés d'étiquette, refusa de le voir.

et qu'on sait les mettre à profit *) , il parvint aussitôt à remplir ce grand et glorieux objet.

A peine échappé de l'obscurité et de la barbarie, il avoit senti que pour se donner une existence en Europe, il falloit d'abord s'ouvrir un débouché dans la Baltique pour les immenses productions de son vaste empire, que le commerce, en attirant les étrangers, feroit connoître ses ressources et sa puissance réelle, fondées sur cet excédent de richesses naturelles propres à l'exportation ; que dès-lors son crédit, sa considération s'établiroient par la renommée ; qu'il les soutiendroit et les augmenteroit par l'établissement d'une marine redoutable ; et qu'enfin il donneroit la loi au Nord et se feroit bientôt rechercher de tout le reste de l'Europe.

Le czar avoit deviné ou appris du genevois *Lefort* ce qu'on a depuis érigé en système dogmatique, revêtu d'un jargon mystérieux, et publié avec l'emphase de la plus rare découverte. C'est que *la supériorité*

---

*) C'est une heureuse et constante vérité pour une grande puissance , et qui est digne d'une grande attention.

en population et en productions du sol fait la seule puissance et les seules richesses réelles. La France étoit alors le seul état qui pût ou égaler ou surpasser la Russie à ces deux égards, et peut-être l'est-elle encore. Infiniment moins étendue que les états du czar, elle fournissoit depuis soixante ans un aliment inépuisable à la grandeur et à l'ambition de Louis XIV *). Cet exemple étoit plus frappant, plus démonstratif, que tous les calculs si vantés de la science économique.

La ligue du Nord contre Charles XII fournit à Pierre Ier l'occasion désirée de s'établir sur la Baltique, et le prétexte heureux de se mêler des affaires de la Pologne.

---

*) Quand on lit l'histoire de ce règne pendant lequel ce monarque a eu souvent la guerre seul contre une partie de l'Europe, sans que cela l'ait empêché de laisser les plus beaux et les plus dispendieux monumens, et de régner avec un éclat qu'on oseroit presque dire outré, peut-on se lasser d'admirer la ressource et l'habileté des ministres qui ont fourni à toutes ces dépenses, et d'être étonné qu'avec des moyens infiniment plus multipliés, on paroise aujourd'hui embarrassé de fournir au nécessaire?

Les malheurs d'Auguste II le jettèrent entre les bras de ce voisin terrible. Pendant que le czar souffloit en Pologne le feu de la guerre intestine, le roi de Suède enivré de gloire et de vengeance ravageoit ce royaume pour faire reconnoître Stanislas, et laissoit la Livonie en proie aux armées russes, toujours battues et toujours renaissantes ; leurs progrès étoient lents, mais sûrs. Le czar, en trois campagnes, avoit rempli son premier objet : il avoit pénétré à travers l'Ingrie jusqu'au golfe de Finlande, et l'année 1703 vit sortir Pétersbourg des marais de la Néva pour dominer bientôt sur toute la Baltique.

On ne parcourra point ici cette chaîne d'événemens, qui, en écrasant la Suède et bouleversant la Pologne, ont élevé si rapidement la Russie au point de grandeur et d'éclat où elle brille aujourd'hui.

Au milieu des conjurations et des révolutions, elle n'a rien perdu de sa puissance, parce que ces secousses violentes et passagères n'ont pas même ébranlé le trône, en y plaçant successivement plusieurs souverains différens. Le pouvoir a passé en d'autres mains : il est resté toujours le même.

M 5

Il n'y a pas eu de guerre civile : tout a été, dans Pétersburg comme dans Constantinople, l'ouvrage d'un jour ou d'une nuit ; et toute la nation s'est réveillée ou couchée tranquille, en apprenant qu'elle avoit changé de maître.

Le système n'a pas changé non plus. On pourroit ajouter qu'il ne changera pas, quand même il arriveroit encore à Pétersbourg une révolution, ce qui n'est guère vraisemblable.

Elle ne sauroit avoir lieu que par les Orlow, ou par M. de Panin.

L'ancien favori et toute sa famille auroient trop à craindre d'un changement quelconque, trop à risquer, peu à gagner.

Ils ne sont pas même en disgrace, et n'ont aucun motif raisonnable de désirer un changement. Tout rit de nouveau à leur parti, et le prince Orlow n'a peut-être perdu de sa faveur que le degré d'intimité qui pouvoit lui être devenu à charge.

L'assiduité même de simple courtisan lui a toujours paru gênante au plus fort de cette intimité ; et souvent dès-lors il alloit passer loin de la cour des semaines entières à différentes chasses, sur-tout en hiver à celle de l'ours, son divertissement favori.

Libre donc du joug de l'amour, il peut goûter en paix les fruits de l'amitié, jouir du sentiment qui lui attachera toujours sa souveraine par les noeuds, les gages les plus tendres; conserver, augmenter peut-être sa considération, son pouvoir, sa fortune; et ne point envier le reste à un rival jeune, isolé, sans consistance, et qui vraisemblablement lui restera toujours ou subordonné ou peu redoutable.

Les Orlow pourroient trembler, il est vrai, à l'avénement du grand-duc au trône: mais ce moment peut être fort éloigné; et pour le prévenir s'ils attentoient ouvertement à la vie de ce jeune prince, quel fruit en recueilleroient-ils? ce ne seroit pas la couronne; ils se perdroient, et l'impératrice avec eux.

Au contraire en se tenant tranquilles, ils ont pour eux toutes les chances que le tems, le hasard ou un peu d'adresse peuvent et doivent amener dans ce long intervalle. Ils sont jeunes, et M. de Panin ne l'est plus. Le grand-duc peut être bientôt marié, avoir des enfans; mais aussi il peut mourir après. M. de Panin n'étant plus, les Orlow peuvent s'emparer des enfans qu'auroit laissés le grand-duc, se rendre maîtres de leur éducation, les former, les tourner à leur gré, et peut-être un jour régner encore sous le nom de ces pupilles. Le projet n'en est pas inoui, et la perspective pour les Orlow n'en est pas effrayante.

M. de Panin est encore moins dans le cas de faire une révolution; fut-il assuré du grand-duc, sollicité même par lui d'en faire la tentative, il n'en courroit jamais les risques volontairement et de propos délibéré; car il est entré le dernier, et pour ainsi dire, par force dans la conjuration contre Pierre III. Il a fallu le tromper pour l'y engager, et il craindroit de l'être encore.

Il n'a ni l'audace et l'intrépidité des Orlow, ni les mêmes motifs qu'ils eurent alors pour tout tenter et tout risquer. Sans ressources et presque sans état, ces conjurés n'avoient rien à perdre. Ils espéroient de tout gagner, et ils ont réussi. M. de Panin jouit au contraire d'un sort heureux, tranquille, de la plus grande considération, de tout l'éclat du ministère, des charges et des dignités, ainsi que d'une représentation importante dans les affaires et d'une opulence à laquelle sa modération seule a pu mettre des bornes.

Son organisation est foible, sa constitution délicate, son imagination froide, son ame peu élevée, son caractère au fond est doux et paisible, quoique par boutade sujet à l'humeur et à l'entêtement ; son tempérament attaqué de vapeurs et d'affections nerveuses, et sa mélancolie n'est pas celle d'un conjuré. Ce n'est point cette fermentation sombre, lente et profonde, qui, dans un cerveau grec ou romain, enfantoit et les plus grands crimes et les actions les plus héroïques ; c'est le vuide apathique d'une ame triste qui cherche et craint la solitude, d'un esprit paresseux et point cultivé qui croit se livrer aux affaires pour se dérober à l'ennui, et qui s'en échappe aussi-tôt pour retomber dans l'indolence.

Avec cet assemblage de qualités ou de *privations*, dont il ne résulte qu'un génie et un courage très-médiocres, on ne croira pas aisément que M. de Panin ait le goût ni l'étoffe d'une conjuration dont il faudroit qu'il fût l'auteur et le chef. Il n'y entreroit pas non plus en second. Il a été trompé dans la dernière, et, on le répète, il craindroit de l'être encore.

Après tout, nous venons de voir ce qu'il pourroit y perdre, si elle échouoit : ajoutons-y *la vie*, et cherchons à présent ce qu'il pourroit y gagner. Seroit-ce le titre de chancelier qui manque seul à ses honneurs, à ses prérogatives ? Et pour ce titre vain, M. de Panin voudroit-il compromettre tant de réalités commodes, agréables, honorables, et risquer l'échafaud, ou tout au moins la Sibérie ?

Seroit-ce le crédit, la considération, la prépondérance ? Il en jouit au sein du repos, et de la retraite qu'il s'est faite par goût au milieu de la cour. Il ne pourroit pas en acquérir davantage, même sous le règne de son pupille, qu'il auroit mis sur le trône au péril de sa vie.

Voilà donc et le ministre et les favoris, tous intéressés pour la conservation de leur bien-être, à vivre politiquement ensemble, et que le sens commun doit également éloigner de courir en pure perte les risques d'une nouvelle conjuration ; l'impératrice obligée de ménager les uns et les autres, bien aise peut-être de les balancer réciproquement, de rester l'arbitre, la conciliatrice de leurs différends, enfin de les contenir par-là dans les bornes qu'elle leur a prescrites *).

Donc il n'est point du tout apparent qu'aucun des deux partis qui divisent aujourd'hui la cour de Russie y fasse, du moins de fort long tems, une révolution.

On s'est peut-être trop étendu là-dessus; mais il n'étoit pas inutile de développer ici les caractères et les intérêts des chefs des deux partis, et de calculer les degrés de probabilité d'un événement qui a pu être annoncé comme certain et prochain. Il résulte de tout ceci que cet événement entre à peine dans l'ordre des futurs contingens.

---

*) Telle doit être la politique d'une souveraine despote, dans un pays accoutumé aux révolutions. Elle a besoin de ces ménagemens qui sont inutiles, et peut-être nuisibles dans un état dont la constitution est solide, et fondée sur des principes qui doivent attacher le prince à ses sujets, et réciproquement les sujets au souverain.

Mail il n'est que trop ordinaire que les exemples du passé nous en imposent sur l'avenir ; que s'il est arrivé dans un état, dans une cour de fréquentes révolutions, on conclut de là qu'il en doit arriver encore incessamment ; on en flatte les autres, on se le persuade à soi même, et on se laisse bercer d'un espoir commode, parce qu'il endort sur le présent, mais dangereux, parce qu'il empêche de prendre des précautions pour l'avenir. On ne sauroit trop se tenir en garde contre cette sorte d'illusion ; c'est celle d'un joueur qui, dans un jeu de calculs et de combinaisons, donneroit tout au hasard et à l'espérance.

Prouvons à présent ce que nous avons avancé, que le système de la Russie ne changeroit pas, quand même il y arriveroit une révolution.

Nous avons d'abord établi qu'elle ne pourroit arriver que par deux cabales des Orlow ou de M. de Panin.

Dans le premier cas, on connoît l'audace de ses quatre frères *), leur inclina-

---

*) Il y en a cinq ; mais l'aîné de tous, homme paisible et sans ambition, ne se mêle de rien, vit dans ses

tion pour la guerre et pour les entreprises ; ajoutons le besoin qu'ils auroient d'en faire de nouvelles, s'il n'y en avoit pas déjà de commencées ; le grand-duc une fois écarté du chemin, l'impératrice elle-même subjuguée par eux sous prétexte de la défendre ; la nation étonnée, et peut-être soumise, mais la fermentation subsistante encore dans les esprits ; les régimens des gardes, ces janissaires de l'empire russe, déclarés pour les Orlow, mais toujours exigeans, remuans et dangereux ; croira-t-on que le parti dominant feroit la paix avec les Turcs, renonceroit à tous projets contre la Suède, abandonneroit la portion usurpée sur la Pologne, ou même voudroit bien s'en contenter.

Non assurément ; la personnalité du prince Orlow contre le roi de Pologne est trop connue, et l'on a pû s'appercevoir combien elle influe à la cour de Pétersbourg sur les affaires de ce royaume. On sait, on voit tous les jours, que les procédés ou favora-

---

terres, et paroît très-rarement à la cour, pour y faire son service de chambellan.

bles ou durs de cette cour à l'égard de Stanislas-Auguste dépendent des degrés de faveur ou de discrédit des Orlow, et c'est un thermomètre de leur situation auquel il n'est plus permis de se tromper.

Si donc ils étoient une fois les maîtres absolus, ils ne manqueroient pas, et par politique et par goût, de soufler le feu de la guerre et de la discorde ; de tout tenter pour achever de dépouiller le roi de Pologne, de le détrôner même et de lui donner un successeur : ou de partager encore avec l'empereur et le roi de Prusse ce qui lui auroit été réservé.

Ils ne traiteroient pas mieux le roi de Suède ; loin de dissimuler ou de désavouer, comme fait M. de Panin, le projet de détruire ce nouveau monarque, ils en feroient parade, et ce seroit leur jeu. Le respect que le ministère, le sénat de Russie conservent pour le vieux systême d'écraser la Suède et de l'empêcher de se relever jamais de ses ruines, la haine invétérée de la nation contre un peuple vaincu qui l'a mise jadis à deux doigts de sa perte, tout feroit aux Orlow une loi de se déclarer hautement, et d'entrependre avec chaleur la guerre contre le roi de Suède. Par-là, ils seroient sûrs de captiver la nation russe, peut-être même une partie de la nation suédoise ; ils ne poseroient pas les armes qu'ils n'eussent au moins remis ce royaume au point où il étoit à la mort d'Adolphe-Frédéric en 1771. Ils iroient peut-être plus loin : ou ils le réduiroient en république sous la protection de la Russie, ou même ils en feroient une nouvelle province de ce vaste empire ; l'un ou l'autre de ces projets ne seroit pas nouveau. Le premier avoit été imaginé par milord Carteret, le second par le colonel Guidickens, l'un ambassadeur et l'autre ministre d'Angleterre en Suède, et l'alternative en a été quelquefois agitée pendant et depuis la guerre de 1744 entre les Français et l'Angleterre.

À l'égard des Turcs, le système de la Russie pourroit encore moins changer sous les Orlow ; ils sont déjà violemment soupçonnés d'avoir été guidés dans la guerre présente et dans la négociation de la paix par des intérêts personnels, et leurs ennemis s'en sont prévalu pour rendre leur ambition suspecte à l'impératrice même. La Moldavie, la Valachie et les autres conquêtes de la Russie au Midi sembloient en effet bien propres à tenter cette ambition par l'espoir de former des établissemens en souveraineté pour une famille nombreuse, audacieuse, et qui dès longtems a prévu qu'elle pourroit avoir besoin d'un asyle assuré.

 Si les Orlow étoient les maîtres, ils trouveroient tous ces avantages dans la continuation de la guerre contre les Turcs, et dans les conditions de la paix qu'ils se flatteroient de prescrire, et cet espoir ne seroit pas mal fondé. Ils feroient trouver à la cour de Vienne ses avantages aussi dans cet arrangement ; et celle-ci ne seroit point fâchée de placer entre ses frontières et celles de la Russie, vers le Danube, quelques états intermédiaires. Ils auroient tôt ou tard besoin de sa protection, et contre les Turcs et contre les Russes. Ce seroit pour l'empereur autant de moyens de se faire valoir auprès de la Russie et de la Porte, et de contenir la première dans les limites que la saine politique exige toujours qu'on prescrive à un voisin trop puissant.

Donc s'il arrivoit en Russie une révolution par les Orlow, elle ne changeroit point le système actuel; et loin de le modifier ou de l'adoucir, elle lui donneroit un degré de plus de chaleur et d'activité. La guerre même deviendroit alors peu nécessaire au parti dominant pour flatter l'orgueil national, les passions, les préventions populaires, détourner au-dehors l'explosion des esprits qui fermentent au-dedans, occuper les troupes, employer la noblesse, faire des promotions, des créatures, et fixer l'opinion publique par des choses de grand éclat; enfin, tout ce qu'on se propose d'obtenir par la guerre dans un gouvernement, ou un ministère mal affermi. Voyons à présent si le système changeroit dans le cas d'une autre révolution opérée par M. de Panin.

Ce ne seroit pas du moins à l'égard de la Suède. Ce ministre ne s'est jamais tant occupé, ni échauffé d'aucune affaire que de celles de ce royaume. La raison en est simple; ce sont les seules dont il puisse se flatter d'avoir acquis sur les lieux même une connoissance exacte et profonde, les seules auxquelles il se soit trouvé à portée de prendre un intérêt vif et personnel.

Il étoit jeune encore, et d'une belle figure qui avoit fait sur l'impératrice Elisabeth une impression passagère : son règne fut très-court. On prétend que ce fut sa faute, pour avoir mal soutenu l'opinion que cette princesse en avoit conçue. Une intrigue de cour le fit exiler honorablement sous prétexte de l'employer en pays étranger. Un séjour à Stockholm, de dix ou douze années, l'avoit presque naturalisé, en Suède : mais tout aussi contribue à faire de ce ministre le prosélite et l'instrument d'un parti.

Sa cour soutenoit celui des *bonnets*, par le principe destructif qu'elle avoit adopté à l'égard de la Suède, pour le rendre plus fort et dévoué à la Russie. M. de Panin eut tous les moyens qu'il pouvoit désirer; l'argent sur-tout ne lui manqua point; et l'influence métallique, jointe à la terreur d'une puissance si grande et si voisine, donnoit à son ministre la plus haute considération.

L'intrigue, la vénalité et la flatterie entouroient M. de Panin ; les femmes s'en mêlèrent : il fut subjugué par celle d'un sénateur *). Elle sut tirer parti de cet amant diplomatique, et pour sa cabale et pour elle-même, pendant que le ministre russe croyoit avoir trouvé dans cet attachement un grand ressort de sa politique, et faire un coup d'état toutes les fois qu'il se livroit à un penchant si naturel. Né avec peu d'énergie, il a eu plutôt des goûts d'habitude que des passions ardentes ; mais ces habitudes étoient nécessaires pour le dérober à la mélancolie où il retomboit aussi-tôt qu'il restoit livré à lui-même. Tel est encore son caractère, ou plutôt sa constitution ; il se plaint sans sesse de sa mauvaise santé, et craint, évite tant qu'il peut toute sorte de fatigue. Son penchant paroît être de rester enfermé dans un intérieur oisif et commode, mais il s'y ennuie bientôt ; aussi a-t-il eu besoin toute sa vie d'être bercé, pour ainsi dire, par des femmes. Il trouvoit cette douceur dans la société de la sénatrice.

---

*) Madame de Cederhielm, ou Cedernereutz, ou Lovenhielm, je ne me souviens plus laquelle ; on doit trouver son nom dans les dépêches de M. d'Avrincourt.

De ce long enchainement de carresses et de séductions, il s'étoit formé dans l'esprit et dans le coeur de M. de Panin un système complet de préjugés et d'affections pour ou contre, auquel il tient bien plus, sans s'en appercevoir, qu'au système politique de sa cour: mais celui-ci se trouvant d'accord en général avec cet autre système personnel, ce ministre les a fondus ensemble. Ils n'en font plus qu'un seul auquel il s'est attaché jusqu'au fanatisme *).

A l'égard de la Pologne, il est vrai que dans les commencemens il n'avoit pas mis dans les affaires de ce royaume le même degré de chaleur qu'il a montré depuis; mais les réclamations continuelles de la nation polonoise contre le ministère de Russie, les expressions que le désespoir arrachoit à tant d'opprimés infortunés, et qu'ils n'osoient pourtant se permettre contre l'impéra-

---

*) Lors de l'élection du comte Poniatowsky, des ministres de Russie dans les cours étrangères faisoient, en plaisantant, parler ainsi M. de Panin à l'impératrice, *passez-moi la Suède, je vous passerai la Pologne.*

pératrice, mais qu'ils n'épargnoient point à ce ministère oppresseur ; les plaintes surtout contre l'ambassadeur prince Repnin, neveu de M. de Panin, et qui ont nécessité son rappel, tout a contribué à aigrir ce ministre. La hauteur qui dès lors a caractérisé tout ce qui partoit de sa chancellerie, avoit manifesté en lui cette disposition ; et les violences atroces qui ont suivi ses menaces, n'ont que trop justifié les déclamations des confédérés.

D'ailleurs, le partage de la Pologne est regardé par les trois puissances co-partageantes comme une affaire consommée ; et les pays usurpés, comme des provinces réunies à leurs couronnes : et la nation russe a de plus un motif de religion pour regarder cette réunion comme l'acte le plus juste et le plus louable ; c'est que par là tant de milliers de chrétiens grecs opprimés respirent enfin sous la domination de l'empire orthodoxe ; que tant d'autres égarés du bercail, sous le nom d'unis *), y sont aussi-tôt

---

*) C'est le nom qu'avoient en Pologne ceux qui en conservant une partie de leurs rits, s'étoient soumis

rentrés pour n'en jamais plus sortir. Ces motifs personnellement si indifférens à l'impératrice, ne le sont point du tout à sa politique, à son ministère, à ses peuples ; et comme elle a su les faire valoir pour autoriser cette usurpation, son successeur ne s'en serviroit pas moins utilement pour la consacrer ; peut-être même ne seroit-il pas en son pouvoir de remettre les choses en leur premier état ; ou s'il l'entreprenoit par une générosité qui ne lui sera point conseillée, il courroit dans cette entreprise le plus grand risque en pure perte.

Les Turcs peut-être, dira-t-on, trouveroient plus de falicité auprès de M. de Panin devenu tout-puissant sous Paul Ier que sous Catherine II, sur laquelle il n'a pas le même ascendant : la réponse est aisée.

Cela pourroit être vrai, si la guerre contre les Turcs étoit une guerre d'intrigue, une guerre personnelle à un ministre, à sa cabale, comme il arrive trop souvent dans

---

aux dogmes et à la discipline de la religion catholique.

d'autres cours de l'Europe: mais ici ce n'est point le cas ; c'est une guerre nationale et d'intérêts réels, autant que de gloire et de vengeance.

Il y a plus : c'est une guerre de commerce, et l'on sait qu'aujourd'hui ce sont les plus animées. L'esprit de gain a succédé à celui de conquête qui avoit remplacé l'esprit de chevalerie. Le commerce de la mer Noire est aussi précieux à la Russie que celui de l'Amérique l'étoit à la France, à l'Espagne ou à l'Angleterre, avec la différence que pour elle c'est un commerce naturel, et pour ainsi dire, à sa porte.

Depuis Pierre Ier, qui débuta par la prise d'Azof, lui ni ses successeurs n'ont jamais perdu de vue cet objet capital ; et si la cour de Vienne avoit secondé celle de Pétersbourg dans la guerre terminée par la paix de Belgrade en 1739 ; si la France alors n'avoit pas adroitement saisi un moment de détresse et d'humiliation pour détacher l'Autriche de la Russie, celle-ci n'auroit jamais posé les armes, sans avoir obtenu pour ce commerce un débouché dans la mer de Zabache.

La cour de Pétersbourg se trouve aujourd'hui dans une position aussi favorable, aussi victorieuse. Elle n'a plus à craindre ni la jalousie assez bien fondée que la cour de Vienne avoit conçue de ses progrès et de ses prétentions, ni l'influence prépondérante que la France conservoit alors. Cette influence la mit en état de donner la loi aux deux cours alliées, sous le titre de médiatrice *).

L'union intime de ces deux cours entre elles et avec le roi de Prusse, relativement aux objets d'intérêts dont elles sont occupées, mais sur-tout notre alliance avec l'Au-

---

*) Ç'eut été le même rôle qu'il eût convenu de faire jouer à la France en 1769, au lieu de se laisser nommément et ouvertement exclure de la médiation par la Russie, et tacitement par la cour de Vienne. M. le duc de Choiseul en a senti un moment l'indécence; mais pour en imposer, il faut avoir préparé les moyens, *soit militairement, soit fédérativement, de nuire ou de servir*; et nous n'avions fait ni l'un ni l'autre; peut-être les avions-nous détruits. Ce n'est pas avec des traits momentanés de lumière, c'est avec un esprit de suite et très-réfléchi qu'on sait amener les événemens heureux et en profiter, ou prévenir les malheureux et s'y opposer.

triche *), a bien changé tout l'ancien système de leurs liaisons avec nous et des nôtres avec la Porte. C'étoit de ces dernières et de l'usage que nous avions la liberté et l'habileté d'en faire que dépendoit notre ancienne considération dans cette partie de l'Europe.

Elle est bien diminuée aujourd'hui; c'est une triste vérité : mais on ne peut plus se la dissimuler; et si, contre toute attente, M. de Panin faisoit une révolution, il ne chercheroit ou respecteroit pas plus que les Orlow la médiation de la France. Il se feroit sans doute un point capital de détruire à la Porte les restes de son influence, et il seroit secondé dans ce projet par la cour de Vienne. Jamais celle-ci n'eut une si belle occasion de réussir dans un projet qu'elle a toujours suivi depuis deux cent cinquante ans : c'est d'annuller la France à Constantinople, comme dans le Nord, et

---

*) C'est sur-tout la forme dans laquelle elle a été formée et suivie qui a causé tous les embarras où nous nous trouvons; il eût été possible de la rendre utile au moins pour le moment, et peut-être durable, en ne la faisant pas exclusive, et en ne mettant pas tous les avantages d'un côté et les inconvéniens de l'autre.

de l'exclure de toute négociation relativement à la Porte.

D'après cet exposé, dont on ne craint pas que les faits puissent être contestés, concluons :

1°. Qu'une révolution en Russie ne paroît ni certaine, ni prochaine, ni vraisemblable ;

2°. Que s'il en arrivoit une par des circonstances subites, imprévues, incalculables, elle ne changeroit rien au système de cet empire.

Mais il faut toujours partir d'où l'on est. Cherchons à présent quelle est dans l'état actuel la position respective de la Russie à l'égard de la France.

On dit respective, parce que ce mot ne signifie pas seulement les rapports directs entre la France et la Russie, mais aussi les rapports indirects qui résultent de la position où cette puissance se trouve relativement à d'autres états de l'Europe, et ceux-ci réciproquement avec elle. De cette situation plus ou moins avantageuse, résulte pour un état quelconque la supériorité, ou du moins l'influence que lui donnent ses moyens, ses ressources, et l'usage qu'il en peut faire pour ou contre d'autres puissances. De-là aussi dépend, pour ces mêmes puissances, le degré de possibilité et la probabilité du succès dans l'attaque ou dans la défense, ou dans la diversion. Ce dernier moyen est souvent le seul praticable, lorsqu'on est séparé par une trop grande distance ou par des obstacles intermédiaires.

C'est donc de tous ces différens rapports d'un état quelconque, non-seulement avec un seul, mais aussi avec d'autres états voisins ou alliés; des motifs d'intérêt, de crainte ou d'espérance qui peuvent en faire autant d'instrumens ou d'obstacles à son système politique, que se forme la position respective de cet état à l'égard de tout autre; et c'est ainsi qu'on doit et qu'on a dû l'entendre dans les articles précédens. C'est aussi dans ce sens que nous allons examiner la position respective de la Russie à l'égard de la France.

Il faut se rappeller d'abord ce qui a déjà été dit plus d'une fois dans ces mémoires sur les deux genres *de puissance militaire et fédérative.*

Depuis que la Russie a commencé de jouer un rôle sur la scène de l'Europe, sa puissance militaire, fondée autrefois sur une multitude lâche et indisciplinée, s'est établie peu-à-peu sur tons les autres avantages de l'art et de la discipline qu'elle partage aujourd'hui avec toutes les nations guerrières policées. L'espèce du soldat y est devenue très bonne; et s'il y a encore quelque chose à désirer sur celle de l'officier, le mélange des étrangers pourra un jour y suppléer. L'émulation, les récompences doivent en accélérer l'époque; et il faut bien croire qu'à ces deux égards, le service russe n'est plus si loin de la perfection, puisque, dans une guerre contre le roi de Prusse, les armées d'Elisabeth ont eu des avantages fréquens, et que celles de Catherine en ont encore de plus signalés dans la guerre présente. Cette puissance a donc fait des progrès dans tout les genres, et a conservé l'avantage du nombre qui lui est resté jusqu'à présent *).

---

*) Il manque encore des généraux et même de bons officiers particuliers aux armées russes ; car il ne faut

Ce n'est pas qu'on croie aux hyperboles politiques de la Russie sur sa population, ni aux adulations de quelques écrivains gagés pour étourdir l'Europe de dénombremens aussi exagérés que leurs panégyriques. On sait, malgré tout le mystère de l'administration russe, qu'à la fin de la dernière guerre, elle étoit réduite à lever le quatorzième homme depuis dix-huit jusqu'à quarante ans; et au milieu de ses succès rapides contre l'empire ottoman, de ses victoires

pas se laisser aveugler par les succès: en les considérant avec des yeux attentifs et militaires, on s'appercevra que ceux que les armées russes ont remportés contre le roi de Prusse n'ont été dûs qu'à la supériorité du nombre et à la nécessité où ce prince étoit de les attaquer dans des époques fixes et dans telle bonne position où il les trouvoit, n'ayant pas le tems de manœuvrer avec elles, par l'obligation où il étoit de revenir avec toutes ses forces contre les Autrichiens. Il lui suffisoit de donner contr'elles un coup de colier qui les rendit, même étant victorieuses, inutiles à l'alliance pour le reste de la campagne.

Quant aux victoires des Russes contre les Turcs, tout le monde sait qu'elles n'ont pas le mérite que les gazettes leur ont donné, et qu'elles ne sont dues qu'à la pusillanimité, à l'ineptie des généraux ottomans, et au désordre qui règne dans les armées turques.

romanesques par le peu qu'elles ont coûté, s'il en faut croire les gazettes russes, car les Turcs n'en font pas, on peut assurer hardiment que le taux des recrues est aujourd'hui au même point qu'à l'époque de 1761.

La rupture du congrès de Bucharest exigera encore de plus grands efforts; l'armée de Finlande, et la flotte destinée à la seconder en ont déjà fait faire de nouveaux. Ils sont lents, penibles, et apparemment encore insuffisans; car il est très-vraisemblable que les assurances de la cour de Russie jusqu'à présent, même les déclarations pacifiques qu'elle ne cesse de donner au sujet du roi de Suède, n'ont d'autre vrai motif que cette insuffisance; si le coup avoit été prêt, il seroit déjà porté.

On doit savoir depuis long-tems la juste valeur de tous ces complimens et verbiages politiques. Ce fut ainsi que pendant les deux ou trois premières années de ce siècle, toute l'Europe reconnut le nouveau roi d'Espagne, et s'unit ensuite pour le renverser du trône. Tel fut encore le manège de l'Angleterre à l'égard de la France, avant de commencer la dernière guerre ; mille autres exemples s'offrent en foule dans l'histoire moderne. Il est triste de l'avouer : mais de part ni d'autre, on ne peut plus guère compter sur la sincérité des déclarations, même les plus formelles, qu'autant qu'on en a pour garant l'impuissance de les violer.

Si donc la Russie n'a pas encore attaqué la Suède, c'est en effet parce qu'elle ne l'a pas pu. Les équipages de sa flotte du Nord sont à peine au tiers du complet ; et celles du Midi, dans la mer Noire et dans l'Archipel, ont absorbé ses matelots. La dernière n'a pas été recrutée depuis long-tems, et ne se soutient à grands frais, que par ceux qu'elle engage dans la Méditerranée.

Il faut cependant l'avouer : tous ces inconvéniens sont momentanés ; les matelots et les soldats viennent de loin et peu-à-peu, mais ils arriveront ; ils seront neufs au métier, mais ils s'y feront. Ces levées épuisent la population dans l'intérieur de ce vaste empire ; mais elle peut être réparée. Un peuple d'esclaves qui ne manquent point de subsistance et n'ont aucun souci du lendemain, se reproduit plus vite que des nations d'hommes, soi-disant libres, pour qui la liberté sans propriété est un supplice, et la propriété même trop souvent un fardeau *).

Pierre Ier avoit sacrifié des millions d'hommes dans ses guerres et dans ses travaux publics ; ses suscesseurs en ont prodigué autant dans les provinces malsaines qu'il avoit conquises au nord de la Perse, et dans les campagnes destructives du maréchal de Munich contre les Turcs et les Tartares. Il n'y paroissoit plus sous le règne d'Elisabeth, lorsqu'elle s'engagea dans la guerre contre le roi de Prusse.

Ainsi l'épuisement réel de la population ne fera pas encore une diminution apparente à la puissance militaire de la Russie, au moins de deux ou trois campagnes ; et c'est plus qu'il n'en faut pour remplir tous les objets de la cour de Pétersbourg. Ses

---

*) Ce tableau, quoique triste, n'est pas imaginaire : mais il n'est ressemblant que par le défaut d'administration ; et en France plus qu'en aucun pays on pourroit facilement le réduire à un songe.

acquisitions en Lithuanie, quoique dans la partie la moins peuplée de ce vaste pays, lui donnent un moyen de soulager son intérieur par les recrues qu'elle y lèvera ; et la proportion y est au moins la même entre la population et l'étendue, que dans les anciennes provinces de son empire.

La Russie peut donc être regardée comme étant aussi considérable qu'elle l'ait jamais été par sa puissance militaire. Ajoutons que ses succès dans la dernière guerre contre le roi de Prusse, et dans celle-ci contre les Turcs, ont dû porter l'esprit de ses troupes au plus haut degré de confiance et d'audace. Les hommes ne sont que ce qu'ils croient être ; et plus ils sont simples et grossiers, plus il est facile de leur donner une haute opinion d'eux-mêmes. C'est en cela peut-être que consiste aujourd'hui le plus grand avantage de la Russie.

Il ne lui manquoit, pour tirer parti de ses forces réelles, et même de cette supériorité idéale, que d'y réunir toutes les utilités de la puissance fédérative. Elle s'en étoit acquis une partie bien importante par les liaisons qu'on lui a laissé former à loisir, depuis la dernière paix avec le roi de Prusse *).

Mais ce n'étoit pas encore assez pour elle. Attaquée par les Turcs, contrariée, harcelée par les confédérés, elle n'auroit jamais pu soumettre seule la Pologne, elle étoit réduite à la ravager; et ces ravages même détruisoient les ressources qu'elle en tiroit sans cesse pour la guerre contre les Turcs. Le roi de Prusse avoit déjà calculé tout ce qu'il pourroit tirer du nord de ce royaume; il ne vouloit ni le détruire, ni le laisser en proie.

La cour de Vienne, spectatrice des malheurs de la Pologne et des pertes des Turcs, pouvoit seule en arrêter le cours; mais, appuyée par notre alliance : elle s'en est servie pour augmenter sa considération et son importance. Elle s'est fait également rechercher par les deux puissances, dont

---

*) C'est peut-être une des plus grandes fautes qu'on ait faite depuis la paix de 1762, que de laisser former ces liaisons, et sur-tout de ne pas prévenir la réunion de la cour de Vienne à ces deux puissances, en parlant au ministère autrichien avec ouverture, franchise et fermeté.

l'une avoit envahi la Pologne, et l'autre guettoit le moment d'en joindre à ses états la plus belle partie.

Ce fut le moment qu'on saisit pour engager la cour de Vienne à partager la dépouille. Elle y a été entraînée, forcée même s'il faut l'en croire. Elle a pu s'en faire prier, et sa conduite en a été d'autant plus adroite; mais enfin cette douce violence a rempli son objet, autant que ceux de la Russie et du roi de Prusse. Il s'agissoit pour eux d'achever tranquillement leur partage inique, et pour elle d'en avoir sa part; elle a réussi; et chacune des trois cours copartageantes a augmenté, cimenté par-là sa puissance fédérative.

La Russie est des trois celle qui va en recueillir les plus grands avantages. L'alliance de l'Autriche la met en état, et de ne plus craindre que celle-ci arrête ses progrès dans sa guerre contre les Turcs, et de redouter encor moins les restes du crédit que la France avoit eu jadis à la Porte. Ce crédit, quoique bien affoibli par le traité de 1756, auroit pu renaître et reprendre toute sa prépondérance, si la cour de Vienne eût agi de bonne foi et dans un concert intime avec celle de Versailles.

Voilà donc la Porte à sa discrétion, objet bien plus intéressant pour nous que la Pologne et la Suède. Nous voilà témoins de l'abaissement, et peut-être de la destruction de cet empire, qui seul, au nord-est de l'Europe, pouvoit balancer l'Autriche et la Russie, les tenir en respect et par notre influence, et par la crainte des diversions que nous pouvions toujours ou faire en sa faveur, on nous ménager de sa part.

Ce n'est pas là tout ce qui résulte d'avantages pour la Russie et de désavantages pour nous de cette alliance foudroyante entr'elle et la cour de Vienne : maîtresse par-là d'imposer à la Porte les conditions de la paix, celle de Pétesbourg va porter un coup fatal à notre commerce du Levant.

Il est menacé de déchoir à proportion des avantages que la Russie veut obtenir, et qu'elle arrachera vraisemblablement pour le sien dans la mer Noire. Elle ne se bornera point à ce commerce intérieur, qui cependant deviendra pour e¹ un objet de cabotage et d'échange fort lucratif, aux dépens du trafic qui se fait à Smyrne par les caravanes d'*Angora*, de *Sinope*, de *Trébisonde*, d'*Amasie*, et de toutes les côtes de la mer Noire, au nord de la Turquie asiatique. Elle extorquera au moins des *octrois* et des privilèges pour un certain nombre de *vaisseaux de registre*. Ils porteront dans les *Echelles* les productions de la Russie, de l'Angleterre même et de ses colonies; ils enlèveront leur part de celles de la *Natolie*, de la *Syrie* et de la *Perse*; et par cette nouvelle concurrence, ils en feront hausser le prix pour nos marchands, comme ils feront baisser celui de nos manufactures.

Mais continuons, et voyons si la Russie a quelque chose à craindre dans l'exécution de ses projets, de la part de quelqu'autre puissance.

Les deux qui auroient pu l'arrêter dans ses opérations de terre, sont l'Autriche et le roi de Prusse. Elle est liguée avec l'une et l'autre; et par conséquent, elle n'a plus rien à redouter de leur part, tant qu'elle restera étroitement unie avec elles.

L'intérêt commun semble être un garant sûr de la durée de cette union, au moins jusqu'à l'entier accomplissement du désir commun, c'est-à-dire, de prendre et de partager ensemble tout ce qui leur conviendra.

Il y a de l'étoffe de reste, elle ne manquera pas sitôt; et les apparences de quelques démêlés, relativement au partage actuel, semblent encore fort éloignées.

Les réclamations de la république de Pologne sont également méprisées des trois puissances co-partageantes: et ne peuvent former entr'elles aucun sujet de dispute.

Les plaintes amères du magistrat de Dantzick, de Thorn, et l'intercession en leur faveur des autres villes anséatiques, semblent avoir touché la cour de Russie, ou plutôt celle de Londres, qui a sollicité la première d'interposer ses bons offices auprès du roi de Prusse. Il est question en conséquence d'un congrès à Dantzick, et l'impératrice de Russie y a déjà nommé son ministre *) : mais on trouvera dans

───────────────
*) Le comte Iwan Golowkin, fils de celui qui a été si long-tems ambassadeur en Hollande où il est

l'entêtement du magistrat de ces deux villes, des prétextes pour ne leur accorder qu'une légère protection.

Celui de Dantzick a déjà manqué de confiance et d'égards pour le consul anglois qui avoit offert ses bons offices. Il ne se comportera peut-être pas mieux avec le comte Golowkin. Le roi de Prusse voulant tout avoir, et le magistrat tout garder, il en résulteroit vraisemblement la rupture du congrès; (supposé même qu'il soit assemblé) les cours médiatrices ou protectrices ne romproient point pour cela avec le roi de Prusse. L'impératrice de Russie, *justement indignée* du peu d'égards que la ville de Dantzick aura marqué pour sa médiation, l'abandonneroit au ressentiment tout aussi juste de ce monarque. Il feroit insulter un *ouvrage extérieur*; et au

---

mort, et où presque toute sa famille s'est établie. Le comte Iwan y est marié lui-même; mais le dérangement de ses affaires l'a obligé de se retirer en Russie où il est rentré seul de tous ses frères au service de cette cour, en qualité de conseiller d'état. C'est un bon et galant homme, mais si peu capable, que le choix du plénipotentiaire feroit soupçonner le futur congrès d'être encore une farce politique.

premier coup de fusil, la ville tremblante offriroit de l'argent ; on en demanderoit davantage : il faudroit bien le donner, et le roi de Prusse le partageroit avec l'impératrice de Russie.

Ainsi l'affaire de Dantzick ne seroit point une germe de discorde entre les cours copartageantes, (car celle de Vienne n'a ni prétexte ni intérêt de s'en mêler, à moins que ce ne fût pour partager aussi.) De ce côté donc, la Russie ne faisant point d'obstacle réel aux vues du roi de Prusse, il n'en fera point aux projets de la Russie, ni sur la mer Noire, ni sur la Baltique.

La Suède sans doute n'est pas sans intérêt à la guerre contre les Turcs, ni au traité de paix qui doit nécessairement les réduire si bas. L'ancien système de cette couronne faisoit partie du nôtre ; et par son alliance avec les Turcs depuis Charles XII, elle s'étoit flattée de balancer la puissance énorme de la Russie. Ce système a prévalu toutes les fois que la France et les *chapeaux* ont eu la supériorité dans *l'anarchie oligachique* qui avoit succédé au pouvoir absolu ; mais la Suède, toujours divisée, déchirée, n'en avoit recueilli aucun avantage réel.

Elle auroit cependant pu espérer après la révolution de ressusciter, pour ainsi dire, ce système par un nouveau traité avec la Porte. Il en a été question, du moins par les bruits publics : mais dans quelles circonstances entameroit-on cette négociation ?

Les Turcs, battus de tous côtés, poursuivis par les Russes au-delà du Danube, désolés dans la mer Noire, bloqués dans l'Archipel, renfermés dans les Dardanelles trahis, et peut-être bientôt attaqués par les Autrichiens, abandonnés de la France, ou foiblement secourus par de bons offices qui n'en imposent point par deux raisons: l'une que la France ne s'est pas mise en mesure pour secourir la Porte plus efficacement *);

---

*) Il auroit été très-facile de la secourir par mer, en coulant à fond la flotte russe à son arrivée dans l'Archipel. Il le seroit encore, sur-tout avant l'arrivée de l'escadre danoise qu'on annonce devoir joindre la première, et opérer conjointement contre les Turcs. Rien ne seroit plus instant que de prendre un parti à cet égard ; car la destruction de l'empire ottoman est le coup le plus funeste qui puisse arriver à la France, et

l'autre qu'elle paroît le vouloir encore moins que le pouvoir, tant que son alliance subsistera de nom avec la cour de Vienne, quoique *de fait* on ose dire qu'elle ne subsiste plus depuis le traité de partage; mais enfin le prétexte d'alliance, en n'empêchant point les Autrichiens de faire tout ce qu'il leur plaît, paroît tenir à la France les mains liées.

Dans cette position, de quoi pourroit servir à la Suède un traité avec la Porte? Divisée encore au-dedans, menacée au-dehors, ira-t-elle seule attaquer le colosse formidable de la puissance russe, étayé par celle des deux autres cours copartageantes? c'est ce qui n'est pas vraisemblable. Se bornera-t-elle à une ligue défensive? mais qu'en résulteroit-il pour les Turcs; que l'obligaition de secourir la Suède, si elle est attaquée, sans tirer d'elle aucun secours dans leur détresse actuelle? Et comment pourroient-ils désormais tenter en sa

---

bien plus important encore à parer que l'attaque de la Suède, d'autant que cette attaque ne sera que retardée pour être faite avec beaucoup plus de succès après l'anéantissement des Turcs.

faveur une diversion, lorsqu'ils seront séparés de la Pologne par une barrière impénétrable, et relégués vraisemblablement audelà du Danube?

Ce triste tableau n'est que trop fidèle; et d'après cet exposé, on ne voit pas que la Suède puisse seulement songer à croiser les projets de la Russie sur la mer Noire.

Ce seroit bien assez pour elle de pouvoir arrêter ceux de cette puissance sur la Baltique, en l'empêchant de l'attaquer incessamment; et malheureusement elle n'en est que trop menacée. Loin de trouver aucun appui dans son voisinage, elle en a tout à craindre (comme on croit l'avoir démontré aux chapitres de cette puissance) par l'alliance du roi de Prusse avec la Russie, et l'assujettissement du Dannemarck à cette dernière.

Par la même raison, la cour de Copenhague n'auroit garde de s'opposer aux projets de la Russie contre la Porte *). Ainsi,

---

*) On a toujours dû croire que le Dannemarck concourra au contraire au succès des projets russes; et si l'escadre danoise vient dans l'Archipel, à la solde de Catherine II, cela sera démontré.

de tout le Nord, la cour de Pétersbourg n'a plus à craindre aucun obstacle à l'accomplissement de ses vastes desseins.

Il est jusqu'à présent d'accord avec la cour de Vienne, et le sera long-tems encore, quoiqu'on puisse espérer d'une division entre les trois co-partageans. On a déjà observé, et peut-être prouvé, qu'il ne faudroit pas se laisser éblouir de cette flatteuse perspective.

Le Midi, on l'a déjà dit, est nul quant à présent à cet égard. Ces obstacles donc ne sauroient plus naître que de la part de l'Angleterre ou de la France.

La première sans doute sembleroit avoir le même intérêt que l'autre à prévenir la ruine totale de l'empire ottoman: cet empire est pour elle le siége d'un commerce riche et florissant. Elle n'en partage presque le bénéfice qu'avec nous ; et il paroît au premier coup-d'oeil qu'elle auroit également à craindre l'établissement de celui de Russie au Levant par la mer Noire : mais si l'on veut examiner et combiner d'autres rapports existans entre la Russie et l'Angleterre, on reconnoîtra que sa position et ses intérêts

à cet

à cet égard sont bien différens des nôtres. Mais ce sera l'objet d'un mémoire séparé dans lequel nous discuterons les motifs qui pourroient faire envisager à l'Angleterre comme avantageuses pour elle les concessions que la Russie auroit arrachées de la Porte, relativement au commerce de la mer Noire.

Si l'on avoit entrepris de les apprécier ici, on se seroit trop livré à des discussions commerciales et topographiques. Ces détails cependant, loin d'être trop étendus dans ce mémoire, pourront à peine y être effleurés.

Il étoit nécessaire de bien constater l'espèce d'intérêt que l'Angleterre pourroit prendre à la guerre présente entre la Porte et la Russie. Il falloit aussi calculer le degré de chaleur que la première pourroit mettre dans ses démarches à Pétersbourg et à Constantinople, pour amener par son crédit une conciliation. On a dû enfin développer et apprécier au juste les motifs généralement peu connus qui peuvent nourrir dans le cabinet de Saint-James une partialité secrète en faveur de la Russie. Il en existe une publique dans la cité de Londres. Les bruits, quoique peu vraisemblables, d'une alliance entre la France, l'Espagne et l'Angleterre, n'y avoient donné l'alarme que par la crainte des négocians que le commerce avec la Russie ne fût troublé ou compromis par cette alliance.

Un peuple, animé par l'amour du gain, est toujours éclairé par l'esprit mercantil. Libre de réclamer contre les fausses mesures de l'administration, celui de l'Angleterre s'y laisse rarement tromper, ou l'illusion ne dure pas long-tems. L'administration alors devient responsable des résultats en perte pour le commerce britannique, ou en gain pour celui des nations rivales. C'est le point le plus délicat, et sur lequel le ministre a le plus de ménagemens à garder.

En partant donc et des principes et des intérêts de l'Angleterre, comme puissance maritime et commerçante, du voeu de la nation et de la clameur populaire contre tout engagement désagréable à la Russie, on ne peut guère supposer que celle-ci ait quelque chose à craindre de la cour de Londres, pour l'accomplissement de ses projets dans la guerre contre les Turcs. Elle n'a pas non plus à se garantir de son influence dans la négociation de la paix. L'ambassadeur d'Angleterre à Constantinople y est, pour ainsi dire, le chargé d'affaires de la Russie *). Voilà donc la Russie dans une position brillante, victorieuse, assurée de tous côtés, réunissant et recueillant déjà les plus grands avantages de la puissance militaire et de la puissance fédérative. Il ne reste dans l'ordre des grandes puissances que la France seule qui soit véritablement intéressée à troubler, s'il se peut, son triomphe, et à tendre aux infortunés Ottomans une main secourable ; car pour la

---

*) Il peut arriver qu'un ambassadeur d'Angleterre suive momentanément une autre marche, comme l'a fait M. Murray en 1772, au premier instant de la ligue de la cour de Vienne avec celles de Berlin et de Pétersbourg ; mais il ne tarda pas à être redressé par milord Rochefort qui lui dévoila le véritable secret de la cour de Londres, en lui mandant que dès qu'un arrangement ou événement quelconque contrarioit les intérêts de la France et son système politique, il ne pouvoit manquer d'être agréable à sa majesté britannique, lors même que, sous un certain point de vue et à d'autres égards, il étoit accompagné de circonstances qui en elles-mêmes ne seroient pas agréables à l'Angleterre.

Pologne, c'est une affaire faite; il n'en est plus question; et s'il y arrivoit quelque changement, ce ne seroit pas en mieux pour les restes de la république.

Mais avant de conclure sur la position respective de la Russie à l'égard de la France, relativement à la puissance militaire et à la puissance fédérative, jettons encore un coup-d'œil sur ce vaste empire, et cherchons s'il joint ou peut joindre à ce double avantage celui de la puissance pécuniaire.

C'est, dit-on, son endroit foible. On sait que tous ses revenus ordinaires ne s'élèvent pas au-dessus de seize millions de roubles, quatre-vingt millions de France; et n'ayant point d'autres ressources que d'en augmenter quelques branches en forçant l'impôt d'un cinquième au plus, il n'est pas possible que ses plus grands efforts l'aient porté ou soutenu à cent vingt millions de notre monnoie. Comment, avec des moyens si bornés, la Russie a-t-elle et pourroit-elle encore long-tems soutenir le poids de ses entreprises, pousser la guerre contre les Turcs, la commencer contre la Suède, achever à main armée la dissolution de la Pologne; et pour remplir ces grands objets, entretenir et recruter trois flottes et quatre armées ; faire en même tems des acquisitions de galeries, de cabinets, de bibliothèques ; donner des commissions dans toute l'Europe pour des articles de luxe et de magnificence, et bien payer le tout ; enfin, prêter journellement de grosses sommes aux seigneurs et grands propriétaires, pour n'en recevoir le remboursement qu'en plusieurs termes éloignés ? Cela n'est pas concevable. ,, Elle n'a ,, point, ajoutera-t-on, les autres ressources ,, connues des autres états de l'Europe, c'est ,, de se soutenir dans un état forcé de guerre ,, ou de dépense par des emprunts continuels. ,, La nation entière n'étant composée que de ,, nobles et d'esclaves, et ceux-ci faisant ,, toute la richesse de ceux-là, l'état peut à ,, peine tirer des propriétaires quelques nou- ,, veaux secours par un surcroît de capita- ,, tion et par une augmentation de recrues ; ,, mais le numéraire étant aussi rare qu'il ,, l'est dans l'intérieur du pays, l'industrie ,, languissante et la circulation presque nulle ; ,, la Russie n'ayant pas de corps représenta- ,, tifs ou municipaux, parce qu'elle n'a point

,, de tiers-état; point de compagnies de finan-
,, ciers, ressource toujours onéreuse, mais
,, quelquefois utile, quand elle est bien ad-
,, ministrée; et les gros négocians qu'elle a
,, dans ses états, y étant presque tous étran-
,, gers, isolés, sans aucun intérêt à la chose
,, publique, comment pourroit-elle suppléer
,, par des emprunts à l'excédent de sa dé-
,, pense? Il faut donc qu'à la fin elle soit
,, épuisée, ruinée, sans crédit, sans res-
,, sources, et qu'une impuissance totale lui
,, fasse tomber les armes des mains ".

Oui, sans doute, à la fin, c'est-à dire, lorsqu'en effet elle n'auroit plus de ressources, et ce moment peut-être arriveroit au bout de deux ou trois campagnes: mais on l'a déjà dit, il ne lui en faut pas tant pour achever l'exécution de tous ses projets.

Celle-ci contre les Turcs sera vraisemblablement la dernière. Il faudra bien par force que la Porte, accablée par la Russie, et menacée par la cour de Vienne, sans appui, sans espoir du côté de la France, plie sous le faix de l'adversité et se soumette aux conditions qu'on voudra lui imposer *).

---

*) On croit pouvoir supposer que la cour de Vienne

Il ne faudroit aussi qu'une campagne à la Russie, de concert avec le Dannemarck, pour écraser la Suède, et la remettre par une nouvelle révolution sur le même pied qu'elle étoit sous le feu roi Adolphe-Frédéric, ou en chasser Gustave III ; (car on ne pourroit plus se fier à lui, et il ne voudroit lui-même se fier au sénat, ni à la cour de Pétersbourg,) et peut-être pour abréger, mettre ce royaume en république *).

A l'égard de la Pologne, la force achèvera encore plutôt ce qu'elle a commencé ; et puisque les trois co-partageans s'obstinent à vouloir y mettre de la forme, il est très-apparent qu'ils auront aussi cette satisfaction.

---

commencera par aider sous main les Russes cette année, et que si les Turcs ne succombent pas, elle ira plus loin l'année prochaine, en joignant réellement ses troupes à celles des Russes. On suppose également que la France laissera les flottes danoises, réunies à celles que Catherine II a déjà dans l'Archipel, attaquer vigoureusement les Dardanelles. Il seroit fort à désirer que ces suppositions fussent fausses, par les raisons qui ont souvent été répétées.

*) Si cette entreprise ne peut avoir lieu pendant la guerre avec la Turquie, on ne doit pas moins en prévoir la possibilité, et s'attendre qu'elle sera exécutée aussitôt après la conclusion de la paix avec la Porte.

Peut-être en ce moment l'ouvrage est consommé. On a pris pour cela le meilleur moyen; c'est-à-dire, de former la diète en confédération ; les nonces en petit nombre qui s'y trouvent, enfermés, entourés d'une triple armée, et gardés à vue jusques dans leurs maisons, sont ou gagnés d'avance, ou forcés de céder à la violence pour sauver leur vie ou leur liberté. La pluralité se conformera aux vues des trois puissances ; et dans une diète tenue *sub vinculo confoederationis*, la pluralité décide. Les trois co-partageans n'auront plus qu'à faire publier, chacun de son côté, les décrets de cette diète jugulée. Ils sont exécutés d'avance ; le partage est fait, et chacun des trois est en possession. Alors, armés du droit pour soutenir le fait, ils traiteroient de rébelle quiconque oseroit réclamer contre le partage, et refuser l'hommage ou le serment de fidélité ; son procès lui seroit fait ; et s'il étoit pris, il pourroit bien servir d'exemple. (La diète de Hongrie, et les échafauds d'Epéries, en 1687, en sont de terribles pour toute nation qu'un voisin puissant veut subjuguer.) S'il étoit en fuite, ses biens confisqués, sa famille à l'aumône, et lui-même, errant et mendiant dans les cours étrangères, apprendroient au reste de la Pologne à plier sous le joug. Tout cela, on le répète, est presque fait; et dans six mois au plus tard, il n'y aura rien à faire.

Alors la Russie n'aura plus besoin de tenir une armée en Pologne. La paix avec les Turcs, ou déjà faite ou bien avancée, la mettra aussi en état de retirer beaucoup de troupes de cette frontière, et de les faire marcher en Livonie et en Esthonie, pour faire à Reval un embarquement parallèle à celui de Cronstadt, si même elle attend tout cela pour attaquer la Suède qui seroit alors sans ressource.

Mais pour l'exécution entière de ce grand plan de la Russie, il lui reste encore plus de moyens et de ressources pécuniaires que ne lui en supposent peut-être des gens intéressés à se flatter là-dessus.

Elle en a déjà trouvé, elle en trouvera encore; c'est ce qu'il seroit aisé de prouver ici. On renvoie cette discussion à un second mémoire séparé. Il servira de réponse aux objections qu'on s'est faites d'avance, et qu'on a promis de résoudre. Cette réponse établira en même tems, que la Russie, dans l'état actuel, et pour deux ou trois années encore, jouit à certains égards de tous les avantages de la puissance pécuniaire, ou du moins qu'elle peut les puiser dans une proportion suffisante à ceux de la puissance militaire et de la puissance fédérative.

Dans cette supposition, il ne nous reste plus qu'à bien apprécier les rapports directs qui forment actuellement la position respective de la Russie avec la France.

S'il en falloit juger par les apparences flatteuses que présente toujours, après une longue froideur, le rapprochement de deux grandes cours, par les complimens, les égards réciproques de cérémonie et d'étiquette, par l'envoi d'un ministre et la nomination d'un autre, il sembleroit peut-être que la France et la Russie ne seroient pas éloignées de se réunir: mais si d'un autre côté on réfléchit sur l'opposition des vues équitables et pacifiques du roi avec les projets ambitieux et injustes de l'impératrice de Russie; si l'on considère qu'elle en a déjà exécuté une bonne partie, et que les circonstances lui présentent de toutes parts les plus grandes facilités pour achever de les remplir, on verra bientôt disparoître cette espérance.

L'impératrice de Russie ne trouve pas moins dans les foiblesses de l'amour-propre que dans les calculs de l'ambition des raisons de chérir ses vastes projets, et d'en presser l'entière exécution. Persuadée que la gloire, l'éclat, la célébrité, c'est la même chose, elle n'a rien épargné pour en confondre les idées aux yeux de l'univers; et il lui est arrivé ce qui arrive presque toujours, c'est-à-dire, de partager elle-même l'illusion.

Avec tous ces motifs d'intérêt et de persuasion, il paroît difficile que toute l'éloquence et la dextérité d'un ministre étranger puisse amener cette princesse à reconnoître la monarchie de Suède, encore moins à rétablir la république de Pologne, ou à modérer dans les négociations de la paix ses prétentions sur la dépouille de l'empire ottoman.

Son orgueil sans doute a dû être flatté d'une démarche à laquelle peut être elle ne s'attendoit plus de la part de la France *);

---

*) On croit que le moment d'envoyer un ministre en Russie auroit pu être différé; mais le choix étant tombé

mais on ne doit pas présumer qu'elle en ait été fort touchée : les complimens se paient en complimens, et il est à croire qu'on ne nous les aura pas épargnés. L'ivresse du système de 1756 nous avoit fait faire une pareille avance dans un tems où du moins les mesures et les sentimens qu'on avoit adoptés étoient précisément les mêmes à Vienne et à Pétersbourg. Le succès de cette démarche n'étoit pas douteux, parce qu'on n'alloit rien proposer à l'impératrice Elisabeth que ce qu'elle désiroit de tout son coeur, aussi bien que Marie-Thérèse, c'étoit d'écraser le roi de Prusse. Ici nous avons à combattre dans le cabinet de Pétersbourg, et cet ennemi mal réconcilié qui s'y est acquis une si grande influence, et notre ancienne alliée qui nous a presque quitté, et l'impératrice de Russie, et son ministère, et toute la nation. Echouer contre tant d'obstacles, c'est l'ordre naturel ; les surmonter tous, seroit un miracle.

---

sur un homme sage et éclairé, on en tirera toujours l'avantage d'être mieux instruit des projets de cette puissance, et peut-être en découvrira-t-on qu'il seroit très-utile de pénétrer.

Nous n'avons cependant que la voix de la persuasion. Celle de la force n'étoit praticable que par une puissante et prompte diversion ; elle ne pourroit avoir lieu que par mer. On ignore les raisons qui apparemment ont empêché de tenter ce moyen et plutôt et plus à propos, c'est-à-dire, lors des premières hostilités des Russes dans l'Archipel, ou même auparavant, par un traité de neutralité pour la Méditerranée, dont on auroit proposé à la cour de Londres d'être arbitre et garante *).

Si la partialité déclarée de l'Angleterre en faveur de la Russie l'avoit engagée dès lors à rejetter cet expédient, on n'a pas dû se flatter depuis qu'elle changeroit de principes, d'affections, d'intérêts au gré de nos désirs. Au contraire, on a dû s'attendre que toute démonstration de notre côté, tendante à exécuter cette diversion tardive, seroit aussi-tôt

---

*) On prétend que ce traité a été proposé depuis peu, et qu'il a été refusé par l'Angleterre. Si cela est, et que cette puissance permette à toutes les autres nations d'envoyer leurs flottes dans toutes les mers, et en interdire la liberté à la France seule, que ne doit-on pas craindre de cette despoticité à notre égard ?

suivie d'une contre-démonstration de la part de l'Angleterre. C'est ce que nous discuterons à l'article de cette puissance. Résumons à présent la position respective de la Russie à l'égard de la France.

De tout ce qu'on vient d'exposer et d'analyser, il résulte :

1°. Qu'il y a peu ou point d'apparence d'une révolution en Russie ;

2°. Que si, contre toute attente, il en arrivoit une, elle ne changeroit rien au système de cette cour ;

3°. Que la Russie victorieuse et menaçante de tous côtés est en état de soutenir encore quelque tems ce pied formidable de puissance militaire ;

4°. Que son alliance avec la cour de Vienne et le roi de Prusse l'a mise au plus haut point de la puissance fédérative ;

5°. Que des trois grandes puissances qui auroient pu arrêter ses progrès contre les Turcs, elle n'a rien à craindre de l'Autriche ni du roi de Prusse ligués avec elle, et fort peu de la France qui paroît au contraire la ménager et la rechercher ;

6°. Qu'elle trouvera par conséquent peu ou point d'obstacles à l'accomplissement de ses projets particuliers dans la négociation de la paix avec la Porte; qu'il est même très-apparent qu'elle en dictera les conditions, et que l'influence de la France, autrefois si prépondérante, sera ou foible ou nulle dans cette pacification;

7°. Que si la Russie cherche ses avantages dans l'exécution de ces mêmes projets, les deux autres co-partageans ont aussi leurs raisons pour y conniver; que l'intérêt commun et présent semble être un garant trop sûr de leur union, du moins jusqu'à l'entier accomplissement de leurs desseins respectifs; et que par conséquent l'espoir d'une dissension prochaine entre ces trois puissances ne semble fondé que sur le désir qu'on en a conçu.

8°. Que la Suède, bien loin de pouvoir mettre un poids dans la balance entre la Russie et la Porte, ne prendroit avec celle-ci que des engagemens dangereux à former, impossibles à remplir, et que de son côté, l'empire ottoman, isolé désormais de la Pologne, n'auroit plus avec la Suède aucune ligne de communication ; que celle-ci auroit assez à faire de se garantir de l'attaque dont elle est menacée ; enfin, que toutes les assurances et les déclarations de la Russie à cet égard, données ou à donner, ne signifient rien du tout, tant qu'elle restera puissamment armée sur la Baltique ;

9°. Que loin de s'opposer aux projets de la Russie, la cour de Copenhague assujettie depuis long-tems à son influence, ne sera vraisemblablement qu'un instrument de plus pour leur exécution ;

10°. Que l'Angleterre, considérée comme première puissance maritime et commerçante, n'a aucun intérêt réel à croiser les desseins de la Russie sur la mer Noire et sur la liberté du commerce du Levant ; que même elle a peut-être des motifs assez bien fondés pour les favoriser sous main, puisqu'il n'en résulteroit aucun détriment pour elle qui ne fût balancé par un accroissement, et qu'au contraire tout le préjudice en retomberoit sans compensation sur le commerce de la France dans la même partie ;

11°. Qu'en partant des mêmes principes et intérêts de l'Angleterre, de la partialité qu'elle a montrée jusqu'à présent pour la Russie, du voeu de la nation et de la clameur populaire, il ne paroît possible, ni même vraisemblable que le ministère anglois puisse entrer dans aucunes mesures contraires aux vues de la Russie, et moins encore contracter des engagemens qui s'y trouveroient diamétralement opposés;

12°. Que si la Russie n'a pas des revenus proportionnés à son étendue, ni la faculté des moyens extraordinaires usités par d'autres puissances, elle a su et saura se faire encore des ressources, au moins pour une ou deux campagnes, et qu'à cet égard elle jouit aussi, dans l'état actuel, de tous les avantages de la *puissance pécuniaire*;

13°. Qu'il ne faut en effet, à la Russie, qu'une ou deux campagnes pour remplir toute l'étendue de son plan actuel, même beaucoup moins pour l'accomplissement de ses desseins sur la Pologne; que dès-à-présent ceux qu'elle a daigné avouer, de concert avec les deux autres co-partageans, peuvent et doivent être regardés comme exécutés; enfin que si la Russie, toujours d'accord avec ses deux alliés, avoit des projets ultérieurs, même pour la dissolution entière de la république, son objet seroit aussi-tôt rempli;

14°. Qu'avec tant d'avantages réunis pour pousser ses opérations guerrières et politiques, on doit peu se flatter de réussir à l'en détourner par la persuasion;

15°. Que la voie des négociations avec l'Angleterre auroit pu et dû être tentée dès le commencement pour en arrêter le cours, au moins dans la Méditerranée; que si la tentative en fut faite alors sans succès, on n'a pas dû dans ces derniers tems s'en promettre davantage;

16°. Que la voie de la force, par une puissante et prompte diversion, auroit été le moyen le plus sûr ou le plus praticable d'arrêter ce torrent ou d'en modérer l'impétuosité; mais que cette diversion ne pouvant avoir lieu que par mer, elle n'auroit pu réussir qu'autant qu'elle auroit été imprévue, subite et vigoureuse; que si pour la tenter on avoit attendu le consentement ou le concours de l'Angleterre, on se seroit beaucoup trop flatté; enfin, que par cette raison on n'auroit peut-être pas dû faire une démonstration dès qu'on n'étoit pas déterminé à la réaliser.

Mémoire séparé, *pour servir de Supplément à l'Article de la Russie.*

On a promis de discuter ici dans un plus grand détail les motifs qui pourroient faire envisager à l'Angleterre comme avantageuses pour elle même, les concessions que la Russie auroit-arrachées de la Porte, relativement à la mer Noire.

Commençons par établir les motifs de la Russie pour désirer et pour extorquer ces concessions, et les regarder même comme le fruit le plus précieux de sa victoire.

On l'a déjà dit : la guerre actuelle de la Russie contre les Turcs est à cet égard une guerre de commerce. Il s'agit d'exécuter enfin le premier projet de Pierre-le-Grand, ce projet favori qu'il fut forcé d'abandonner pour un tems en 1711 par le traité de Pruth, mais que lui ni ses successeurs n'ont jamais perdu de vue : c'est de s'ouvrir par la mer de Zabache un débouché dans la mer Noire, et de-là avec les nations franques parmi lesquelles la Russie n'avoit jamais été comptée.

Ce commerce même pouvoit et devoit en fort peu de tems devenir un prétexte et un acheminement à de plus grands desseins ; maîtres une fois d'un port dans la mer Noire, les Russes y pouvoient faire des armemens redoutables, et y former une marine militaire dès qu'il se seroit élevé entre la Porte et la cour de Pétersbourg de nouveaux démêlés auxquels le commerce même auroit donné lieu. Celle-ci n'auroit pas manqué de prévenir les Turcs toujours mal préparés par mer et par terre. Une flotte russe chargée de troupes de débarquement auroit paru sur la mer Noire, et graces à l'ignorance, à l'indolence des Ottomans, auroit devancé le bruit même de son départ. Elle auroit bloqué, peut-être forcé le canal de la mer Noire qui fait de ce côté la seule défense de Constantinople. Dans le premier cas, elle auroit réduit cette capitale aux plus grandes extrémités de la disette et de la révolte : dans le second, rien ne l'auroit empêchée d'écraser et de brûler le sérail même. Le divan n'auroit eu dans les deux cas d'autre ressource que de racheter la capitale par des contributions immenses, et par toutes les autres conditions qu'il auroit plu à la Russie de lui imposer. Tous les différens intérêts de l'ambition se trouvoient donc réunis pour la Russie dans ses vues sur le commerce de la mer Noire.

La cour de Pétersbourg a toujours été si attachée à ce projet, qu'en 1760 elle avoit tenté de le faire réussir par l'entremise de la France ; et voici comme elle s'y prit.

Au plus fort de l'alliance et de l'intimité entre la France et la Russie, un des appâts qu'elle nous présenta pour prolonger l'erreur et l'illusion, fut celui d'un traité de commerce entre les deux puissances. La négociation en avoit été entamée plus d'une fois. On la reprit alors, ou pour mieux dire on fit semblant de la renouer ; car au fond elle n'a jamais été ni pu alors être sérieuse. Peut-être s'en est-on laissé flatter de nouveau ; et avec ce projet, on aura si l'on veut de quoi s'amuser encore long-tems ; mais le ministère de Pétersbourg avoit un objet réel et solide.

Il chercha donc à se prévaloir de la négociation d'un traité de commerce, pour nous insinuer *que nous pourrions en établir une branche considérable par Constantinople et la mer Noire, avec les provinces méridionales de la Russie.*

Il falloit pour cela le consentement de la Porte, et *c'étoit à nous à le demander.* Le piége étoit grossier; car si nous avions réussi contre toute attente, ce n'auroit pas été pour nous, mais pour la Russie. Elle ne cherchoit qu'un moyen d'accoutumer les Turcs à voir un pavillon étranger passer et repasser le canal de la mer Noire; et, sous le prétexte du commerce avec la France, c'étoit sa propre navigation qu'elle auroit établie sur cette mer. Si au contraire nous avions été refusés, comme il y avoit lieu de le croire, nous aurions fait en pure perte auprès de la Porte une démarche qu'elle auroit regardée comme une preuve de partialité en faveur de la Russie, et de connivence à ses projets sur la mer Noire. Les Turcs en étoient si jaloux que cet office de notre part nous en auroit rendu auprès d'eux le plus mauvais possible; et à ce *pis aller*, la Russie n'auroit pas perdu ses peines, elle auroit du moins rempli un de ses grands objets ; c'étoit de saper d'autant notre crédit à la Porte.

Tout est changé depuis, et ces artifices ne lui sont plus nécessaires à notre égard. Le sort des armes a décidé: elle exige hautement ce qu'elle avoit besoin alors d'obtenir par surprise. Nous parlerons ailleurs d'une autre puissance qui n'est pas non plus sans projets sur le même commerce de la mer Noire. Il est vraisemblable que pour en obtenir le concours dans toutes ses mesures, la cour de Pétersbourg se prêtera de son côté aux désirs d'un voisin et d'un allié si puissant, et cette nouvelle concurrence avec notre commerce du Levant, en diminuera encore la masse et le produit.

Mais l'Angleterre ne peut pas avoir les mêmes craintes. Elle a aussi des raisons particulières de ménager la Russie qui n'ont rien de commun avec les intérêts de son commerce du Levant, et qui portent sur un objet encore plus intéressant pour elle, comme puissance maritime *).

---

*) C'est ce qu'on demande la permission de développer dans une certaine étendue. Ces détails roulent

La France a le commerce du Levant; elle n'a point celui du Nord, puisqu'il n'existe plus pour elle de navigation directe dans la Baltique, et que l'exportation de ses denrées ou manufactures pour cette mer se fait par les navires hollandois, suédois, danois, hambourgeois, anglois même, ainsi que l'importation de toutes les marchandises qu'elle tire du Nord.

L'Angleterre au contraire a le commerce du Levant et celui du Nord. Ce dernier est à-peu-près libre à toute la nation, quoiqu'en partie il se fasse encore sous le nom de la compagnie de Russie. Celle-ci n'embrasse que l'étendue de ce grand empire: la Suède et le Dannemarck ne sont point compris dans son octroi; mais quoique les Anglois fassent aussi dans ces deux pays un trafic

---

sur des faits généralement peu connus, du moins dans les différentes branches de notre administration, relatives au commerce extérieur, soit par mer, soit par terre. C'est une partie d'un corps d'observations et de recherches faites sur les lieux, tant en Russie qu'en Angleterre, et appuyées sur des documens puisés aux sources les plus pures qui n'ont pas été également accessibles pour tout le monde.

trafic avantageux et considérable, la branche la plus importante de leur navigation au Nord, est celle qu'ils ont établie en Russie depuis 200 ans.

Ce commerce ne se faisoit autrefois que dans le port d'Archangel, les Russes n'ayant point encore percé dans la Baltique. Il étoit déjà très-considérable, malgré l'inconvénient de faire un grand tour pour doubler le cap-nord, et s'élever jusques dans les mers glacées vers le pole arctique : mais depuis que Pierre I eut fondé Pétersbourg et conquis la Livonie, cette nouvelle capitale et les ports de Riga, Reval et Narva, furent pour les Anglois autant d'échelles dans cette vaste domination où ils firent bientôt un commerce plus grand, plus lucratif que celui du Levant, et sur-tout plus utile, plus analogue à la constitution maritime de leur puissance nationale.

Ils importent en Russie les produits du sol et des manufactures de trois royaumes, des colonies angloises et du commerce des deux Indes. Ils y joignent les denrées du crû de toute l'Europe, et sur-tout de la France qu'ils viennent chercher jusques dans nos ports, et sur lesquelles ils gagnent le bénéfice du fret et du commerce d'économie.

Ce qu'ils tirent de Russie en retour de ces importations, consiste principalement en marchandises et munitions navales, comme bois de construction, mâtures, fers, chanvres, goudron, etc. Ils font même fabriquer dans le pays une partie des matières premières à deux tiers moins de frais que ne leur coûteroit la main-d'oeuvre en Angleterre; ils ont dans l'intérieur de la Russie des maisons établies à Moskow, Wologda, à Tula, à Jaroslaw, à Casan, dans Astracan même d'où ils poussent leur commerce jusques dans la mer Caspienne; des fabriques régies par des facteurs et des commis anglois, de voiles, de cordages, d'ancres et de toutes sortes de gros ouvrages en fer fondu, battu et même en cuivre, pour l'usage de leurs arsenaux, de leurs chantiers et de leurs propres manufactures.

Le bénéfice de l'Angleterre sur tous ces objets est immense; mais le plus grand avantage qu'elle en recueille, c'est d'avoir en Russie à sa disposition la source inépuisable de tout ce qui peut servir à la création, à la réproduction et à l'augmentation d'une marine, tant militaire que marchande. C'est ce commerce de Russie qui fournit à l'Angleterre l'aliment et le véhicule de tous les autres ; c'est lui qui la met en état d'entretenir et de renouveller sans cesse une masse de navigation la plus considérable qui ait jamais existé.

Ajoutons que ce grand et riche commerce est tout actif pour l'Angleterre, et purement passif pour la Russie, et qu'ainsi la première a pour elle tout le bénéfice net de la commission, du fret, du change, et même en partie de la main-d'oeuvre, comme on l'a expliqué ci-dessus.

Il faut prévoir toute objection et y répondre d'avance d'après ce principe; nous en discuterons une qui se présente : la voici.

Malgré tous les désavantages d'un commerce passif, la Russie tire tous les ans de l'Angleterre une balance en espèces ou matières d'or et d'argent, évaluée à un million de roubles (cinq millions de France) en tems de paix, et de sept millions et demi de notre argent en tems de guerre. Par conséquent, si ce commerce est précieux pour l'Angleterre, il ne l'est pas moins pour la Russie, et celle-ci doit par cette raison ménager autant l'autre, et avoir pour elle beaucoup de déférence.

La réponse est aisée. Le commerce entre la Russie et l'Angleterre est un de ces marchés où les deux parties gagnent chacune des deux côtés; ce sont les bons, et à la longue les seuls qui tiennent. La balance paroît forte en faveur de la Russie, mais voici la compensation.

Avec les matières et marchandises navales tirées de la Russie, qui servent à la construction, aux agrêts et à l'armement des vaisseaux marchands, l'Angleterre gagne un bénéfice de fret du double plus fort que ce qu'il lui en coûte pour faire en espèces ou matières la balance en question; et ce fret n'est pas pris sur elle-même, mais sur l'Espagne, le Portugal, l'Italie, la France, l'Allemagne et le Nord, et la Russie même avec qui l'Angleterre fait un commerce actif et un commerce d'économie.

Celle-ci donc gagne autant et plus que la Russie à la continuation et à l'affermissement de ce commerce. Il est donc encore plus précieux pour elle que pour la partie passive qui gagne en apparence, mais qui perd en effet, comparativement et relativement en ce qu'elle gagne beaucoup moins qu'elle ne feroit, si son commerce étoit actif ou du moins réciproque. Observons de plus que la Russie pourroit faire, avec toute autre nation commerçante, ce gain apparent; et qu'elle est dans le même cas avec la Hollande et les villes anséatiques qui n'y perdent pas dans leur proportion plus que l'Angleterre, mais celle-ci absorbe au moins les trois quarts de ce bénéfice. Elle a par conséquent autant d'intérêt pour le moins à ménager la Russie, que celle-ci à vivre avec l'Angleterre en bonne intelligence.

D'après cet exposé, il est clair que cet intérêt, comme tous ceux de cette nation, ne peut dériver que de son commerce.

Elle a comme nous celui du Levant; elle en partage avec la France la plus grande portion; et celle-ci, malgré ses malheurs et ses pertes dans les deux dernières guerres, en tire encore la plus grosse part du bénéfice: mais elle n'a point le commerce du Nord, et au contraire l'Angleterre fait pour les trois quarts celui de Russie. Ce dernier lui est donc plus précieux que l'autre ; elle a un intérêt plus fort, plus prochain à le conserver, à l'augmenter, même par des octrois, des priviléges qui seroient le prix de quelques nouvelles complaisances de sa part, relativement par exemple aux projets de la Russie sur la mer Noire.

Si donc il devoit résulter de leur exécution quelque désavantage pour la compagnie angloise de Turquie, il en reviendroit aussitôt quelqu'avantage à celle de Russie. Nous en avons déjà indiqué un moyen, lorsque nous avons avancé que la Russie une fois admise à la navigation de la mer Noire pourroit importer au Levant, outre ses propres marchandises, celles d'Angleterre et des colonies. Sans doute cette concurrence porteroit à la compagnie de Turquie un préjudice considérable, mais aucun réel à la nation, à la masse de son commerce ; ce que cette compagnie perdroit d'un côté, la compagnie de Russie le gagneroit de l'autre.

Et de ce bénéfice sur les marchandises d'Angleterre et des colonies qui seroient importées au Levant par la Russie et la mer

Noire, il ne faut pas croire qu'il en restât beaucoup à la Russie; les Anglois établis dans ce pays-là y ont leurs factoreries, leurs comptoirs, leurs magasins, et comme on l'a dit, leurs fabriques. Ils ne laisseroient gagner aux nationaux que le fret au plus de quelques bateaux pour la navigation intérieure; encore sauroient-ils faire construire et naviguer pour leur propre compte de meilleurs bâtimens jusques sur la mer Noire; peut-être, que sait-on? obtenir de la Russie sur cette mer un entrepôt dans les conquêtes ou dans la Crimée restée indépendante, (comme autrefois les Génois avoient su s'emparer de Caffa, et s'y maintenir sous les empereurs grecs) et de-là donner la main sous le pavillon de Saint-George à leurs compatriotes du Levant; car alors pour prévenir ou terminer les différends qui pourroient s'élever entre les deux compagnies angloises, le moyen le plus sûr seroit d'en faire une *coalition* *).

---

*) C'est ainsi que, d'après un mot latin, les Anglois appellent la réunion de deux corps ou de deux partis en un seul.

Ce ne seroit pas la première fois qu'on auroit vu des facteurs anglois arborer le pavillon national sur des mers intérieures et séparées de l'Océan par un continent immense.

Pendant la guerre de 1744 entre la France et l'Angleterre, celle-ci profita de ses liaisons étroites avec la Russie pour en obtenir la permission d'établir un commerce direct et une navigation angloise en Perse par la mer Caspienne ; elle y fit la traite des soies et des autres marchandises précieuses du Gilan, du Mazanderan, et de tout le nord de ce royaume. Elle y avoit formé une factorerie à Meschec, et poussé des caravanes jusques dans la grande Tartarie à Bolkara et à Samarcande.

Les capitaines Elton et Woodrofe firent construire dans le Wolga des navires plus forts que les Russes n'avoient osé enimaginer ; ils les firent manoeuvrer avec une légéreté jusqu'alors inconnue à cette nation encore demi-barbare en son intérieur. Ils déployèrent sur cette mer le pavillon anglois, et le rendirent redoutable à Nadir-Schach ou Thamas Kouli-Kan. Ils se firent rechercher de ce conquérant habile, qui avoit aussi de grandes vues pour le commerce et pour la marine. Il prit à son service le capitaine Elton, et lui fit lever avec le capitaine Woodrofe la seule bonne carte qu'on ait de la mer Caspienne.

Ces progrès, il est vrai, furent poussés trop loin ou trop rapidement, et les Anglois en abusèrent. Elton construisit pour Schach une flotte sur cette mer, et en fut l'amiral. La cour de Pétersbourg en prit de la jalousie, et l'impératrice Elizabeth révoqua l'octroi qu'elle avoit accordé; mais sous Catherine II, par le renouvellement du traité de commerce, la compagnie angloise a obtenu de nouveau à peu de chose près les mêmes avantages. Si elle n'en a pas beacoup profité, les troubles de la Perse qui en ont dévasté les provinces septentrionales, ont été jusqu'à présent la seule cause de cette négligence apparente. Supposons seulement (ce qui est très-vraisemblable) que pour le prix de sa déférence aux désirs de la Russie, l'Angleterre en obtienne pour la mer Noire les mêmes priviléges qui lui avoient été accordés pour la mer Caspienne, alors bien loin de perdre à l'abaissement des Turcs, elle auroit beaucoup gagné. La compagnie angloise pourroit faire sur le Don les mêmes constructions qu'elle avoit faites sur le Wolga. Elle y trouveroit à la paix grand nombre d'ouvriers, de matelots, et même d'officiers anglois *), tous portés pour l'établissement de cette navigation ; et sans beaucoup de frais, cette branche de commerce pourroit être mise dans peu en pleine activité.

D'après cet exposé, on doit juger si réellement les intérêts de l'Angleterre sont les mêmes que les nôtres dans le commerce du Levant, relativement à l'entrée des Russes dans la mer Noire, et à la liberté de naviguer et trafiquer, soit dans les ports de cette mer, soit dans les Echelles, par le canal de Constantinople.

On peut même en déduire une triste conséquence ; c'est que la France y perdroit seule et beaucoup, mais que l'Angleterre

---

*) C'est à *Azof*, à *Woronetz*, à *Taganrok*, dans le Don et sur la mer de *Zabache*, qu'on arme la flotte dont l'amiral anglois, Knowles, est allé prendre le commandement. Loin d'être en disgrace pour cette espèce de défection, il a été comblé de graces en Angleterre, et sa fille nommée fille d'honneur de la reine.

pourroit y gagner considérablement. Elle s'ouvriroit, sous le nom de la Russie, ou même sous son propre pavillon, un nouveau débouché moins coûteux pour ses draps, ses clincailleries, les productions de ses colonies, et tout ce qu'elle tire par la voie de Cadix de l'Amérique espagnole. La navigation d'Angleterre à Pétersbourg est regardée par les Anglois comme une promenade. Celle qui se fait intérieurement de cette capitale par les grands fleuves jusqu'aux deux mers Noire et Caspienne, est longue, mais facile, sûre, et le fret en est à bas prix. Les marchandises déclarées pour transit par cette voie, seroient exemptes de tous droits ou n'en paieroient que de très-modiques, comme celles destinées pour la Perse. Ainsi tout inviteroit le commerce anglois à se porter dans ce nouveau canal, tandis que tout en rejette celui de la France. ,,Peut-être, di-
,,ra-t on, le commerce de la mer Noire étant
,,une fois ouvert aux Russes, il seroit alors
,,de la politique turque de l'ouvrir également
,,à toutes les nations franques déjà établies
,,au Levant; et alors les François en recueil-
,,leroient les mêmes avantages que les An-

„ glois ; ils conserveroient la même supério-
„ rité en nombre de vaisseaux et en masse
„ d'envois et de retours qu'ils ont depuis
„ long-tems sur toutes les autres nations
„ dans le commerce du Levant, et l'épargne
„ sur le fret qui resulte de la proximité : donc
„ au lieu de perdre à la liberté générale du
„ commerce de la mer Noire, la France y
„ gagneroit, et plus que l'Angleterre ".

Oui, *peut-être*, et c'est fort bien dit ; car assurément ce *peut-être* doit avoir été prévu et par la Russie et par l'Angleterre ; l'une et l'autre se sont arrangées pour qu'il ne puisse pas avoir lieu. On voit trop que ces deux puissances agissent parfaitement d'accord, et l'on sent trop dès-à-présent qu'elles donnent la loi. Ce seroit par un privilége exclusif qu'elles se feroient admettre, l'une explicitement, et l'autre au moins implicitement au commerce de la mer Noire. Il faut bien supposer ce but à une partialité aussi déclarée, aussi soutenue que celle de l'Angleterre pour la Russie.

En partant de cette supposition plus que vraisemblable, l'énigme est devinée ; et l'on découvre clairement le motif de la connivence de l'Angleterre aux mesures et aux prétentions de la Russie, relativement à la liberté de navigation et de commerce dans la mer Noire.

SECOND MÉMOIRE *séparé, pour servir de Supplément à l'Article de la Russie.*

ON s'est engagé à prouver que, pour continuer et pousser la guerre en Pologne et contre les Turcs, la Russie a eu plus de moyens et de ressources pécuniaires qu'on ne lui en suppose communément; que pour achever la dernière, et même pour en commencer peut-être une autre contre la Suède, elle en a encore et peut s'en procurer du moins assez pour les besoins d'une ou deux campagnes.

Il faut premièrement répondre à l'objection qu'on s'est faite d'avance. Elle porte sur l'insuffisance des revenus de la Russie. Voici cette réponse divisée comme l'objet en plusieurs articles.

Les revenus fixes de la Russie ont été augmentés dans toutes leurs branches.

La capitation générale portée de 70 à 90 copecks *), et l'extension qu'on y a donnée d'ailleurs, a poussé le produit de cet impôt environ à un tiers en sus.

Les biens de l'église ont été réunis au domaine impérial, et leur revenu bien administré a fait une addition considérable aux revenus de la couronne.

Les revenus casuels ont fait des progrès encore plus rapides. Les mines de cuivre et même d'argent dans la Sibérie qui appartenoient à l'impératrice, ont été et sont encore exploitées avec beaucoup plus de chaleur et de succès; leur produit augmente considérablement. La réunion de plusieurs autres qu'on a retirées des mains des particuliers en a doublé aussi le revenu; et par une administration économique, il entre tout entier dans le trésor public.

Tous les monopoles accordés à des ministres et à des favoris sous le règne prodi-

------

*) De 3 liv. 10 s. à 4 liv. 10 s. par tête de paysan. Les femmes n'y ont jamais été comprises, les enfans ne l'étoient pas non plus; mais à présent on paie pour tous les mâles indistinctement.

gue d'Elisabeth *) ont été également réunis à la couronne.

Le prix du sel, de l'eau-de-vie, du tabac et de quelques autres branches de ces monopoles a été aussi augmenté.

Les douanes ont rendu davantage par une régie plus exacte, et par quelques augmentations de droits, distribuées de manière qu'elles n'ont pas nui à la consommation **).

Les dépenses de la cour ont été réglées avec une économie inconnue aux administrations précédentes, sans que la dignité et l'éclat même en ait souffert : cela est et sera par-tout quand on le voudra bien.

De l'énumération ci-dessus, on oseroit conclure que les revenus de la Russie pris

―――――

*) Le comte Pierre Schouwaloff en avoit seul pour trois ou quatre millions de revenu.

**) C'est le grand art de l'administration des finances qui a été rarement saisi dans l'augmentation des impôts. On se laisse ordinairement éblouir par l'espérance de doubler une branche de revenu en y mettant un double droit ; et souvent cela diminue même le premier droit en diminuant la consommation. Le roi de Prusse n'a pas échappé à cette erreur ; son avidité l'en a empêché. Celle des ministres des finances dans d'autres états, et l'envie de faire leur cour à leurs maîtres et de faire valoir leurs services et leur habileté, y a souvent produit le même effet.

en masse ont été augmentés d'un tiers environ sous le règne présent. Quelques-uns des moyens de cette augmentation peuvent être vicieux, forcés, mal combinés ; mais enfin ils ont rempli l'objet, et ils le rempliront encore, comme on l'a avancé, pour le courant d'une ou deux années de guerre.

Il reste à réfuter une suite de la même objection. Elle est tirée des acquisitions mobiliaires, commissions, emplettes continuelles de l'impératrice régnante et des prêts considérables que la couronne fait journellement aux seigneurs et grands propriétaires ; enfin des dépenses extraordinaires de la guerre.

Les acquisitions et emplettes en tout genre ont fait beaucoup de bruit, et c'étoit bien l'intention de l'impératrice ; mais le montant en est facile à calculer, et ce ne fut jamais la ruine d'aucune puissance.

A l'égard des prêts faits aux grands seigneurs, c'est une ancienne méthode de la cour de Russie pour se défaire d'une quantité immense de monnoie de cuivre sur laquelle il y auroit 50 pour 100 à perdre dans le change étranger, et pour se procuver en troc des ducats, des piastres, des reichsthalers, des matières d'or et d'argent, ou des lettres-de-change sur Amsterdam. C'est ordinairement pour six ans que se font ces prêts de la couronne et sans intérêts, mais à payer un sixième chaque année en espèces, matières ou lettres-de-change comme ci-dessus. Loin donc que le gouvernement épuise par-là son numéraire, c'est pour lui un moyen d'en faire rentrer de l'étranger une quantité considérable.

Ces espèces ou matières fournissent aux finances de l'impératrice un aliment pour la refonte et la fabrication des monnoies. Celles-ci, à la vérité, sont fort altérées, et la Russie en fait même fabriquer exprès qui le sont encore davantage, pour les répandre en Pologne à l'envi du roi de Prusse. Ce moyen forcé a ses inconvéniens réels et irréparables; mais il a aussi ses avantages momentanés; et c'est une des ressources qui ont fourni jusqu'à présent aux dépenses extraordinaires de la guerre contre les Turcs. Ces dépenses, d'ailleurs, n'ont pas été aussi énormes qu'on se l'imagine. On part trop souvent de ce qu'on voit chez soi, pour juger et apprécier ce qui se passe chez autrui. La méthode russe pour les vivres et les fourrages ne ressemble point du tout à la nôtre. Au même prix, il est trop vrai que la Russie n'auroit pas pu faire seulement une campagne.

Mais la Pologne lui a fourni abondamment de quoi subsister dans les deux ou trois premières ; la Volhinie, la Russie-Polonoise et la Podolie ont été taxées en différentes fois à plus de soixante mille chevaux et de vingt mille chariots attelés de quatre boeufs chacun, pour le transport des équipages ainsi que des vivres et des fourrages qu'elles avoient fournis. Point de munitionnaires ni de boulangers, chacun fait ce qu'il peut de sa ration de farine ; point d'entrepreneurs de boucheries ; très-peu d'employés en tout genre. Ces chariots se vuident à mesure ; on en distribue les boeufs par divisions aux troupes qui les tuent et les partagent entr'elles. Les chariots vuides servent à faire du feu. On n'est arrêté en marche ni par le besoin de magasins ou de fours, ni par l'attente des convois. On avance toujours, et le soldat est nourri.

Il en est de même pour les fourrages dont on ne connoît dans les armées russes ni entrepreneurs, ni régisseurs. On fourrage au verd tant qu'on peut; et l'on garde le sec qu'on voiture avec soin pour la traversée des déserts brûlés, ou pour les positions serrées où l'on ne peut plus aller au fourrage.

Les campagnes suivantes ont encore moins coûté à la Russie: son armée a trouvé la Moldavie dévastée par les Turcs et par les Tartares dans leur retraite: mais les terres y ont été de nouveau cultivées, et ont fourni des subsistances. La Valaquie a peu souffert, et ce pays est généralement bon jusques dans les montagnes.

L'armée destinée pour Bender, pour le Niéper et pour la Crimée, n'a pas trouvé les mêmes ressources; mais l'Ukraine-Polonoise et Russe y a suppléé, et il n'a fallu payer ni en argent ni en reçus d'un côté ni de l'autre. Les Ukrainiens polonois ont fourni comme ennemis, et les Ukrainiens russes comme sujets libres; c'est-à-dire, que n'étant à aucun Seigneur particulier, ils appartiennent à la couronne *). Chevaux, voi-

---

*) L'Ukraine-Russe, ou Petite-Russie, n'est libre

tures, ouvriers, valets, et tout ce que les frontières de Pologne pouvoient fournir aux besoins ou même à la commodité des officiers et généraux russes, tout a marché, tout a servi, et il n'en est jamais rien rentré à leurs propriétaires.

Quant à la guerre de Pologne contre les confédérés, elle n'a pas non plus épuisé le numéraire de la Russie. Outre la facilité de payer par force en fausse monnoie ce qu'elle se faisoit fournir au commencement de gré à gré, elle a trouvé depuis une méthode plus aisée, c'est de tout exiger à titre de contribution des palatinats confédérés ou neutres, et de s'emparer à titre de séquestre ou de confiscation, des revenus des biens des plus grands propriétaires; de faire vivre dans leurs terres ses troupes à discrétion, et de les faire passer et repasser sans cesse d'un en-

---

que de nom. Les habitans, il est vrai, ne sont point esclaves comme les Russes, de tels ou tels seigneurs; ils connoissent *la propriété* et sont exempts de beaucoup d'impôts; mais ils n'ont plus de *hetman* ou chef de leur nation. La cour en tire arbitrairement, sur-tout en tems de guerre, toutes les livraisons en nature que ce pays peut fournir, et ce pays est excellent.

droit où les subsistances manquoient, dans un autre où elles étoient encore en abondance.

Ainsi, pour ses opérations par terre, la Russie n'a pas eu besoin en six ans d'autant de moyens et de ressources pécuniaires qu'il en faut par exemple à la France seulement pour faire une campagne.

Mais, dira-t-on, les flottes russes dans l'Archipel, sur la mer Noire, et celles qu'on prépare à Cronstadt, avec quoi la Russie a-t-elle pu les construire, les armer, les équiper, les entretenir ? Ou du moins, comment pourra-t-elle soutenir encore cette dépense, celle sur-tout qu'a dû et doit lui coûter dans la Méditerranée une flotte, une armée si loin de chez elle, et pour ainsi dire, à l'auberge ? Cet article seul d'extraordinaire à dû la ruiner; et si elle ne s'empresse point de faire la paix, où prendra-t-elle des fonds pour continuer cette guerre maritime éloignée, et pour en commencer une autre dans la Baltique contre la Suède ?

Premièrement, il ne faut pas croire que la construction, l'armement, l'équipement, ni le premier approvisionnement d'une flotte coûte à la Russie autant qu'à la France ou à l'Angleterre. L'amirauté de Pétersbourg tire tout du crû de l'empire et des domaines de la couronne ; les matières premières y sont en abondance, ainsi que les vivres et beaucoup d'autres provisions, la main-d'oeuvre en partie ne coûte rien, et ce qu'on en paie est à très-bon marché.

Il est vrai d'ailleurs que la flotte russe de l'Archipel a été à *l'auberge* dans ses relâches en Angleterre, en Italie, et au commencement de sa première campagne. Il falloit alors capter la bienveillance des Grecs sur lesquels la cour de Pétersbourg avoit beaucoup trop compté ; mais elle a été bientôt désabusée de la chimère dont elle s'étoit laissé bercer, c'est-à-dire, une révolte générale de la nation grecque dans l'empire ottoman. Dès-lors, et même avant d'évacuer la Morée, les généraux russes ont adopté dans l'Archipel la même méthode qu'en Pologne. Enfin, les Grecs ont payé et paient encore aussi cher leurs libérateurs, que les Polonois leurs instituteurs et leurs réformateurs.

De plus, l'impératrice s'est procuré des ressources par les emprunts qu'elle a faits ; elle en fera encore.

Un seul négociant de Venise *) lui a fait trouver en Italie trente-cinq millions, sans compter les emprunts faits à Gênes, à Lucques et à Livourne.

Les négociations d'argent entamées à Amsterdam ont d'abord été difficiles et les premiers emprunts très-modiques **). Les capitalistes de Hollande avoient alors chez l'étranger, pour le superflu de leurs fonds, d'autres débouchés trop avantageux, et ils s'y livroient par la cupidité d'un bénéfice triple, au moins de l'intérêt ordinaire au taux du pays. Les réductions arrivées alors en

---

*) Le marquis Maruzzi, banquier, d'une famille de Corfou, et de la religion grecque. Cet homme avoit été attiré et caressé à Pétersbourg. On a flatté sa vanité par le cordon de Sainte-Anne et par le titre de ministre de Russie à Venise. Il s'est engagé lui, ses frères, ses parens, ses amis, à fournir des fonds et du crédit au comte Alexis Orloff, pour son expédition de l'Archipel.

**) Les négocians d'Amsterdam étoient encore fort indisposés contre la Russie, par une suite du projet de l'anglois Gom, banquier de la cour de Pétersbourg. Celui-ci avoit voulu établir le change direct entre la Russie et l'Angleterre, au préjudice de la place d'Amsterdam. Il avoit échoué, et on l'avoit fait manquer, en laissant protester en un seul jour 300,000 florins de ses lettres non acceptées.

France les dégoutèrent de ces placemens hasardeux.

La Russie profita de ce degoût, et leur offrit l'avantage d'une hypothèque spéciale sur les douanes de Pétersbourg, de Riga, et sur d'autres branches de revenus les plus à portée et les mieux connues des négocians hollandois. Les intérêts furent payés exactement. Les succès de la guerre, et les apparences, chaque année, d'une paix avantageuse, animèrent la confiance : les banquiers d'Amsterdam commencèrent à goûter les offres d'une commission lucrative, et se firent les apôtres du crédit de la Russie. Les emprunts devinrent dès-lors et plus faciles et plus considérables ; et ces mêmes succès continués, augmentés, soutiendront bien encore ce crédit pour l'extraordinaire d'une ou deux campagnes.

On croit avoir prouvé qu'il n'en faudroit pas davantage à la Russie, pour remplir tous ces objets présens ou prochains.

On en conclura donc qu'à cet égard, c'est-à-dire, en proportion de ses besoins, elle jouit de tous les avantages de la puissance pécuniaire, et qu'elle peut les réunir au moins

pour

pour une ou deux années à ceux de la puissance militaire et de la puissance fédérative.

ARTICLE VI.
De la Porte.

On ne remontera point ici jusqu'à l'origine de l'alliance entre la couronne de France et l'empire ottoman.

On sait que depuis François I jusqu'à nos jours, cette alliance a toujours été plus ou moins intime, et qu'elle a donné continuellement de l'ombrage à la maison d'Autriche, qui n'a pas cessé en conséquence de chercher à tirer de la France quelques assurances ou déclarations, ou à l'entraîner dans des engagemens et des démarches dont la cour de Vienne s'est souvent aussitôt prévalue auprès de la Porte.

Son objet a été constamment de rompre, ou du moins de relâcher par ces moyens les liens de cette alliance aussi ancienne que naturelle. Ce système a été ensuite adopté par la Russie, et ces deux cours depuis quelque tems ont mis en oeuvre plus que jamais les mêmes manoeuvres. Il faut espérer qu'on se lassera de leur faire des confidences, ou des ouvertures, dont elles ne se lassent point d'abuser.

Tantôt la cour de Vienne est parvenue par cette conduite à parer des coups dangereux que la France et l'empire ottoman auroient pu lui porter de concert, lorsque l'une de ces deux puissances ou les deux ensemble étoient en guerre avec l'Autriche.

Tantôt, en pleine paix, elle a feint de se rapprocher de nous; elle a sollicité, elle a obtenu des témoignages d'amitié, d'union et de confiance dont elle s'est servie pour en imposer à la Porte, du moins par la crainte d'être abandonnée de la France.

Enfin elle a même obtenu une fois de la générosité de Louis XIV un secours effectif qui sauva les états d'Autriche. Le passage du Raab alloit ouvrir à l'armée ottomane la Stirie et la Carinthie, et déjà les Tartares avoient porté leurs courses jusques dans ces provinces. Six mille françois arrivent au bord de cette rivière, battent les Turcs, les forcent à la repasser en désordre, et les mettent hors d'état d'agir pour tout le reste de la campagne *).

---

*) Bataille de Saint-Gothard, en 1664.

Ce bienfait de Louis XIV fut reconnu de Léopold, comme l'indulgence et la facilité de François I l'avoient toujours été de Charles V, et comme le secours de Vienne par Sobieski le fut ensuite du même Léopold. Celui qu'il avoit obtenu de Louis XIV n'excita dans l'ame de cet empereur qu'un sentiment de crainte, de jalousie et de haine. Ce fut le germe des guerres longues et sanglantes au milieu desquelles il mourut *), comme il avoit vécu, à l'aumône de l'Angleterre et de la Hollande, sans avoir acquis beaucoup de gloire personnelle, mais avec la satisfaction d'avoir triomphé à Hochstet du fond de son palais, et de laisser son bienfaiteur à deux doigts de sa perte.

L'abandon, la disette de toutes choses qu'éprouva dans les états autrichiens ce corps victorieux de troupes françoises qui venoit de les délivrer, les réflexions que produisit le ressentiment de la Porte qui rejaillit sur l'ambassadeur et sur la nation, mais sur-tout les conseils du sage Colbert, occupé dès lors à créer nos fabriques de

---

*) En 1705.

draps, et à nous en assurer le débouché dans le Levant, tout enfin concourut à ramener l'ancien système de l'union la plus intime de l'empire ottoman. On ne s'en étoit écarté en faveur de l'Autriche et des Vénitiens *) que par un reste de l'esprit de chevalerie : on y revint par les calculs de la plus saine politique.

Ce retour à l'ancien système, au seul bon, au véritable, avoit porté et soutenu la France au plus haut degré de considération fondée sur la puissance fédérative, et ce fut à cette considération et à ses liaisons intimes avec la Porte qu'elle dut l'avantage d'être recherchée par les deux partis, et d'avoir les honneurs de la médiation dans le traité de Belgrade, et dans celui de 1724, entre les cours de Pétersbourg et de Constantinople.

De ces liaisons dérivoit pour la France, relativement à une partie de l'Europe, ce crédit de considération que donnera toujours à un grand état la puissance fédérative. Il

---

*) Pendant le siége de Candie où Louis XIV envoya si souvent des secours qui reculèrent si long-tems la perte de cette isle, mais qui le compromirent aussi souvent avec la Porte.

étoit fondé sur deux persuasions qui servoient à faire respecter cette couronne de toutes les puissances voisines de l'empire ottoman.

L'une que cet empire pouvoit, dans plusieurs cas, employer ses forces au gré de la France par de puissantes diversions;

L'autre que, dans le cas où la France voudroit bien rester neutre, elle auroit, du moins à la Porte, la plus grande influence, pour l'engager à continuer la guerre ou à la terminer par sa médiation.

En maintenant avec la Porte cette union et cette intimité, la France étoit donc sûre de conserver une branche essentielle de sa puissance fédérative.

Dans les cours voisines du Turc, ces deux persuasions, sur lesquelles étoit fondée à l'égard de la France une partie de sa considération, ne pouvoient subsister qu'autant qu'elle se réserveroit la liberté du choix, c'est-à-dire, de rester neutre et indifférente, ou de devenir partie, et d'entrer en jeu directement ou indirectement par des diversions faites à propos, soit d'elle-même, soit de ses alliés, et subsidiaires; ou enfin de donner du poids et de la valeur à sa neutralité, en se portant pour médiatrice, et en soutenant sa médiation d'un appareil assez imposant pour qu'elle ne fût jamais refusée.

C'est en effet la position glorieuse et brillante où la France étoit restée depuis la paix de Belgrade, et où elle se trouvoit encore après le traité d'Aix-la-Chapelle. Il ne tenoit qu'à elle de s'y maintenir toujours à l'égard de la Porte et des états voisins de l'empire ottoman; enfin de conserver par là son rang, sa place naturelle à la tête des grandes puissances. Il ne falloit pour cela pas de soins, de dépenses, d'intrigues, ni de négociations: tout se réduisoit à un seul moyen bien simple, *à rester comme on étoit.*

La guerre maritime que nous fit l'Angleterre en 1755 auroit été sans doute un motif de plus pour rester, relativement à la Porte et à ses voisins, dans cette position avantageuse. Respectée, redoutée dans le continent, la France n'avoit rien à craindre du côté de la terre.

Si quelque puissance voisine de ses frontières eût osé l'attaquer, on a prouvé dans les articles précédens que ce n'auroit pas été impunément.

On a de plus démontré que la France auroit gagné à être attaquée par ces puissances voisines.

Mais si l'on avoit craint que d'autres puissances plus éloignées se fussent liguées alors avec les ennemis de la France, le seul moyen de leur en imposer étoit de persister dans son système d'union avec la Porte. Elle pouvoit toujours menacer par-là ces cours éloignées d'une puissante diversion, et les contenir par la crainte dans la neutralité. C'étoit précisément le cas de la Russie, liée alors avec l'Angleterre par un traité de subside.

Pour cela, il ne falloit qu'éviter de prendre aucun nouvel engagement indirect et définitif par terre, puisque de ce côté-là, on n'avoit pas besoin de défense, et que tout engagement de cette nature étoit étranger à une guerre de mer et de commerce; mais se réserver seulement la liberté d'en contracter au besoin dans le Nord et dans le Midi, sur-tout avec la Porte, contre la Russie et la cour de Vienne : enfin partir de là pour concentrer tous ses moyens, toutes ses forces dans un système offensif contre l'Angleterre.

Malheureusement un autre système prévalut alors. Autant le premier étoit simple, économique et sûr, autant celui-ci se trouva compliqué, dispendieux et fautif. Il enfanta l'alliance avec l'Autriche, et peu après avec la Russie.

Cette alliance exclusive lioit les mains à la France, sur-tout à l'égard de la Porte. Le principal objet pour les cours de Vienne et de Pétersbourg étoit d'élever entre ces deux puissances un mur de séparation. On fit plus: on se flatta même de leur mettre les armes à la main l'une contre l'autre, et peu s'en fallut qu'on n'y réussit.

On sait trop à quelle ivresse le ministère d'alors s'étoit abandonné dans la première chaleur de cette alliance soi-disant défensive, mais dont les cours de Vienne et de Pétersbourg avoient bien résolu de faire, à la charge de la France, une ligue offensive envers et contre tous. Loin de faire valoir au moins la condescendance du roi, et tranchons le mot, la protection trop désintéressée qu'il accordoit à la cour de Vienne, il sembloit que ce fût celle-ci qui nous protégeoit, pour nous faire obtenir l'accession de la Russie à cette ligue, où la France seule n'avoit rien à gagner en Europe, et tout à perdre en Amérique.

Ce n'étoit pas assez pour les deux cours de préparer par ce moyen la destruction de notre marine et de notre commerce sur l'Océan : il ne tint pas à leurs intrigues, à leurs séductions, de nous faire perdre aussi les mêmes avantages dont nous jouissions dans la Méditerranée, sur-tout aux Echelles du Levant; et il faut avouer que si la ruine entière de la marine et du commerce de la France avoit été concertée dans le cabinet de Saint-James avec ceux de Vienne et de Pétersbourg, l'Angleterre même n'auroit pas pu leur suggérer des moyens plus propres à remplir cet objet.

Le ministère de Russie osa donc nous proposer d'ajouter une seconde faute capitale à la première qu'on avoit faite dans le traité du premier mai, en n'exceptant point nommément la Porte du *casus fœderis*, et de la prestation d'un secours, qui, pour nous, ne pouvoit jamais devenir réciproque.

La cour de Pétersbourg ne se contentoit point pour elle-même de cette omission: elle exigeoit de la France une déclaration formelle que la Porte n'étoit et ne seroit jamais exceptée du *casus foederis*, ni par conséquent de la prestation du secours de la France contre toute agression; et selon la logique russe, ces pauvres Turcs n'auroient pas manqué d'être toujurs les agresseurs.

L'ambassadeur de Vienne à Pétersbourg fut employé à séduire l'émissaire *) devenu ministre de France dans la même cour. Celui-ci se laissa entraîner, et signa la *convention secretissime*.

Cet acte par lequel on accordoit à la Russie tout ce qu'elle avoit désiré sur l'inclusion expresse de la Porte dans le *casus foederis*, n'étoit cependant pas destiné à rester dans ce profond secret. La Russie et la cour de Vienne, toujours occupées à remplir leur objet, c'est-à-dire, à brouiller sans retour la France avec la Porte, ne man-

---

*) Le chevalier Douglas avoit été envoyé d'abord comme émissaire auprès de M. de Woronzow, et fut fait ensuite très-mal à propos ministre.

quèrent pas de laisser transpirer jusques dans le divan ce mystère d'iniquité. Heureusement l'ambassadeur de France *) dans une cour voisine, et bien instruit de ce qui se passoit à celle de Pétersbourg, fit au ministère d'alors les plus fortes représentations contre cette mesure aussi dangereuse qu'absurde. Ce ne fut pas sans peine qu'il en obtint le redressement; mais enfin, au risque d'exciter contre lui-même une personnalité qui commençoit à devenir redoutable, il fit tant que la convention ne fut point ratifiée, et que l'instrument en fut déchiré.

L'impression cependant étoit faite à la Porte; on eut bien de la peine à l'effacer, ou

---

*) Le comte de Broglie, ambassadeur en Pologne, étoit à Versailles au moment de l'arrivée du courier du chevalier Douglas, qui portoit cette *convention secretissime* que lui avoit fait signer M. le comte d'Esterhazy, ambassadeur autrichien à Pétersbourg. M. Rouillé, ministre des affaires étrangères, la lui communiqua, et sentant de lui-même le danger et le faux de cette démarche, il le pria de faire un mémoire sur cet objet qu'il porta au conseil. Ce mémoire déplut extrêmement à ceux qui étoient entièrement subordonnés aux volontés de la cour de Vienne, mais il eut l'approbation du roi; et la *convention secretissime* fut déchirée: il est vrai qu'on ne l'a jamais pardonné au comte de Broglie.

du moins à l'adoucir par toutes les assurances qu'on donna au ministère ottoman que la convention étoit annullée.

Il restoit d'ailleurs à calmer l'inquiétude et la défiance qu'avoit excitées le traité du premier mai 1756; et quoiqu'on ait pu dire pour pallier l'effet qu'il avoit produit à la Porte, on n'a pas dû ignorer le mécontentement qu'elle avoit témoigné lors de la notification que la cour de Vienne s'étoit empressée de lui faire de ce traité aussi-tôt qu'il avoit été conclu *).

Cet empressement et celui de la Russie, lors de la *convention secretissime*, n'étoit que la suite du système adopté par les deux cours de tout employer pour rompre l'alliance entre la Porte et la France, ou du moins d'inspirer

―――――――――――――――

*) Le chevalier Porter étoit alors ambassadeur d'Angleterre à Constantinople. C'est un homme de bon sens, fort instruit, et son rapport paroît croyable. Il dit qu'à cette époque, le grand visir n'étoit pas, à beaucoup près, sans esprit et sans jugement, ni aussi ignorant que le sont en général les ministres de la Porte; qu'il parloit italien, et que la facilité de s'entretenir dans cette langue avec les étrangers dans les emplois précédens, l'avoit mis à portée d'acquérir quelque connoissance des affaires de l'Europe.

à celle-ci contre l'autre tout le ressentiment le plus vif du présent, et la plus grande défiance de l'avenir. Par-là on réussissoit à détruire l'ancienne influence de la France à la Porte, et à l'exclure sans retour de toute médiation, de toute négociation relative aux intérêts de l'empire ottoman.

Tel étoit le plan des deux cours dont nous épousions alors la querelle contre le roi de Prusse, et qui depuis se sont liguées avec ce monarque contre la Pologne et contre la Porte; car l'espèce de négociation ou plutôt d'intrigue, d'espionnage et de tracasserie que les cours de Vienne et de Berlin entretiennent à Constantinople, n'est que la suite du complot formé avec celle de Pétersbourg, pour consolider le partage de la Pologne par l'abaissement de la Turquie.

M. Porter ajoute que ce ministre ne fut point la dupe des explications que l'ambassadeur de France fut chargé de lui donner au sujet du traité; qu'il en avoit assez bien saisi l'esprit et les conséquences, et qu'il ne cacha point à l'ambassadeur qu'il regardoit dès-lors la France comme alliée avec la cour de Vienne contre l'empire ottoman; mais qu'en même tems, au lieu de se plaindre de cette défection, il eut soin de ne témoigner que de la hauteur et de l'indifférence sur la suite qu'elle pourroit avoir à l'égard de la Porte.

Tels ont été, pour la Porte et pour la France, les funestes effets du changement de système en 1756, et de la persévérance du ministère suivant à marcher sur les traces de celui qui avoit conclu ce traité ; à renchérir même sur son dévouement aux vues, aux désirs de la cour de Vienne ; à se laisser mener par elle, à n'agir qu'en sous-ordre, à s'interdire toute autre alliance, toute autre liaison en Allemagne ; et consommer par cet asservissement exclusif la destruction de notre puissance fédérative.

Deux états seulement pouvoient balancer vers le Nord le poids énorme de la Russie et de la cour de Vienne sur l'empire ottoman, c'étoit la Suède et la Prusse. Elles y avoient toutes deux le même intérêt, les mêmes motifs à-peu-près que la France : rien à craindre des Turcs, beaucoup à redouter des deux puissances voisines et ennemies naturelles de l'empire ottoman, si elles parvenoient à le détruire ou à l'abaisser au point de ne pouvoir plus se mêler des affaires de l'Europe ; beaucoup à espérer de son secours et de ses diversions, s'il restoit à portée de donner la main, par la Pologne, à ses alliés dans le Nord et en Allemagne.

Par toutes ces raisons, il n'est pas douteux que la Suède toute divisée, toute épuisée qu'elle étoit, ne se fut empressée de resserrer les liens qui l'unissoient avec la Porte depuis son traité de 1740; que le roi de Prusse qui avoit tant intrigué, tant dépensé à Constantinople pour en négocier un pareil ne se fut joint à la Suède, pour former une triple alliance; et que la France, libre de tout engagement, sans intriguer, sans se mouvoir, n'eût vu les trois puissances venir la chercher, et la supplier d'accéder à cette ligue défensive.

Elle auroit pu bientôt être suivie et soutenue au Midi d'une autre ligue également fondée sur des principes défensifs et pacifiques. La France alors seroit devenue le lien et le centre commun de ces deux ligues respectables. Elle auroit tenu dans ses mains la balance de l'Europe.

La Pologne existeroit encore libre, entière, et peut-être enfin en état de contribuer à sa propre défense. L'empire ottoman auroit conservé sa splendeur, sa puissance, et la

France son influence prépondérante à la Porte; enfin tout l'éclat, tout le poids, tous les avantages réels de la puissance fédérative.

Le nouveau système de 1756 avoit fait disparoître cette glorieuse perspective, et l'ascendant que la cour de Vienne avoit pris sur notre ministère nous avoit ôté jusqu'à l'espérance de l'entrevoir encore.

L'Europe entière a vu des mêmes yeux cette dépendance servile où la France s'étoit réduite si volontairement, si gratuitement. Elle avoit tout négligé, tout abandonné pour la cour de Vienne. Les uns ont perdu l'espoir de se rapprocher, les autres de se soutenir, privés de l'appui de la France. Les uns l'ont négligée à leur tour pour se jetter entre les bras de ses ennemis; les autres l'ont abandonnée par l'espoir de faire mieux leurs affaires dans un autre parti; et c'est ce qu'a fait la cour de Vienne, cette cour même pour qui la France avoit tout quitté.

Depuis deux ans peut-être, il n'auroit pas été impossible de s'arrêter au bord du précipice. Le voile étoit déchiré, et il étoit enfin permis de voir un peu plus clair dans les manoeuvres de la cour de Vienne. Il ne l'est pas de pénétrer les mystères de politique qu'un voile plus épais cache aux regards profanes; mais enfin on seroit en droit de conjecturer que le système dominant depuis 1756 a dû recevoir quelque modification dans le courant de 1771; les mêmes motifs personnels ne subsistoient plus. Eux seuls avoient pu étayer si long-tems ce système fait pour s'écrouler de son propre poids. Par quel enchantement l'illusion a-t-elle pu se soutenir jusqu'au moment de la catastrophe; ou l'inertie, la léthargie durer jusqu'à l'instant de ce triste réveil? C'est, on ose le dire, un problême insoluble.

Quoiqu'il en soit ou des principes ou des erreurs dont l'enchaînement a conduit les affaires de la Pologne et de la Porte au point où elles se trouvent, il en résulte que la première n'est plus, et que l'autre touche à sa ruine.

Dans ces circonstances, il ne seroit pas surprenant que la Porte eût recours à la France; qu'elle lui fît valoir sa rupture avec la Russie comme une déférence qu'elle n'a pu refuser à nos sollicitations; et que se voyant abandonnée ou trahie des autres puissances qui ont avec elle des rapports directs, elle se jettât de nouveau entre les bras de son ancienne alliée *).

La conduite sage, adroite et soutenue des deux ambassadeurs de France depuis l'époque de 1756, a dû d'ailleurs contribuer beaucoup à faire revenir le ministère ottoman des préjugés qu'avoit fait naître l'alliance de la même année. Ce succès, s'il a été complet, leur fait autant plus d'honneur qu'ils ont eu de plus à combattre la juste défiance des Turcs au sujet de l'union qui a toujours subsisté depuis entre nous et les autrichiens

---

*) Si la Porte résiste jusqu'ici aux motifs qui auroient dû la ramener entièrement à la France, c'est que de notre côté nous n'avons cessé de varier dans nos démarches vis-à-vis d'elle. On prétend même qu'en dernier lieu, on a eu l'imprudence de faire des ouvertures à la Russie, par lesquelles, pour obtenir de cette puissance des ménagemens pour la Suède, on lui promettoit à ce prix de déterminer la Porte à accepter les conditions dures et insoutenables que Catherine II vouloit lui imposer. On assure que M. Kotinsky n'a pas manqué, suivant l'usage de sa cour, de faire part à M. d'Obrescow de cette négociation, et que ce dernier l'a communiquée aux plénipotentiaires turcs, sous les couleurs les plus désavantageuses; ce qui a renouvellé la méfiance du divan.

leurs ennemis naturels. Mais si peut-être, il en subsiste encore quelques impressions, elles ont dû aussi se cacher sous l'extérieur de l'amitié et de la confiance. Tel est l'effet de l'infortune et de l'abaissement.

Mais quelle est aujourd'hui la position respective de la Porte à l'égard de la France ? C'est ce qui nous reste à examiner.

Apprécions d'abord les relations actuelles de l'empire ottoman avec les autres puissances voisines alliées, ou que l'intérêt du commerce lie plus ou moins au sort de cet empire.

De tous ces rapports et de leurs combinaisons, résulte leur degré d'utilité ou d'importance réciproque entre la France et la Porte, par conséquent la position respective de celle-ci à l'égard de celle-là. Commençons par la Russie.

On ne répétera pas ici tout ce qu'on a dit là-dessus à l'article de cette puissance. On y a traité ses intérêts à l'égard de la Porte dans une assez grande étendue ; et le mémoire, numéro premier, a développé les détails relativement au commerce de la mer Noire. On connoît donc et les motifs de la

Russie pour faire certaines demandes, et ceux de la Porte pour les refuser. Il n'est plus question que de la possibilité pour l'une de les obtenir, et de la nécessité pour l'autre de les accorder.

Tout dépend là-dessus ou de la reprise des conférences, ou des opérations de la campagne *).

Dans le premier cas, la Russie persistera sans doute à demander l'indépendance de la Crimée, la cession de *Kersch* et de *Jenikalé*, et par conséquent la liberté du commerce et de la navigation dans la mer Noire. Ces deux places sont les clefs pour y déboucher de la mer de *Zabache* par le détroit de *Taman*.

Dans le second cas, que peut-on attendre de la part des Turcs que de nouvelles fautes, de nouvelles déroutes, qui les ramèneront toujours fuyant au moins jusqu'aux montagnes qui couvrent Andrinople. Car il n'est pas vraisemblable que la connivence des Autrichiens s'étende plus loin, et qu'ils lais-

---

*) Quoique la rupture des conférences soit confirmée, on a été bien aise de discuter la matière, comme si la chose étoit encore douteuse, afin de l'éclaircir davantage.

sent franchir aux Russes une barrière après laquelle rien ne pourroit plus les arrêter jusqu'aux vieilles murailles de Constantinople *).

Mais dans l'un ou l'autre de ces deux cas, la paix est toujours assurée, et à-peu-près aux mêmes conditions. Les cours de Vienne et de Berlin interviendront toujours par leur médiation ou par leurs bons offices. Elles représenteront à la Porte la nécessité de finir. Elles la lui feront peut-être sentir plus vivement par des insinuations menaçantes; et si le ministère ottoman ose courir les risques d'une campagne de plus, ils lui imposeront pour sa peine des conditions plus dures. La liberté du commerce russe aux Echelles du Levant par le canal de Constantinople, au moins pour un certain nombre de vaisseaux de registre, seroit vraisemblablement une de ces conditions additionnelles; et le *divan* et *l'uléma* seroient forcés de la subir.

---

*) On suppose que les Turcs sont aussi malheureux cette année que les précédentes, parce que cela est vraisemblable, si on ne les secourt pas par mer, comme cela est fort à craindre.

L'opposition des gens de loi, des ministres de la religion est redoutable au sultan même, tant que la subsistance d'un peuple lâche et fanatique n'est pas absolument coupée ; mais aussi tôt que les convois seront interceptés, les Dardanelles bien bloquées, et les bâtimens neutres ou confisqués ou arrêtés et forcés de rétrograder, l'uléma craindra la famine, le divan la révolte, et le sultan une révolution. La populace même viendra demander à grands cris, aux portes du sérail, la paix et le pain, et la tête des généraux, et celles des ministres. Enfin la paix sera signée ; et pour sauver la dignité de l'empire ottoman, on joindra à toutes ces têtes, celles des plénipotentiaires.

Le roi de Prusse auroit alors rempli son objet en Pologne à la faveur de cette guerre ; et même après avoir été par ses intrigues la première cause peut-être de la ruine des Turcs, il se feroit encore remercier de ses bons offices.

La cour de Vienne s'en est déjà payée par les sommes considérables qu'elle s'est fait donner d'avance par la Porte *) ; et si elle

---

*) Il y a deux calculs différens sur les sommes donn'exige pas encore le reste du subside promis, elle ne renonceroit pas à la cession stipulée de quelque territoire, du moins à la restitution de la Valachie autrichienne ; Belgrade alors resteroit à sa discrétion : car au premier coup de tambour, le Danube seroit fermé par les places et les postes que contient ce district à la gauche du fleuve, la communication coupée ; et cette forteresse, qui a tant coûté de sang musulman et chrétien, tomberoit alors d'elle-même.

Voilà donc quelle est la position de la Porte à l'égard de trois cours : la Russie l'écrase, la Prusse la trahit ; et l'Autriche, après l'avoir rançonnée, guette le partage de ses dépouilles.

La Suède ne tenoit plus guère à la Turquie depuis que l'influence de la Russie et la

---

nées à la cour de Vienne par la Porte. L'un les fait monter à 5,000,000 de florins d'Empire, qui font 12 millions et demi tournois ; l'autre les réduit à 6000 bourses, qui en font 9. Cette somme a été payée immédiatement après la convention du 6 ou 7 Juillet 1771, qui contenoit une alliance offensive entre les deux cours, et dont, à l'étonnement de toute l'Europe, la suite a été, de la part de la cour de Vienne, de se réunir à la Russie.

cabale des *bonnets* l'avoit réduite à l'inertie. Elle conservoit encore un fil de communication avec l'empire ottoman par la Pologne libre et ouverte; mais ce fil est coupé par la triple barrière des puissances co-partageantes. Loin de songer à la forcer par une diversion, cette monarchie renaissante et chancelante n'a que trop affaire de s'affermir au-dedans et de se garantir au dehors. L'alliance de la Suède avec la Porte étoit pour elle peu de chose; à présent ce n'est rien du tout.

Depuis vingt ans ou environ, le Dannemark tient à la Porte par un traité de commerce, c'est-à-dire, par des capitulations obtenues sur le même pied que les autres nations franques.

La négociation en coûta fort cher, et les bénéfices du nouveau commerce n'ont pas répondu à cette dépense. Les Turcs ne sont accoutumés à considérer les nations chrétiennes que par deux rapports les plus directs, et par conséquent le plus à la portée de leur grossière politique; c'est la guerre et le commerce.

La peur de la guerre leur en imposa presque toujours, à l'égard des grandes puissances

sances voisines, telles que la Russie et la cour de Vienne.

Les avantages du commerce, quoiqu'abandonnés par l'inertie turque à l'industrie des Francs, des Juifs, des Arméniens, se font sentir aussi au sultan, à ses peuples : à l'un par le produit des douanes, aux autres par l'exportation des productions du pays, et par la circulation intérieure des caravanes.

L'établissement des Danois aux Echelles n'ayant rendu que peu de chose relativement à ces deux objets, il est tombé dans le mépris, et conséquemment la *nation* et la légation danoise à Constantinople.

La terreur, cet autre motif de considération de la part des Turcs pour les Francs, ne pourroit pas relever celle du Dannemarck à la Porte. Il n'en imposoit ni par sa puissance, ni par son voisinage : il fut, il est encore oublié, et presque ignoré de l'orgueil ottoman.

Qui croiroit que bientôt peut-être cette puissance si médiocre rappellera son existence au superbe sultan, en déployant son pavillon de guerre devant les Dardanelles, et peut-être aussi en foudroyant le sérail même?

Cela n'est pourtant que trop vraisemblable. L'armement actuel du Dannemarck est trop considérable; il exige de trop grands efforts, pour qu'on puisse le croire borné à une parade de port, ou à une campagne d'observation ou d'évolution. Il ne peut cependant avoir que deux objets.

Le premier, le plus apparent, seroit d'attaquer la Suède; et pour cet été, la chose n'est pas vraisemblable. La subordination du Dannemarck à la Russie le fait marcher du même pas; et puisque la première nous rassure, dit-on, par des déclarations pacifiques, l'autre sans doute a dû nous payer de la même monnoie; et qu'elle qu'en puisse être la valeur intrinsèque, il est à présumer que de notre part elle aura été exigée et reçue.

L'autre objet, qui paroît d'abord moins vraisemblable, pourroit bien cependant être devenu le vrai et le seul. Il importe à la Russie de finir la guerre contre les Turcs; et cette campagne doit absolument être la dernière. Les opérations maritimes seroient les seules décisives; elles attaquent le *coeur*; mais jusqu'à présent, la flotte russe n'a pu franchir les Dardanelles ; et à moins d'un puissant renfort, elle ne le pourroit pas plus cette année que les précédentes. Il est donc très-probable que la Russie aura exigé du Dannemarck de joindre à sa flotte l'escadre danoise, nombreuse, toute fraîche, bien montée, bien armée, et supérieure en tout à la première.

Les avantages qu'elle aura fait envisager à la cour de Copenhague seront sans doute de nouvelles conventions sur l'affaire du Sleswick, plus favorables que les précédentes, et dont la majorité du grand-duc assureroit enfin la solidité *).

A ces conditions, et peut-être aussi avec quelques secours d'argent, le Dannemarck a dû accepter une proposition qui va lui faire enfin *jouer un rôle*, et le mettre à portée de se venger du mépris des Turcs. Il en obtiendroit plus de considération ; et ce coup d'éclat pourroit l'affranchir du tribut humiliant

---

*) C'est-à-dire, quant à la personne et à la postérité de ce prince, s'il en a ; car cette convention ne sauroit lier en droit les agnats de la branche Holstein-Gottorp, qui n'y seroient point appellés.

qu'il paie depuis si long-tems à toutes les régences barbaresques.

Rien donc n'étant plus vraisemblable que cette destination de l'escadre de Copenhague, il est apparent que le Dannemarck va être pour la Porte un ennemi de plus *).

Voyons à présent si les deux *puissances maritimes*, que les liens du commerce rapprochent malgré leur distance de l'empire ottoman, offrent à cet empire ébranlé une perspective plus consolante.

Sur l'Angleterre, tout est dit dans l'article de la Russie, et dans le premier des deux mémoires qui l'accompagnent.

A l'égard de la Hollande, il est vrai que jadis elle figura avec l'Angleterre dans les deux médiations de Carlowitz et de Passarowitz; qu'elle y joua un rôle brillant, et qu'à leur ordinaire elles firent toutes deux les

―――――――――――――――

*) Quand on se livre aux conjectures, on ne peut parler affirmativement. Cependant on pourroit assurer qu'au moins l'escadre danoise servira à défendre les côtes de Finlande et de Russie de toute espèce d'agression, et donnera à la cour de Pétersbourg la facilité d'envoyer de ses propres vaisseaux renforcer et réparer ses escadres dans l'Archipel, si des considérations particulières l'empêchent d'y envoyer la flotte danoise.

fonctions d'avocats de la cour de Vienne, plutôt que d'arbitres et de médiateurs. Cet heureux tems n'est plus. L'Autriche, si long-tems soudoyée et alimentée par ces deux puissances, méprise l'une, craint peu l'autre, et semble, de concert avec le roi de Prusse, les avoir toutes deux exclues de la médiation. L'Angleterre seule avoit d'abord paru admise et désirée par la cour de Pétersbourg. Son intérêt sans doute n'a pas été de s'en mêler. Sa dignité même pouvoit en souffrir. Sa partialité déclarée en faveur de la Russie la rendoit trop suspecte. Elle n'auroit pas décemment pu exiger de la Porte, en son propre nom, les avantages qu'elle pourra partager avec la Russie; et vraisemblablement c'est de la main de celle-ci qu'elle recevra sa récompense.

Nous avons parcouru tous les états de l'Europe, qui, par le voisinage ou par les alliances, ou par le commerce, ont quelques relations directes avec la Porte.

Le résultat de cette tournée, c'est que parmi toutes ces puissances, la Porte a tout à craindre des unes, et rien à espérer des autres.

Que lui reste-il donc ? la France. Que peut-elle, dans cette crise, faire pour l'empire ottoman ?

Et que doit-elle à son tour attendre, ou de l'amitié, ou de la reconnoissance de la Porte ?

La cour de Pétersbourg a toujours prétendu que notre ministère lui avoit suscité cette guerre; uniquement pour la forcer de recourir à notre médiation, et par ce moyen lui faire la loi sur les affaires de Pologne. Elle ajoute même que la personnalité ministérielle avoit ourdi ces deux intrigues. Pour le prouver, elle observe que les ressorts de l'une et de l'autre ont été mis en jeu trop tard, et l'occasion manquée.

Cette personnalité peut bien avoir influé dans le système du ministère de ce tems-là. Elle a même trop éclaté pour douter que l'effervescence n'ait produit l'explosion; mais la lenteur à se décider, le tâtonnement, la foiblesse, l'inconséquence dans les moyens d'agir n'ont pas pu être dérivés de la même cause, puisqu'elle auroit dû au contraire donner à ses effets un degré de plus de chaleur et de rapidité.

Ce seroit donc plutôt cette malheureuse subordination de toutes nos démarches aux vues, aux désirs de la cour de Vienne, qui auroit entraîné tous ces inconvéniens. Nos fautes, nos erreurs, nos vacillations, nos lenteurs, nos légéretés lui étoient nécessaires. Tout cela entroit dans son plan; mais c'est ce que nous traiterons dans l'article suivant.

Il est, au reste, certain que nous avons désiré que les Turcs déclarassent la guerre à la Russie; que M. de Vergennes a reçu les ordres les plus précis d'y travailler, mais qu'heureusement il n'a pas eu besoin de les exécuter. Ainsi, à la rigueur, le ministère ottoman n'a pas à nous reprocher d'être la cause des malheurs que cet empire éprouve; ainsi il n'est pas en droit d'exiger dans sa détresse les secours dont il auroit besoin pour en sortir.

Cependant on désire, on doit s'efforcer de le secourir, de le soulager. Seroit-ce par des voies de fait? Tout est dit là-dessus dans l'article précédent.

Depuis le commencement de la guerre jusqu'à présent, le moment le plus favorable pour tenter en faveur des Turcs une diversion, a été celui où la flotte russe a paru dans l'Archipel. Il est apparent que la crainte de l'Angleterre a été la cause de l'inaction de nos flottes. Ce même motif existe toujours; mais s'il est aussi vrai qu'apparent que l'escadre danoise soit destinée à renforcer la flotte russe, ce seroit pourtant une loi bien dure pour nous que de rester les témoins de cette agression du Dannemarck, sans pouvoir de notre côté nous écarter aussi de la neutralité. Quelque soit l'orgueil britannique, son opposition en ce cas ne pourroit pas même être palliée du plus léger prétexte. Elle seroit l'équivalent d'une déclaration de guerre contre la Porte et contre la France.

Mais ce ne seroit pas alors par des démonstrations, moins encore par d'humbles représentations, qu'il faudroit surmonter cette opposition obstinée. Plus on verra de foiblesse et d'inconséquence dans toutes nos démarches, plus on abusera du désir sage et louable que nous avons toujours montré de conserver la paix avec toute la terre. Si donc les circonstances ne permettoient pas de franchir l'obstacle du côté de la mer, la terre offriroit plusieurs points sur lesquels on pourroit faire craindre et même diriger une forte diversion.

On répondra peut-être que cette diversion ne pourroit pas s'exécuter directement contre la Russie, mais seulement sur quelqu'un des nouveaux alliés et co-partageans de cette puissance victorieuse. On dira qu'alors ce seroit une agression, une invasion, une hostilité qui ne sauroit être justifiée.

Non, sans doute, si elle n'avoit pas été précédée des plus vives instances auprès d'une cour qui prétend être encore alliée de la nôtre. Il y auroit à lui faire préliminairement quelques questions bien simples *).

---

*) Le dilemme contenu dans ces questions auroit été bien meilleur à présenter à la cour de Vienne au mois de mai 1772. Mais pour parler ainsi, on ne cessera de le répéter, il faut commencer par être en état d'exécuter ce qu'on fait entrevoir; et le préliminaire à tout est d'avoir augmenté l'armée de cinquante mille hommes. Cette démarche faite froidement et sans ostentation vaut mieux que tous les raisonnemens politiques; et c'est le seul moyen de faire réfléchir les puissances co-partageantes, et d'attirer l'intérêt et les ouvertures de toutes les autres.

„ Voulez-vous conserver seulement le
„ nom, l'ombre d'une alliance avec nous
„ tant que cela vous sera commode, vous
„ réserver le droit d'invoquer nos secours
„ lorsque vous serez attaquée, même après
„ avoir provoqué l'agression? Prétendez-vous
„ en même tems pouvoir faire de votre côté
„ tout ce qu'il vous plaira, vous lier avec
„ qui vous jugerez à propos pour vos inté-
„ rêts particuliers, sans égard ni pour notre
„ amitié, ni pour notre alliance, ni pour la
„ reconnoissance que vous nous devez? Nous
„ avons nos amis, nos alliées, nos protégés,
„ nos affections, nos aversions; nous avions
„ épousé les vôtres; et sans aucun égard
„ pour nos propres intérêts, nous avions fait
„ cause commune. Prétendez-vous aujour-
„ d'hui nous refuser la réciprocité à l'égard de
„ la Porte? N'en avez-vous point tiré assez
„ d'argent? Vous en faut-il davantage? Nous
„ vous en ferons donner encore: mais tenez
„ vos engagemens; elle remplira les siens.
„ Vous nous avez déjà manqué lorsque la
„ Suède étoit menacée; nous ne l'abandon-
„ nerons pas, nous ne sacrifierons point la
„ Porte; elle ne nous a point manqué ni à

„ vous non plus. Enfin, vous avez rempli
„ votre objet en partageant la Pologne ; aidez-
„ nous à remplir le nôtre, en tirant la Porte
„ de ce mauvais pas; alors nous continue-
„ rons à vous reconnoître pour notre amie,
„ pour notre alliée, à vous aider, à vous
„ servir, à vous secourir. Si, au contraire,
„ vous prétendez vous jouer de ces noms
„ sacrés pour remplir exclusivement vos vues
„ ambitieuses; si vous persistez à vous en
„ faire un titre pour nous tenir les mains
„ liées pendant que vous vendrez, que vous
„ livrerez à vos co-partageans, nos amis et
„ nos alliés, croyez-vous que ce marché in-
„ égal, absurde, puisse tenir encore long-
„ tems entre vous et nous? Ne voyez-vous
„ pas bien qu'à la fin il faudra rompre des
„ noeuds dont tout l'avantage est d'un côté et
„ tout le préjudice de l'autre? Enfin que si
„ vos alliés, vos co-partageans persistent à
„ vouloir abuser de leurs avantages, nous
„ serons en droit de nous en prendre à vous
„ qui avez pu et dû l'empêcher. C'étoit
„ pour nos amis que vous pouviez nous être
„ utile. Vous êtes engagée à nous secourir;
„ mais nous n'avons pas besoin de secours.

„ Nous ne craignons point d'être attaqués ; „ et si nous l'étions, nous saurions nous „ défendre. Nous vous quittons d'avance „ de vos secours. Nous vous demandons „ en échange vos bons offices ; mais sin- „ cères, réels, efficaces pour ces amis, ces „ alliés. Vous en êtes à portée par les cir- „ constances locales ; vous le pouvez, vous „ le devez. Il faut opter ou de nous servir „ à votre tour de bonne foi et sans tergiver- „ sation, ou de renoncer à ce vain nom d'al- „ liance. Déclarez-vous notre ennemie ; nous „ le verrons avec regret, mais sans inquié- „ tude. Une guerre ouverte vaut mieux „ qu'une amitié perfide".

Excepté ce moyen ou une diversion peut-être tardive dans la Méditerranée, on chercheroit en vain quelqu'expédient pour tirer la Porte de la crise où elle est réduite. On se propose de discuter ailleurs les moyens de la garantir d'une rechûte qui pourroit devenir mortelle, de reprendre, de conserver notre influence dans le divan, et de recouvrer par-là une branche principale de la puissance fédérative.

Tout autre parti qu'un des deux qu'on vient d'indiquer, ou tous les deux ensemble, seroit insuffisant, chétif, et n'aboutiroit qu'à nous compromettre en pure perte.

Exciter encore les Turcs à continuer la guerre, seroit absurde et impossible, lorsque les flottes combinées auroient passé les Dardanelles, bombardé le sérail, et joint par le canal l'escadre russe de la mer Noire.

Prévenir ces derniers malheurs, en exhortant tristement la Porte à subir la loi des vainqueurs, seroit un rôle aussi dangereux qu'humiliant.

Il seroit fort à craindre que la mauvaise humeur du ministère ottoman et la fureur du peuple ne rejaillissent d'abord sur l'ambassadeur et sur la *nation*. Quoique nous n'ayons pas influé, autant qu'on le croit, dans la rupture avec la Russie, on ne manqueroit pas de nous attribuer, comme on l'a déjà fait, l'origine de cette guerre. On nous imputeroit jusqu'aux malheurs qui ne sont dus qu'à l'ignorance des ministres, aux prévarications, aux rapines des préposés, à l'impéritie, la présomption brutale ou la pusillanimité des généraux, à l'indiscipline, l'esprit séditieux, la terreur panique des troupes. Qu'en arriveroit-il ? Les Anglais, alliés de la Russie, et qui ont affiché pour elle la partialité la plus scandaleuse, seroient ménagés, respectés, parce qu'on les craint. Les Français amis, et les seuls amis de la Porte, seroient sacrifiés, parce qu'on ne les craint plus.

Mais que pourroit la France attendre des Turcs en retour des services qu'elle leur auroit rendus, s'ils étoient suffisans pour les tirer d'affaire ?

Beaucoup assurément, s'ils étoient dirigés par l'influence de la France, et ils le voudroient aussi. Ils ne sont pas, à beaucoup près, aussi méchans, aussi ingrats, aussi perfides qu'on s'est accoutumé à les représenter. Faut-il l'avouer ? ce sont, même en politique, les plus honnêtes gens de l'Europe, comme les plus mal habiles. Quoiqu'en aient dit les historiens, les ambassadeurs et les chancelleries chrétiennes dans leurs manifestes, ils ont plus rarement rompu la paix, et plus scrupuleusement discuté les motifs de la guerre qu'aucune des nations polies, savantes et philosophes. Nous les quittâmes à *Riswick*, et les laissâmes seuls en guerre avec l'Autriche, la Russie et la Pologne. Ils nous attendoient pour faire la paix, et ne la conclurent à Carlowitz que deux années après.

Résumons sur la position respective actuelle de la Porte à l'égard de la France.

C'est celle d'un ami, d'un allié fidèle, dont on s'étoit éloigné sans motif en 1756, qu'on a recherché depuis sans plan, sans principes, engagé sans succès, encouragé sans secours, qu'on sert encore aujourd'hui très-foiblement, et qu'il seroit peut-être également dangereux d'abandonner, qu'il paroît difficile de le soutenir.

ARTICLE VII.

De la Cour de Vienne.

DANS l'introduction de ces conjectures et dans les articles précédens, on a souvent rappellé l'enchaînement et le résultat des événemens et des démarches qui ont amené les choses au point où elles sont aujourd'hui entre la France et la cour de Vienne. N'étant pas instruits avec certitude des affaires qui ont été traitées, ni de la forme des négociations, les faits seuls et les faits publics peuvent nous guider dans l'examen de la situation actuelle de la cour de Vienne vis-à-vis de la France.

Ces faits nous présentent la Pologne partagée, l'empire ottoman aux abois, et la Suède menacée, sans que l'intérêt que la France prenoit à ces trois états, ses alliés ou protégés, ait pu engager la cour de Vienne à reconnoître l'utilité dont notre alliance n'avoit cessé d'être pour elle, par celle dont elle pouvoit être à nos alliés.

La position topographique des états héréditaires étoit en effet la plus favorable pour tenir la cour de Vienne à portée de veiller pour nous à la sûreté de ces mêmes alliés trop éloignés de nos frontières.

Les siennes touchoient à la Pologne, à la Turquie, et par ce double voisinage, elle pouvoit toujours, de concert avec nous, en imposer à la cour de Pétersbourg, relativement à la Suède. Si celle-ci avoit été seulement menacée, la crainte d'une diversion en faveur ou des Polonois ou des Turcs auroit arrêté tout court les préparatifs de la Russie

sur la Baltique. ,, Mais, dira-t-on, (et tel
,, sans doute a déjà été le langage du ministère
,, autrichien) le roi de Prusse auroit-il pas
,, fait à son tour une diversion en Bohême
,, en faveur de la Russie? Ou ne se seroit-il
,, point chargé seul de l'affaire de la Pologne
,, pour laisser à la Russie les mains libres
,, contre la Suède et la Porte? la France
,, n'auroit-elle pas été alors dans le *casus foe-*
,, *deris*, et la cour de Vienne dans celui de
,, la réquisition du secours stipulé? Engagée
,, même par la France, n'étoit-elle pas en
,, droit de lui demander de plus grands efforts?
,, Celle-ci pouvoit-elle les lui refuser, et dès
,, lors ne se trouvoit-elle pas entraînée dans
,, la guerre qu'elle vouloit éviter?"

Oui sans doute, après qu'on avoit laissé
venir les affaires de la Pologne et de la Porte
au point où elles se trouvoient dans le courant
de 1771 : mais si la cour de Vienne avoit
agi de bonne foi dès le commencement de la
confédération de Bar, au lieu de marchander
sans cesse à Berlin et à Pétersbourg, elle eût
offert à tems sa médiation entre le roi et la
république, entre la Russie et la Porte : cette
médiation puissamment armée en auroit assez

imposé pour tenir au moins en suspens le roi de Prusse et la cour de Pétersbourg.

Cette démarche vigoureuse auroit engagé ou forcé la Russie à modérer son despotisme et ses prétentions en Pologne, et la France eût pu facilement alors suspendre les premières hostilités des Turcs contre les Russes, pourvu que la cour de Vienne se fut engagée de se joindre à eux dans le cas où la Russie se seroit refusée aux moyens de conciliation.

C'étoit cette démarche et cette promesse que la France auroit dû exiger alors de l'Autriche, au lieu de recourir à de petites intrigues sourdes, indécentes par les désaveux qu'elles entraînoient, à de petits moyens lents et dispendieux, sans effet, et dont le succès même n'auroit jamais pu être décisif.

A ces conditions, la France auroit pu et dû s'engager de nouveau à secourir la cour de Vienne contre le roi de Prusse, s'il l'avoit attaquée.

Le roi de Prusse étoit au fond très-éloigné de s'embarquer dans une nouvelle guerre contre l'Autriche et la France; et l'on a vu par toute sa manoeuvre qu'il ne cherchoit qu'à balancer la cour de Pétersbourg par celle de Vienne, et à s'affermir par leur mésintelligence, ou s'agrandir par leur réunion. Il avoit sans doute toujours des projets de conquêtes, mais il désiroit de les remplir, comme il l'a fait, sans guerre, sans dépense et sans risques. Il y est parvenu, mais comment ? par la connivence d'abord, et enfin par le concours déclaré de la cour de Vienne.

Cette connivence ne pouvoit être plus marquée. Pendant que la France envoyoit aux confédérés des secours d'argent, des officiers, des recruteurs, quelles facilités a-t-elle trouvées dans les états autrichiens pour rendre ses secours utiles ? Le gouvernement lui a refusé des armes, des munitions, de l'artillerie qu'elle offroit de payer comptant ; il n'a voulu se prêter à aucun des moyens proposés pour employer les déserteurs français, prussiens, et les siens propres qu'on auroit ainsi ramenés sous ses drapeaux à la fin de la guerre. Il a gêné, tourmenté sans cesse les malheureux confédérés, et restreint l'asyle qu'il leur accordoit à des conditions qui en faisoient plutôt des prisonniers que des réfugiés. Enfin la cour de Vienne a manifesté par la suite le but qu'elle avoit toujours eu : c'étoit d'entretenir à nos dépens le feu de la confédération, mais si petit, si foible, qu'elle n'eût, pour l'éteindre, qu'à souffler dessus quand il lui plairoit.

Si elle consentit à l'envoi d'un officier général accompagné d'une brigade d'officiers subalternes *) et à leur séjour dans la haute-Silésie, ce ne fut qu'un nouveau piége qu'elle nous a tendu. Elle vouloit se prévaloir à Pétersbourg et à Berlin de cette parade inutile; prouver à ces deux cours qu'elle tenoit toujours la France en corps de réserve; que jusqu'alors elle l'avoit laissé sur ses derrières; mais qu'il dépendoit d'elle de le porter en avant, quand elle le jugeroit à propos **).

Si l'on fait attention à l'époque de cet envoi et à la date des conventions qu'a faites depuis la cour de Vienne avec ses deux co-partageans, on verra combien et dans quelles vues elle a su tirer parti de cette dernière démonstration.

---

*) Cet envoi de notre part a été on ne peut pas plus déplacé, et il n'a pas tenu au comte de Broglie de l'empêcher.

**) Cela est d'autant plus vraisemblable, que par une suite des mêmes obstacles, cet officier général a été retenu à Teschen, comme en fourrière, jusqu'au dénouement de la pièce.

vre ainsi pied à pied la politique
dans tous ses replis depuis l'o-
ffaire de Pologne, il faudroit
s yeux les différentes correspon-
tte cour avec la nôtre, avec la
ec les deux autres puissances
es.

uême présumer que la première
mettre en évidence et la con-
use de cette cour à notre égard,
prémédité de nous faire servir,
s le sussions, à l'exécution de
ir la Pologne.

dés avec nous, relativement à
it pas été de meilleure foi : sans
sus dans l'analyse d'une négo-
on ignore les détails, on peut
après les faits connus, se former
ues et des principes adoptés par
enne.

système ancien et constant de
ce de la France à la Porte, dé-
ontré dans l'article précédent *),
)ser avec fondement que le mi-

---

e la Russie.

nistère autrichien a eu dans cette négociation deux objets principaux.

Il semble que le premier ait été d'abord de flatter le ministère d'alors, et de l'endormir dans l'espoir d'être admis avec elle dans la médiation, et d'y présider conjointement à l'exclusion de l'Angleterre et du roi de Prusse.

Ensuite, lorsqu'il n'a plus été possible à la cour de Vienne de cacher ses liaisons avec ce monarque et avec la Russie, elle a paru s'être réduite à nous persuader que du moins elle empêcheroit la médiation de l'Angleterre à notre préjudice.

La cour de Londres de son côté, n'ayant témoigné aucun empressement pour cette médiation *), et la Russie seule ayant insisté pour qu'elle y fût admise afin d'en écarter la France, il étoit aisé de prévoir qu'à la fin aucune des deux ne le seroit. C'étoit précisément ce que désiroit la cour de Vienne, et celle de Russie ne demandoit pas mieux.

Pour l'Autriche, elle avoit commencé de manifester et de remplir son objet pendant le

---

*) M. Murray, ambassadeur anglois à la Porte, est le seul qui désirât, pour sa gloire et son intérêt particulier, que sa cour eût cette médiation.

cours de toutes ces petites tracasseries politiques: elle avoit réduit la Porte à implorer son secours et à lui en payer bien cher d'avance la promesse. Il en résulta la convention du 5 ou 6 juillet 1771 *).

La cour de Vienne avoit déjà prévu ce résultat; et pour n'être pas embarrassée de la médiation dans le nouveau rôle qu'elle alloit jouer, elle s'en étoit désistée. Il est très-apparent qu'elle aura cherché alors à se faire un mérite de n'y avoir renoncé que par égard pour la France, parce que celle-ci ne pouvoit pas y être admise conjointement.

L'accession de l'Autriche au traité de partage, et son alliance avec la Russie contre la Pologne, impliquent et entraînent de fait une pareille confédération contre la Porte, quoique de nom peut-être elle n'ait pas été encore stipulée. Le masque est levé, et la France et la Porte savent à quoi s'en tenir désormais **).

---

*) En signant cette convention, la Porte paya 6000 bourses à la cour de Vienne qui ne les lui a pas rendues, quoique la convention n'ait pas eu lieu.

**) On apprend par les gazettes que le colonel baron de Browne, neveu du maréchal de Lascy, est allé

Il seroit superflu de suivre plus loin la cour de Vienne dans les tours et détours de sa conduite à cet égard : elle ne peut et ne doit plus y mettre beaucoup de mystère ; l'espoir, la tentative de nous tromper davantage, approcheroit trop de la dérision.

Au milieu de nos embarras pour la Pologne et pour la Porte, la révolution de Suède en fit naître un de plus, par la nécessité de soutenir le nouveau monarque sur son trône chancelant.

---

faire la campagne *volontaire* à l'armée russe. On peut bien supposer qu'il y est envoyé avec distinction et chargé d'une correspondance intéressante. Cette démarche publique annonce d'autant plus l'union et le concert intime des deux cours dans la guerre contre les Turcs.

Mais voici un fait qui doit encore plus éclairer la Porte et la France. On a dit (dans le mémoire n°. 1 à la suite de l'article 5) *qu'on parleroit ailleurs d'une puissance qui n'est pas non plus sans projet sur le commerce de la mer Noire.* Cette puissance est la cour de Vienne. On a su par un colonel anglois, revenu de Constantinople, ce qu'il y avoit apparemment appris de M. Murray chez qui il étoit logé. L'empereur, jeune et ambitieux, est fort occupé de projets de toute espèce : celui du commerce dans la mer Noire par le Danube, et de-là aux Échelles du Levant, est un des objets qu'il s'est proposés, et peut-être un des motifs

Le moyen le plus simple étoit assurément d'employer pour lui auprès de la Russie et du roi de Prusse l'intercession de la cour de Vienne. Aux termes où elle en étoit avec ces deux puissances alliées et co-partageantes, il sembloit qu'elle fût en droit d'obtenir ce qu'elle auroit demandé. Dans leur position respective et leurs liaisons d'intérêts présens et futurs, le besoin et l'espoir de la réciprocité leur font une loi d'une déférence

---

les plus forts qu'il ait eus pour favoriser la Russie. Cette puissance étant une fois maîtresse absolue de la mer Noire par la supériorité qu'elle y aura sur les Turcs, l'empereur s'est flatté (et peut-être est-il déjà convenu avec la Russie) que la liberté du commerce sur cette mer, et même aux Echelles, sera rendue commune aux pavillons autrichiens. Pour cela, il compte obtenir ou extorquer de la Porte le droit de naviguer sur le bas-Danube, d'en sortir et d'y rentrer librement pour tous les bâtimens des sujets de l'Autriche, ainsi que les capitulations les plus favorables sur le même pied que les autres *nations franques*.

La France peut donc regarder aussi la cour de Vienne comme entrée dans la conjuration qui semble être formée contre son commerce du Levant. Cette cour est d'autant plus intéressée à procurer les avantages de la Russie, et dans la guerre et dans la future négociation de paix, qu'elle s'est déjà proposé d'en partager le bénéfice.

Tome I. S

mutuelle. L'étendue des objets que peut embrasser l'ambition de cette *triple alliance*, mettra les alliés dans le cas de se réserver ou de s'abandonner tour-à-tour plus d'une victime, et la grace demandée pour le roi de Suède auroit été à charge de revanche.

Cette grace pouvoit n'être pas une reconnoissance et une garantie expresse de la *nouvelle forme du gouvernement de Suède**), mais du moins la déclaration, la promesse positive *de n'attaquer ni le roi ni le royaume de Suède, directement ni indirectement, à raison de ce changement ou pour quelqu'autre cause que ce fût*, excepté le cas d'une agression antérieure de la part desdits roi et royaume, *et même de ne s'immiscer directement ni indirectement dans les troubles intérieurs auxquels la révolution pourroit donner lieu ou servir de prétexte.*

---

*) On se sert ici de l'expression usitée par les états de Suède dans les actes publics depuis la révolution. Il seroit à souhaiter qu'on eût conseillé au roi de ne point l'adopter. Il auroit pu et dû employer celle-ci: *rétablissement de l'ancienne forme du gouvernement*. Elle n'auroit eu rien d'odieux, et quelque chose de plus vrai, puisque cette forme avoit existé depuis Gustave-Vasa jusqu'à Charles XI, *avant le despotisme et l'anarchie*.

A-t-on demandé à la cour de Vienne cette intercession si juste, si naturelle? A-t-on fait valoir auprès d'elle les motifs d'équité, de reconnoissance, et même de saine politique, qui devoient engager le chef de l'empire à s'intéresser pour un membre du corps germanique, et pour l'intégrité de ses possessions?

Si, après l'avoir *demandée*, on ne l'avoit point obtenue, l'a-t-on exigée, et cette cour a-t-elle osé la refuser?

On ne répétera point ici ce qu'on a déjà dit à ce sujet*); on observera seulement que si la demande n'avoit pas été faite, ce n'a pu être par la crainte d'être importun. Qu'avons-nous exigé depuis dix-sept ans de la cour de Vienne; et que n'a-t-elle pas exigé de nous? Mais remettons-en l'énumération à un autre moment **), et suivons le troisième objet de cette discussion, c'est-à-dire, la conduite de la cour de Vienne à l'égard de la France, relativement à la Suède.

S 2

―――――――――――――――

*) Section première, article 2 de ces conjectures.
**) A la fin du présent article.

Si donc pour premier et unique retour de tant de bienfaits dans le cours d'une alliance si onéreuse pour nous, et dont cette cour a recueilli tout l'avantage, la France avoit demandé, exigé de l'Autriche de faire *cause commune* relativement à la Suède, comment et sous quel prétexte auroit-elle pu s'en défendre?

Seroit-ce par la raison rigoureuse que n'étant point engagée nommément avec la Suède, ni même avec nous pour le cas éventuel de la *révolution*, la cour de Vienne pouvoit *à toute force*, se dispenser de prendre aucun parti, aucun intérêt à cette affaire?

Si cette raison péremptoire étoit alléguée au barreau en faveur d'une partie qui auroit trompé l'autre par des conventions, dont toutes les charges seroient d'un côté, et tous les avantages de l'autre, elle seroit certainement admise dans un tribunal de rigueur, et décideroit la question : le refusant seroit déchargé. *Summum jus summa injuria*, dit un axiome de droit. *L'extrême justice est une extrême injustice*, s'écrieroit alors la partie perdante.

Mais qu'arriveroit-il même dans les règles de la plus étroite rigueur? Cette partie engagée légérement, imprudemment chargée par la convention de tout le fardeau d'une société, reviendroit au même tribunal réclamer contre des engagemens dans lesquels la lésion seroit trop manifeste. Elle demanderoit la résiliation du contrat, parce qu'il ne seroit point synallagmatique, c'est-à-dire, réciproquement obligatoire : parce qu'il y manqueroit cette clause *do ut des:* (je donne pour recevoir) clause toujours sous-entendue par la loi dans tout contrat civil, et censée en être l'esprit, lors même qu'elle n'y est pas exprimée *par la lettre*. Alors aussi la partie lésée gagneroit à son tour; le contrat seroit annullé et comme non-avenu.

Appliquons au cas de l'alliance d'une puissance avec une autre, ces règles universelles, éternelles *du droit civil*, dérivées du droit naturel, et nous trouverons aussitôt la solution d'une vérité qui n'auroit jamais dû paroître embarrassante.

On nous a promis des secours; mais il est démontré que nous n'en avons ni n'aurons besoin, que nous ne serons et ne pourrons jamais être dans le cas de les réclamer : donc cette promesse de secours est illusoire, nulle au fond et comme non-avenue ; donc en promettant de notre côté à l'autre partie contractante ces mêmes secours dont le cas est possible, prochain, multiplié, et peut devenir très-fréquent, nous avons été lésés, surpris, circonvenus ; nous nous sommes engagés à donner sans recevoir : donc notre engagement n'est pas synallagmatique ; donc il est nul ; donc nous sommes en droit d'en demander la résiliation.

Mais où sont les juges des rois ? En existe-t-il sur la terre ? oui, *le droit des gens*, *le droit naturel*, *sur-tout le sens commun*. Il ne peut jamais supposer ni admettre que dans un contrat quelconque l'une des deux parties soit engagée à tout, l'autre à rien : son jugement est prononcé d'avance.

Lors donc qu'on veut des deux côtés laisser subsister la lettre d'un pareil contrat, d'une convention, d'un engagement qui n'est pas réciproque, il faut y suppléer par *l'esprit*, c'est-à-dire, par la clause sous-entendue que la partie lésée obtiendra de l'autre un *équivalent* qui lui tiendra lieu de réciprocité.

Quel pouvoit et devoit être pour la France cet équivalent de la part de son alliée? Nous l'avons déjà dit, il faut le répéter, c'étoit l'appui que la première étoit en droit d'attendre de l'autre pour ses alliés, pour ses protégés, dans les cas sur-tout où la proximité mettroit celle-ci à portée de les défendre, et dans le cas aussi où par d'autres circonstances, elle se trouveroit en état de les garantir de toute vexation, de toute agression.

Trois cas à-peu-près de la même nature se sont présentés si près l'un de l'autre, qu'ils semblent n'en faire qu'un seul. Si on en excepte celui de la Porte, les deux autres sans doute sont précisément susceptibles de l'application. On a vu comment l'Autriche nous a aidés à secourir la Pologne. Cherchons à présent si, à notre considération, elle a mieux servi la Suède.

Cette recherche sera courte. Il nous manqueroit pour l'approfondir la lumière la plus vive, c'est-à-dire, la connoissance de tous les détails de la négociation qui peut et doit avoir été entamée à ce sujet entre notre cour et celle de Vienne. C'est encore le cas de le redire, nous sommes ici réduits aux *conjectures*.

Si cependant il étoit permis d'en juger au moins par les faits qui ont *percé* dans un certain public, la conduite de la cour de Vienne, relativement à la Suède, a été vraisemblablement toute opposée à ce que la France auroit été en droit d'en exiger et d'en attendre.

On ne peut guère révoquer en doute les déclarations de cette cour à celle de Pétersbourg et à plusieurs autres, que *si la Suède étoit attaquée, leurs majestés impériales étoient résolues de garder la plus exacte neutralité*. Quel autre sens peut-on donner à ces déclarations faites sur-tout à des puissances qui menaçoient alors la Suède, que le dessein d'encourager toute agression, toute invasion de ce royaume, au lieu de l'en défendre, ou du moins de l'en préserver.

S'il est permis aussi de conjecturer là-dessus au moins d'après l'événement, ce n'est point à la cour de Vienne qu'on a pu devoir depuis la déclaration pacifique de la Russie au sujet de la Suède ; le ministère autrichien ne paroît plus nous ménager assez pour être revenu sur ses pas, et avoir corrigé par des insinuations ultérieures et secrettes la dureté de ses déclarations publiques. Celle de la Russie, telle qu'elle puisse être, n'a été déterminée que par deux motifs ; la rupture du congrès de Bucharest, et la nécessité absolue de terminer par une diète bloquée et jugulée l'affaire de Pologne ; et si la cour de Vienne a fait ou paru faire quelque démarche pour obtenir cette déclaration, ce n'a été aussi que par les mêmes motifs de projets et d'intérêts communs avec les deux autres puissances co-partageantes.

D'après cet exposé, que l'on ose croire fidèle, il faut en revenir à ce qu'on avoit observé au commencement de cet article, que la Pologne est partagée, l'empire ottoman aux abois, et la Suède menacée.

On dit menacée, parce que l'on croit avoir prouvé d'avance que des assurances et déclarations quelconques de la part de la Russie et du Dannemarck ne peuvent ou ne doivent point nous rassurer sur le sort de la Suède, et que nous ne tenons rien tant que ces deux puissances resteront armées sur la Baltique *).

Voilà cependant les trois états nos alliés ou nos protégés, en faveur desquels l'intervention ou même les secours de l'Autriche sembloient nous être acquis par la clause de réciprocité requise, ou au moins sous-entendue dans toute convention, et sans laquelle aucun contrat ne peut rester obligatoire. De ces trois alliées de la France, la cour de Vienne a dépouillé l'un, rançonné l'autre, et au moins abandonné le troisième.

Quel fruit la France a-t-elle donc recueilli de son alliance avec la cour de Vienne? Quels avantages peut-elle espérer désormais d'en tirer? Où est donc pour nous l'équivalent de la réciprocité?

Ce n'est donc point sans fondement qu'on avoit déjà mis en question, si de fait, cette alliance ne subsistoit déjà plus **). On pourroit ajouter ici une autre question, ce seroit, si de droit, elle peut subsister encore?

---

*) Section deuxième, articles 1 et 5 de ces conjectures.

**) Section première, article 2 de ces conjectures.

On pourroit même trancher là-dessus, et décider que de fait et de droit cette alliance est rompue ; et voici sur quoi cette décision sembleroit fondée.

La principale stipulation du traité de 1756, étoit celle d'un secours réciproque au cas que l'une des deux parties fût attaquée par un tiers.

Cette clause a pu subsister pendant que l'Autriche est restée, ou du moins a paru étroitement unie avec la France exclusivement.

Mais aussi-tôt que la première s'est alliée avec la Russie et la Prusse contre la Pologne, c'est une agression de sa part exercée contre un tiers, et dont les suites peuvent ou doivent l'exposer bientôt elle-même à une ou plusieurs agressions ensemble ou successivement.

Dans tous ces cas, si l'alliance subsitoit toujours entre cette cour et la France, celle-ci pourroit donc être obligée de secourir l'Autriche contre tous les agresseurs quelconques, ou ceux qu'elle prétendroit tels, amis ou alliés de la France, et cela pour raison d'une première agression d'une ligue étrangère à cette couronne, contraire à ses principes, à ses vues, à ses intérêts, à ses engagemens; cela seroit absurde.

Il seroit au contraire juste et raisonnable de regarder l'alliance de 1756 comme rompue, annullée et non-avenue.

Cependant il faut être juste; voyons si du côté de la France les engagemens ont été remplis, et si même elle n'a pas beaucoup plus fait pour l'Autriche qu'elle n'avoit promis, et qu'elle n'y étoit obligée.

Sans répéter ici ce qu'on a déjà dit des efforts inouis qu'a faits la France en Allemagne pendant la guerre pour le seul objet de la cour de Vienne, et de la somme immense que celle-ci a reçue de l'autre après la paix pour arrérages de subsides *), cherchons seulement si, depuis, la France a manqué à la cour de Vienne.

Que n'a-t-elle pas fait au contraire pour favoriser toutes les vues de cette cour? Ne l'a-t-on pas vue aller au-devant de ses désirs, guetter, rechercher les occasions de lui être utile? Jamais les petits soins et la cajolerie de cour à cour ont-ils été poussés si loin?

---

*) Introduction à ces conjectures.

Notre ministère a-t-il été retenu par aucune considération de politique ? Le traité du 30 décembre 1758 ne nous engageoit-il point, en faveur de la maison d'Autriche, à des démarches, à des bons offices, dont l'objet ne pouvoit qu'être désagréable au roi d'Espagne et aux autres branches de la maison de Bourbon ?

Cet objet étoit de réaliser des prétentions fabuleuses, celles d'Autriche contre ces trois branches, et d'éteindre leurs droits réels; à la charge de la Toscane et de la Lombardie autrichienne ; enfin de gêner les chefs de ces branches dans l'arrangement de leur succession, pour la faire régler et partager au gré de l'Autriche.

Si depuis elle n'a point réclamé l'exécution entière de ces clauses *inofficieuses* pour la maison de Bourbon, c'est qu'elle en a obtenu les pricipaux objets par des mariages qui ont affermi sa puissance et sa tranquillité en Italie. C'est toujours à la France qu'elle a dû tous ces avantages par l'influence et les liaisons de notre précédent ministère en Espagne, et par une espèce d'admission de l'Autriche au *pacte de famille*, qui n'est pas un des effets les moins désavantageux de ce pacte.

En effet, après avoir si long-tems combattu pour empêcher la couronne impériale de se perpétuer dans la maison d'Autriche, la France s'étoit engagée à favoriser et procurer l'élection de l'archiduc roi des Romains. Elle a tenu parole, et c'étoit alors tout ce qu'il lui restoit de mieux à faire; car elle s'étoit laissée mettre peu-à-peu hors d'état de pouvoir s'y opposer.

On ne s'en est pas même tenu aux engagemens exprès et précis de ce traité du 30 décembre 1758. La France ne s'étoit engagée qu'à solliciter auprès de l'Empire l'investiture éventuelle des états de Modène en faveur de l'archiduc Léopold. Elle a fait plus pour la famille impériale: celle-ci a obtenu sans limitation la même expectative en faveur des héritiers collatéraux de l'archiduc Ferdinand. Par-là si ce prince venoit à mourir sans postérité mâle, aussi-tôt l'empereur, le grand-duc ou son fils aîné, ajouteroit de droit ces états voisins et considérables à la masse de sa puissance en Italie. Quel *arrondissement* pour la Lombardie autrichienne!

On ne s'étendra pas ici sur les conséquences de *ce bon office* pour la maison de Bourbon et celle de Savoie. Elles se présentent si naturellement, qu'on peut se dispenser là-dessus de tout commentaire. D'ailleurs il trouvera sa place dans un des articles suivans *).

Voilà donc jusqu'à présent la France en règle avec l'Autriche sur tous les engagemens contractés en sa faveur. On peut même prouver que souvent ils ont été pris et remplis, sans égard pour la bienséance qu'exigeoient au moins les liens du sang et la communauté du nom de Bourbon, au détriment des trois autres branches de cette maison, au risque même de se brouiller avec l'une, et en se donnant l'apparence de vouloir semer la division entre les deux autres †).

Nous venons d'observer aussi que les déférences de la France pour la cour de Vienne ne se sont point bornées à la lettre de ses en-

───────────

*) Dans la suite de cette deuxième section, article de l'Italie.

†) Par tous les traités conclus avec la cour de Vienne depuis 1756 jusqu'en 1761, et nommément celui du 30 Décembre 1758.

gagemens; qu'elle a fait ou laissé faire en faveur de la maison d'Autriche beaucoup plus qu'elle n'avoit promis et permis, et qu'il en peut, qu'il en doit même résulter un jour des conséquences dangereuses pour la maison de Bourbon. Ce seroit au ministère d'alors à nous apprendre enfin ce que la cour de Vienne a fait en retour pour la France. C'est au ministère d'aujourd'hui à prévoir et à discuter ce qu'elle peut et doit en espérer, sur tout dans ce nouveau système de la ligue *co-partageante*.

En attendant, il seroit peut-être permis de résumer *sur la position respective actuelle de la cour de Vienne, relativement à la France.*

Mais nous avons déjà démontré ailleurs *) combien cette position est devenue avantageuse, relativement à la *puissance fédérative*, et même à la *puissance pécuniaire*.

On a prouvé aussi que tous ces avantages usurpés sur nous-mêmes, ne l'ont été qu'à l'ombre de notre confiance, de notre déférence, de notre connivence, et qu'ainsi c'est nous-mêmes qui avons *poussé* l'Autriche

―――――――――

*) *Introduction* et *section première* de ces conjectures.

à notre place naturelle, c'est-à-dire, à la tête des grandes puissances.

Nous avons ajouté, (et cela n'est que trop sensible) que par sa *défection*, et par son alliance avec la Russie et la Prusse, l'Autriche a fait gagner aussi un rang à chacun de ces deux alliés. Enfin, que l'Europe étonnée a vu et voit encore la France rangée en quatrième ligne dans l'ordre des grandes puissances *).

Que pourroit-on opposer à ces tristes réflexions, qu'un autre tableau aussi vrai qu'il est consolant? C'est que cette supériorité de l'Autriche, celle de ses deux alliés et les avantages qu'elle a pris sur nous de la puissance militaire, de la puissance fédérative, et de la puissance pécuniaire, tout cela n'est ou ne peut être que momentané, si la France sort une fois de son enchantement léthargique;

Que les *élémens* et les *matières premières* de ces trois genres de puissance, existent encore chez elle en plus grande quantité, et

---

*) *Introduction à ces conjectures.*

meilleure qualité, que chez aucun de ces trois potentats;

Que ses moyens et ses ressources sont immenses et inépuisables; que si son administration intérieure vouloit ou savoit en féconder les germes et en favoriser la réproduction, au lieu de les détruire par une culture forcée, bientôt leur développement et leur maturité multiplieroient rapidement et ses moyens et ses ressources;

Si l'usage et l'emploi en étoient réglés et modifiés par une économie noble, sage et ferme, il en résulteroit aussi pour l'état le rétablissement de son crédit, de sa considération au dehors, de son rang, de sa prééminence, et de son influence dans *l'ordre politique*;

Que même dans l'état présent, à partir du point où l'on est, il reste à la France des moyens de se rapprocher de celui d'où elle est partie, et de remonter au degré d'où elle est déchue;

Ces moyens consistent dans la formation d'un nouveau système de puissance militaire, et de puissance fédérative;

Que les événemens récens, et ceux qui peuvent en dériver incessamment, doivent même entraîner et nécessiter ce changement de système.

Mais ce sont ces *combinaisons* qu'on se propose d'analyser et de calculer dans la troisième section. Poursuivons à présent notre voyage politique.

Nota. On a placé à la suite de cet article, de l'autre part, l'extrait du traité de 1758, pour mettre en état de juger de tous les avantages qu'il procuroit à la cour de Vienne.

EXTRAIT de la Convention, ou Traité secret *entre le Roi et l'Impératrice-Reine, signé à Versailles le* 30 *Décembre* 1758, *par MM. le Duc de Choiseul et le Comte de Stahremberg.*

ARTICLE PREMIER.

Le traité de Versailles du premier Mai 1756, renouvellé et confirmé *).

---

*) Il n'est plus question ici du traité du premier Mai 1756. Quelqu'absurde qu'il fut, ridicule dans son plan et impossible dans son exécution, il contenoit du moins des cessions éventuelles et conditionnelles de la part

Art. II.

Le secours stipulé par ledit traité de la France à la cour de Vienne, sera fourni par le roi à l'impératrice pendant toute la guerre, en troupes ou en argent, au choix de l'impératrice, à déclarer par elle à la fin de chaque année.

Art. III.

Ce secours en argent évalué à 3,336,000 florins d'empire, (8,340,000 liv.) par année en douze paiemens égaux de mois en mois.

Art. IV.

Convention de Stockholm entre la France, la Suède et l'impératrice, renouvellée et confirmée; les subsides promis à la

---

de l'impératrice, d'une partie des Pays-Bas à l'infant don Philippe, et du reste à la France, en échange des Etats de l'infant, de la Silésie, etc. etc., et de plusieurs autres cessions, renonciations et garanties que la France s'engageoit d'extorquer à différens princes, amis, alliés, et même de la maison de Bourbon.

La cour de Vienne trouva plus commode de conserver à-peu-près tous les avantages qu'elle avoit stipulés par ce traité, et de s'exempter par celui-ci de tous les engagemens réciproques qu'elle avoit pris.

Suède par la dite convention et à payer conjointement par le roi et l'impératrice, seront à l'avenir payés en entier par la France seule, à compter du premier Juin précédent 1758.

Art. V.

Les troupes saxonnes seront aussi payées par la France seule à la disposition de l'impératrice.

Art. VI.

Promesse et indication vague *de satisfactions et de dédommagemens* à faire obtenir de concert au roi de Pologne électeur de Saxe.

Art. VII.

Le roi s'engage à tenir toujours pendant toute la guerre au moins cent mille hommes de ses troupes en Allemagne, contre le roi de Prusse et ses alliés.

Art. VIII.

Dépôt d'Ostende et de Nieuport confirmé.

Art. IX.

Promesse cependant de restituer ces deux places à l'impératrice, sur sa première réquisition, même avant la paix avec l'Angleterre.

Art. X.

Tous les pays et états du bas-Rhin conquis ou à conquérir par la France sur le roi de Prusse cédés en souveraineté à l'impératrice; les revenus réservés par la France pendant la guerre, à l'exception de 40 mille florins pour les frais d'administration.

Art. XI.

Promesse d'accommoder tous les différends de limites aux Pays-Bas, l'affaire de l'abbaye de Saint Hubert, etc. etc. par des commissaires à nommer dans l'espace de six mois: dettes de la Lorraine à solder par la France.

Art. XII.

La Silésie entière *) et le comté de Glatz assurés à l'impératrice comme une condition

---

*) Par le traité du premier Mai 1756, le duché de Crossen, ancienne possession de la maison de Brandebourg, et le district de Zullichau étoient adjugés au roi de Pologne, électeur de Saxe, pour une partie de ses *dédommagemens*. Cet article tenoit fort au coeur à la

préliminaire et *sine quâ non*, de tous engagemens et traités faits ou à faire.

ART. XIII.

Ni paix ni trêve sans le consentement réciproque des deux parties contractantes au présent traité. Le roi exigera du roi d'Angleterre, électeur d'Hannovre, d'engager le roi de Prusse à faire *une paix convenable* avec l'impératrice, ou du moins d'abandonner ledit roi de Prusse, et l'impératrice exigera du roi de Prusse, *vice versâ*, la même chose relativement au roi d'Angleterre, électeur d'Hannovre.

ART. XIV.

Les traités de Westphalie renouvellés et confirmés; la Suède admise à la garantie *).

ART. XV.

Renonciation de l'impératrice en faveur de l'infant D. Philippe à son droit de *rever-*

---

cour de Dresde. Il lui donnoit comme un pont sur la Silésie pour passer de Saxe en Pologne, sans toucher aucun territoire étranger; il fut supprimé par ces deux mots: *la Silésie entière.*

*) Elle l'étoit de droit.

sion éventuelle sur les états de ce prince en vertu du traité d'Aix-la-Chapelle *), exceptant seulement de cette renonciation le cas de l'extinction de la ligne masculine †).

Art. XVI.

Promesse et indication vague *de démarches à faire* auprès du roi des Deux-Siciles, de concert entre les deux parties contractantes et

---

*) Ce prétendu droit de *reversion éventuelle* ne pouvoit être imaginé que pour le cas où *l'infant don Philippe parviendroit au trône d'Espagne ou de Naples*. Ce cas n'a point existé depuis; il ne pouvoit pas même exister; et l'impératrice renonce ici à un droit nul, imaginaire, pour en faire un équivalent fictif à des droits réels, existans, dont elle exige la renonciation dans les articles suivans. Le cas où *le roi de Naples parviendroit à la couronne d'Espagne*, est arrivé depuis; mais dans ce cas même, le droit de reversion ne pourroit pas avoir lieu pour l'impératrice. On n'en trouve pas un mot dans son accession au traité d'Aix-la-Chapelle. Il n'y avoit qu'à le lire. Ce fut seulement dans l'accession du roi de Sardaigne qu'on laissa glisser cette clause, qui depuis a coûté au roi 9,000,000 l.

†) C'étoit le seul cas qui pût exister et qui le puisse encore; le seul où, aux termes de l'accession, le droit de reversion éventuelle pourroit avoir lieu pour la maison d'Autriche. L'impératrice se le réservoit; ainsi dans le fait, elle ne renonçoit à rien.

et l'infant D. Philippe, pour des arrangemens aussi vagues, afin de fixer et assurer l'ordre de succession auxdits royaumes *).

---

*) Cet article étoit au moins superflu et insignifiant, s'il n'étoit pas même dangereux et absurde. Personne n'avoit droit de s'immiscer dans cet ordre de succession, et moins encore la cour de Vienne. C'étoit lui en fournir des prétextes qu'elle auroit fait valoir, si le roi n'étoit pas mort pendant la guerre, et dans des circonstances où cette cour étoit trop occupée de ses affaires d'Allemagne, pour empêcher le roi don Carlos d'arranger lui-même à son gré la succession de ses royaumes. Quelques années plus tard, cet événement auroit occasionné une nouvelle guerre en Italie. Le roi alors se seroit trouvé engagé insensiblement dans des mesures concertées avec la maison d'Autriche et vraisemblablement opposés aux intérêts de sa propre maison. L'objet de la cour de Vienne, en faisant glisser cette clause dans le présent traité, ne pouvoit être que de semer la division entre ces deux branches régnantes de la maison de Bourbon et même dans celle d'Espagne, en poussant l'infant don Philippe sur le trône de Naples, au préjudice des enfans du roi don Carlos. Par-là, elle n'auroit plus eu à craindre l'intervention de l'Espagne dans les affaires d'Italie; enfin, elle auroit réuni la Lombardie autrichienne, les états de Parme, Plaisance et Guastalla. La renonciation vague de l'article 15 n'auroit pas empêché cette réunion. Outre qu'elle ne portoit sur rien, le droit de convenance fondé sur l'appui que l'impératrice auroit accordé à l'infant pour le faire monter sur le trône de Naples, lui auroit fait obtenir de ce prince la cession de ses états de Lombardie. Ce

Art. XVII.

Le roi promet ses bons offices pour engager le roi des Deux-Siciles à céder et à renoncer en faveur de l'empereur, grand-duc de Toscane, à tous ses droits et prétentions sur les allodiaux de Médicis et de Farnèse, en dédommagement du droit de reversion acquis à l'impératrice par le traité d'Aix-la-Chapelle *).

Art. XVIII.

Pareille cession et renonciation promise par le roi, de la part de l'infant D. Philippe, ainsi qu'à tous ses droits et prétentions sur

---

droit de reversion au roi de Sardaigne de la ville de Plaisance et du Plaisantin jusqu'à la Nura qu'il s'étoit réservé pour son accession au traité d'Aix-la-Chapelle, n'auroit pas non plus embarrassé la cour de Vienne, sur-tout si la France avoit concouru à ses projets, ou lui avoit seulement permis de les exécuter. Ou elle se seroit emparée de Plaisance et l'auroit gardé; ou, au pis aller, elle en auroit été quitte pour la restituer au roi de Sardaigne, à condition de concourir au nouvel arrangement, d'y accéder et de le garantir; et ce prince ne pouvant faire mieux, auroit du moins profité de l'occasion pour ajouter à ses Etats une grosse ville, un grand territoire, et 500,000 livres de revenu.

*) Ce prétendu droit a été apprécié dans les notes sur l'article 15.

Bozzolo et Subionetta, condition *sine quâ non* de la renonciation de l'impératrice à son *prétendu* droit de reversion.

Art. XIX.

Le roi s'engage à concourir avec l'impératrice pour faire élire roi des Romains l'archiduc son fils aîné: les deux parties contractantes agiront aussi de concert en cas d'élection d'un roi de Pologne pour la faire tomber sur un prince de Saxe.

Art. XX.

Même concert et union pour faire accomplir le mariage de l'archiduc Léopold avec la princesse de Modène, et accorder par l'Empire audit archiduc l'investiture éventuelle de Modène, Reggio, etc. *).

---

*) Cet article a été plus que rempli: l'investiture a été non-seulement accordée par l'Empire, aux termes du présent traité, mais encore étendue aux *héritiers collatéraux de l'archiduc Ferdinand*, qui a pris la place de l'archiduc Léopold. Par-là, dans le cas où l'archiduc Ferdinand ne laisseroit point de postérité mâle, ou même dans celui d'extinction de sa ligne masculine, les états de Modène seroient de droit réunis à la Lombardie autrichienne. On ignore s'il y a eu quelque nouvelle

Art. XXI.

Accession à demander en tems et lieu à l'empereur, au grand duc de Toscane, à la Suède, à l'impératrice de Russie, au roi de Pologne électeur de Saxe, et *démarches à faire de concert* pour y engager aussi le roi des Deux-Siciles.

Art. XXII.

Sur *le secret*. Il sera gardé par les deux parties contractantes, nommément pour l'impératrice de Russie et le roi de Pologne électeur de Saxe, jusqu'à ce qu'elles soient convenues de le déclarer en même tems aux parties intéressées.

Art. XXIII.

Sur l'échange des ratifications.

Art. XXIV.

Article séparé, ordinaire, sur les titres et rangs respectifs.

---

convention pour faire ajouter cette clause à l'investiture, et plus encore quel motif a pu avoir notre ministère de s'y prêter et d'y concourir.

ARTICLE VIII.

De l'Empire, ou Corps Germanique.

Pour traiter méthodiquement cette partie de l'Europe, il faut remonter aux principes et rappeller ici ce qu'on a dit ailleurs de la *puissance fédérative*.

C'est le résultat des rapports que l'intérêt a établis entre une cour et plusieurs autres.

De ce rapport naît le besoin réciproque et de ce besoin les alliances, les garanties, le *recours des plus foibles*, le *secours des plus forts*, et dans certains cas le *concours des uns et des autres*.

Relativement à l'Empire, la France étoit au plus haut point de sa puissance fédérative après la paix d'Aix-la-Chapelle.

Jettons donc un coup-d'oeil rapide sur l'origine de cette branche de puissance, sur ses progrès, sa décadence et son rétablissement.

Au comble de la gloire et de la prospérité, après la paix de Nimègue, Louis XIV pouvoit rester l'arbitre de l'Europe, surtout de l'Empire. Il en devint l'ennemi.

Les *chambres de réunion* établies à Metz et à Brisach ne produisirent à la France que l'odiosité. L'occupation de Strasbourg en pleine paix paroissoit fort avantageuse et presque nécessaire; elle n'en révolta pas moins le corps germanique *).

La prise de Philipsbourg en 1688 fut à tous égards une invasion, un acte d'injustice manifeste †).

---

*) On paya cher cette acquisition à la paix de Riswick par la cession de Brisach et des autres possessions au-delà du Rhin, qui ouvroient à la France les cercles de Souabe et du haut-Rhin, et les tenoient sans cesse à sa discrétion. L'Alsace fut arrondie, couverte; mais le Rhin devenu barrière, diminua dans l'Empire la confiance, la sécurité des amis de la France, et augmenta l'audace de ses ennemis.

†) Un roi d'Angleterre attaqué par un stadhouder, une république qui lui en fournissoit les moyens, l'empereur même et l'Espagne ligués secrétement avec la Hollande; tout cela n'avoit rien de commun avec le corps germanique. Cette diversion en pure perte ne pouvoit d'ailleurs ni sauver Jacques II, ni en imposer à la Hollande, ni à l'Espagne, ni même à l'empereur. C'étoit dans la Manche ou en Angleterre que Jaques pouvoit et devoit être secouru. La Hollande craignoit tout pour elle, et vit avec plaisir l'orage se détourner du côté de l'Allemagne. L'Espagne, complice du prince d'Orange, étoit la plus exposée au ressentiment de la France. La Flandre pouvoit être envahie dès la pre-

Par cette invasion l'empereur obtint de la France même tout ce qu'il désiroit. C'étoit un prétexte, un motif de faire déclarer contre elle une *guerre d'Empire*. Il se soucioit peu de laisser en proie à la France queques cercles antérieurs pourvu qu'il remplît ses projets aux Pays-Bas et en Italie. L'intérêt de sa maison exigeoit que le corps germanique fût compromis avec la France, irrité, irréconciliable ; il falloit pour cela qu'une partie de l'Allemagne fût dévastée.

Il est triste de le rappeller. Louvois, par ses conseils injustes, on oseroit dire atroces, surpassa même l'espérance et les vues de Léopold. *L'incendie du Palatinat* acheva de rendre la France plus l'horreur que la terreur de l'Allemagne et de l'Europe.

Depuis cette époque jusqu'à la mort de Louis XIV cette plaie saigna toujours. Elle ne fut entièrement refermée et consolidée que

---

mière campagne ; l'attaque de Philipsbourg lui donnoit le tems de respirer et de se mettre en défense. L'Empire insulté alloit se réunir contre la France, et divisoit ses forces en les occupant sur le Rhin : c'étoit le salut des Pays-Bas.

par la confiance qu'inspira enfin au corps germanique la sagesse, l'équité et la modération de son successeur.

La guerre passagère de 1733 où l'Empire entra foiblement, fut terminée par une paix dont le vainqueur dicta la condition d'après les mêmes principes. Cette confiance éclata sur-tout lorsqu'après l'élection de François I, en 1745, on vit la cour de Vienne tenter pendant trois ans des efforts inutiles pour faire d'une *guerre autrichienne* une *guerre d'Empire*.

Malgré les fautes et les malheurs dont cette guerre ne fut presque qu'un enchaînement en Italie et en Allemagne, les succès aux Pays-Bas en furent la compensation, et partout où le roi parut la France triompha.

Si la paix ne fut pas aussi avantageuse qu'elle auroit pu et peut-être dû l'être, elle fut du moins la plus glorieuse et par l'héroïsme le plus pacifique du conquérant, et par la position brillante et solide où la France se vit alors dans le continent de l'Europe. Il en résultoit le maintien et l'accroissement de sa puissance fédérative.

Celle-ci se trouvoit la mieux établie dans l'Empire. Cette guerre avoit fait éclore le système d'un équilibre en Allemagne dont la balance auroit toujours été dans les mains de la France.

Une puissance rivale s'étoit élevée *) presqu'au niveau de celle d'Autriche ; elle ne sembloit cependant ni atteindre plus haut, ni se maintenir long-tems au même degré sans l'appui de la France. Quelqu'eussent été les motifs des deux défections que la France avoit reprochées à ce nouvel allié pendant le cours de la même guerre, soit qu'il eût eu de bonnes raisons à alléguer pour sa justification, soit que les circonstances eussent obligé de l'en dispenser, il n'en est pas moins certain qu'à la paix il obtint encore de la France la garantie de ses acquisitions, et l'intérêt commun sembloit être un garant encore plus sûr de la durée de cette alliance.

Elle paroissoit en effet devoir être dans l'Empire la base la plus solide du crédit et

---

*) Le roi de Prusse avoit été opposé à la maison d'Autriche à la mort de Charles VI.

de la considération de la France, fondés sur la puissance fédérative.

Quoique revêtue de la dignité impériale, la nouvelle maison d'Autriche ne pouvoit plus, comme l'ancienne, opprimer l'Empire ni le soulever à tout propos contre la France. La nouvelle balance étoit encore fortifiée de notre côté par des liaisons particulières avec divers membres du corps germanique.

En partant de cette position, la France reprenoit déjà dans les affaires de ce corps le degré d'influence qu'elle y avoit acquis autrefois par les *traités de Westphalie*, que la *ligue du Rhin* en 1658 lui avoit conservé et assuré jusqu'à la paix de Nimègue, et que ses hauteurs et ses vexations après cette paix lui avoient fait perdre.

Delà pour elle un nouveau surcroît de crédit, de considération et même de pouvoir. Pour l'augmenter encore, elle n'avoit, on le répète, rien à faire que de *rester comme elle étoit*. La France alloit redevenir pour l'Empire un point d'appui fixe, une protection assurée dans tous les cas d'atteinte, soit aux loix, aux constitutions du corps entier, soit aux droits et prérogatives de chaque membre. Garant perpétuel de la paix de Westphalie, le roi étoit en quelque sorte le gardien et le protecteur-né de ces loix et constitutions.

Dans tous les cas sa majesté restoit d'autant plus libre dans l'exercice de cette garantie, qu'elle n'avoit aucun engagement particulier avec la cour impériale, la seule de qui l'on peut craindre de pareilles atteintes; et toutes les fois que la France n'auroit pas jugé à propos d'exercer sa garantie à la rigueur dans les différends qui pourroient survenir, elle étoit sûre au moins de s'en réserver l'arbitrage.

On l'a déjà remarqué; la puissance nouvellement agrandie et mise dans l'Empire en équilibre avec l'Autriche, ne sembloit pas avoir acquis une consistance assez ferme pour se maintenir elle même, et pour soutenir sa balance sans l'appui ou du moins sans le concours de la France.

D'autres membres puissans du corps germanique, la Saxe, la Bavière, la maison Palatine, avoient un intérêt commun au maintien de cette balance et de la prépondérance de la France, toutes les fois qu'il lui plairoit de la faire pencher d'un côté ou de l'autre. Par-là elles étoient également à couvert des entreprises de l'une ou de l'autre des deux puissances opposées. Par-là aussi elles pouvoient espérer de la France un appui solide dans leurs prétentions respectives.

A l'égard des trois électeurs ecclésiastiques, et des autres princes et états du Rhin, ils tenoient déjà à la France par des liens encore plus forts. Obligés de la ménager par leur position topographique, quelques-uns d'entr'eux fondoient aussi leurs liaisons avec cette couronne sur des vues d'intérêt présent et d'avantages éventuels. Quels garans plus sûrs de la foi des hommes et des princes que l'intérêt d'un côté, et la crainte de l'autre !

De toutes parts donc, c'est-à-dire, du corps germanique en général, et de chacun de ses membres en particulier, à la France *le recours du plus foible,* de la France à l'Empire à chacun *de ses co-états, le secours du plus fort;* ce qui fait le lien le plus fort de la puissance fédérative. Delà pour la France, dans le corps germanique, le plus grand *crédit de considération.*

Et ce crédit ne bornoit point ses effets à l'étendue de l'Allemagne, il les portoit au loin et dans le Nord et jusqu'en Italie.

Voyons à présent s'il a pu subsister au même point depuis la diminution ou plutôt l'anéantissement de notre puissance fédérative.

Dans l'Empire, elle étoit fondée sur deux titres: la protection et l'arbitrage.

Depuis le changement de ce système, il ne faut pas croire que le corps germanique, ni aucun de ses membres, attende encore de la France aucune protection : s'ils pouvoient s'en flatter un jour, ce ne seroit qu'après un retour de sa part vers les anciens principes.

Mais l'alliance de 1756 avec la cour de Vienne étoit, dira-t-on, purement défensive; loin d'y déroger aux engagemens des traités de Westphalie, les deux cours les prenoient pour base de leur union.

Rien n'est plus vrai selon la lettre; mais quel étoit l'*esprit* des nouveaux engagemens? la suite l'a montré; et tant que ces liens subsisteront entre la France et l'Autriche, on restera persuadé que celle-ci pourroit toujours attenter impunément, soit aux libertés du corps germanique, soit à l'indépendance, ou même aux possessions de chacun de ses membres.

On ne compte guère plus sur l'arbitrage de la France. Il auroit été au moins très-suspect.

Mais autant la France perdit à ce changement, autant l'Autriche y gagna.

D'abord elle eut de quoi en imposer à tout l'Empire, par la publicité et l'étalage de son étroite union avec la France.

Ensuite elle fit servir cette même intelligence à procurer enfin l'élection d'un roi des Romains.

Enfin elle tint par-là en respect le roi de Prusse, et se réserva les moyens de renouer avec lui, quand elle le jugeroit à propos, pour des intérêts éventuels. Aussi qu'en est-il arrivé ?

Tous les princes et états de l'Empire se voyant sans appui du côté de la France contre la cour de Vienne, se jettèrent entre les bras de cette cour, ou s'attachèrent au roi de Prusse et à l'électeur d'Hannovre. Celui-ci soutenu de l'argent d'Angleterre, forma dans l'Empire une troisième puissance du premier rang. La France n'y parut plus dans la dernière guerre que comme une puissance secondaire et auxiliaire de l'Autriche, une exécutrice aussi aveugle que zélée des décrets du conseil aulique.

Les princes et états autrefois alliés et dépendans de la France, furent entraînés par elle-même dans la cause et dans la dépendance absolue de la cour de Vienne. Ils lui vouèrent l'obéissance et la soumission, dont on a vu sous Léopold des exemples si funestes à la France. Ce fut à la vérité contre le roi de Prusse; mais par l'assujettissement qui en résulta, cette cour se mit en mesure de les tourner avec plus de facilité encore contre la France même, si celle-ci lui en fournissoit le plus léger prétéxte.

En attendant ils sont restés à l'égard de cette couronne dans l'état d'indifférence et d'indépendance où l'Autriche a toujours souhaité de les tenir en tems de paix, pour en faire contr'elle des instrumens en tems de guerre.

L'archiduc Joseph fut élu roi des Romains. Devenu empereur il a manifesté dans

toutes les occasions cet esprit despotique à
l'égard de l'Empire et de ses dépendances,
qui est en même tems exclusif de toute intervention de la part de la France. Il n'a
plus entendu prononcer qu'avec peine le nom
de *garantie*, ni souffert qu'avec humeur les
démarches les plus mesurées de la part de
cette couronne. L'heureuse distinction entre
l'*empereur* et l'*impératrice*, a mis fort à
l'aise le ministère autrichien lorsqu'il a voulu
se dérober à l'*intercession* de la France dans
les affaires qu'il appelle *purement de l'Empire*.
M. de Kaunitz s'en étoit débarrassé en nous
envoyant à M de Perghen; et celui-ci nous
insinua " que ces affaires étoient chatouilleu-
„ ses, épineuses à traiter; que l'empereur
„ étoit là-dessus d'une extrême délicatesse;
„ qu'il regardoit comme sacrés les droits at-
„ tachés à la couronne impériale; qu'il ne
„ souffriroit point qu'on entreprît d'y tou-
„ cher, et que sa majesté impériale s'étoit
„ fait là-dessus des principes dont elle ne
„ s'écarteroit jamais. Enfin que si de notre
„ part on désiroit d'entretenir avec ce Prince
„ une parfaite intelligence, il nous conseil-
„ loit fort (lui comte de Perghen, et c'étoit

,, aussi l'avis de M. de Kaunitz) de ne pas
,, nous mêler de ces sortes d'affaires *). "

Voilà donc à quoi s'est réduite peu à peu l'influence de la France dans les affaires de *l'empereur et de l'Empire!* Nous avons parlé ailleurs de celle qui lui étoit restée dans les négociations et les opérations de *l'impératrice* ou pour mieux dire de l'ascendant que la cour de Vienne avoit sur la nôtre, jusqu'à l'époque de son alliance avec la Russie et le roi de Prusse. (Introduct. et sect. 1. art. 2 de ces conjectures.)

C'étoit le troisième objet de cette cour dans sa conduite à notre égard, ou plutôt par celle qu'on s'étoit laissé prescrire par elle. La sécurité, la confiance outrée qu'on nous avoit inspirée dans son alliance, a tenu la France en sous-ordre, passive et désarmée; enfin dans l'état où il falloit qu'elle fût

---

*) Tel a été entr'autre occasion le langage tenu à M. de Durfort, ambassadeur de France, et depuis à M. Durand. Ce fut au sujet de l'affaire de *San Remo*, qui, pour être en Italie et dans les états de Gênes, n'en est pas moins de l'Empire suivant le protocole autrichien. Mais nous parlerons, dans un autre article, de ces prétentions surannées et de leurs conséquences.

restée depuis la paix, pour que l'Autriche pût lever le masque impunément.

Voyons à présent si depuis la *ligue copartageante* la France peut et doit avoir encore quelque crédit, quelqu'influence dans l'Empire.

Jusqu'à cette époque, il est vrai qu'elle en avoit fort peu parce qu'elle s'en étoit désistée en faveur de la cour de Vienne; mais tant que celle-ci auroit été ou en froideur ou en défiance avec celles de Berlin et de Pétersbourg, le besoin qu'elle auroit de nous pouvoit au moins ramener des circonstances favorables, et alors la France guérie de son aveuglement auroit profité de ces conjonctures pour reprendre sa supériorité et pour exercer dans l'Empire ses droits de garantie, de protection et d'arbitrage.

Aujourd'hui l'équilibre existe encore entre l'Autriche et la Prusse; et c'est, dit-on, pour le maintenir que la première a dû s'agrandir à proportion de l'autre; mais la France autrefois en tenoit la balance, et la tiendroit encore, si elle l'avoit voulu. Il n'est plus tems de la reprendre; les deux puissances principales de l'Allemagne étant une fois d'accord entr'elles pour y dominer de concert, celles du second ordre dans le corps germanique n'ont plus que le choix de la servitude, pour acheter à ce prix la protection de l'une ou de l'autre de ces deux puissances dominantes. Un tiers quelconque seroit fort mal venu à s'immiscer désormais dans les affaires de l'Empire, et les états même qui désireroient son appui n'oseroient plus le demander de peur d'être écrasés avant de pouvoir être secourus *).

Ce tiers fut autrefois la *Suède sous Gustave-Adolphe*. La *ligue catholique* emportoit la balance, il la fit pencher en faveur de la *ligue protestante*. Richelieu, Mazarin suivirent, et par une conduite adroite et impartiale rétablirent l'équilibre entre les deux religions. La paix de Westphalie posa des limites à l'ambition de la Suède, à celle de

*) MM. de Vergennes et Durand ont déjà annoncé qu'il existoit un traité entre les deux impératrices et le roi de Prusse, dans lequel la cour de Vienne étoit excitée à ne plus reconnoître l'entremise de la France dans les affaires de l'Empire, et à susciter sous main quelqu'affaire de ce genre pour pouvoir manifester cette déclaration.

l'Autriche, et la France devint ce *tiers* dépositaire de la balance.

Ses malheurs et ceux de la Suède au commencement de ce siècle, firent naître à la Russie le projet hardi de se mettre à la place qu'elles avoient occupée ; Pierre-le-Grand ne le perdit jamais de vue. Les mariages de sa nièce avec un duc de Mecklenbourg, et de sa fille avec un duc de Holstein, n'eurent point d'autre objet que de lui fournir un prétexte de s'immiscer dans les affaires d'Allemagne. On sait même toutes les tentatives qu'il fit pour acquérir par échange ou à force d'argent quelque territoire dans l'Empire.

Depuis la mort du czar, ce projet, quoique moins suivi, ne fut jamais abandonné ; les Schouwaloff en avoient flatté l'impératrice Elisabeth vers la fin de la dernière guerre. Ce fut pour s'approcher de l'Allemagne qu'ils lui persuadèrent enfin de *garder la Prusse* malgré ses déclarations précédentes ; et lorsqu'il fut question du congrès d'Augsbourg, les instructions de M. Czernichew portoient expressément cette clause : " *Que la Russie ,, seroit garante du nouveau système qui ré-*

„ *sulteroit dans l'Empire, des conquêtes fai-* „ *tes et à faire sur le roi de Prusse et sur* „ *ses alliés ; que le traité conclu en consé-* „ *quence seroit une loi de l'Empire comme* „ *la paix de Westphalie ; et que si la France* „ *s'opposoit aux arrangemens pris ou à pren-* „ *dre là-dessus avec la cour de Vienne, elle* „ *seroit exclue de la garantie.*"

Quelque disposition que cette cour eût pu laisser entrevoir là-dessus à celle de Pétersbourg, elle n'avoit jamais compté de se prêter à ses désirs par l'admission d'un troisième garant qui deviendroit le plus formidable. Aussi le congrès d'Augsbourg ne fut-il pour le ministère autrichien qu'une parade politique à laquelle il crut devoir se prêter, bien sûr d'en prévenir la réalité.

Fidèle à son système, il a su depuis écarter la Russie des affaires de l'Empire, et dans le partage de la Pologne il s'est arrangé de manière à lui fermer tout accès vers l'Allemagne.

La France, en conservant ses titres et ses droits dans l'Empire, en avoit suspendu l'exercice par sa déférence et même sa subordination aux vues, aux désirs de la cour de Vienne ; cet exercice lui est devenu plus difficile, et même à-peu-près impossible par l'union des deux puissances rivales entre lesquelles la France avoit pu et dû tenir la balance.

L'Allemagne reste donc livrée sans défense à la discrétion de ces deux puissances réunies dans son sein ; tout pouvoir étranger en est exclu.

Le corps germanique, considéré en général, n'existe donc plus que sous le bon plaisir de ces deux potentats, et n'a plus de rapport direct avec la France. Elle a donc perdu cette branche de sa *puissance fédérative*. Elle ne doit pas pour cela y renoncer ; c'est un point trop capital pour sa considération, sa dignité, sa prééminence. Nous parlerons ailleurs des moyens de la recouvrer. (Section 3 de ces conjectures.)

Nous avons déjà dit un mot de quelques puissances du second ordre dans l'Empire : la Saxe, la Bavière, la maison Palatine. On y peut ajouter la maison de Brunswick, surtout le roi d'Angleterre comme électeur d'Hanovre, la Hesse et le Wirtemberg.

De la Saxe.

On peut dire que cette puissance a toujours été ou contre la France, ou à charge à la France.

Le premier cas est arrivé plus souvent. Le second est arrivé deux fois.

La première, elle s'étoit unie avec nous presque par force : elle nous quitta par inclination, après nous avoir engagés, au fond de la Bohême, sur la foi périlleuse de son alliance.

La deuxième, ce fut la personnalité d'un ministre contre le roi de Prusse, qui entraîna son maître dans des engagemens indiscrets avec la Russie et la cour de Vienne. La Saxe en devint la victime. L'Autriche et la Russie surent nous engager à partager avec elles le fardeau de sa vengeance et de sa délivrance. Ainsi, à proprement parler, la Saxe ne fut pas pour nous, ses engagemens même avoient été contractés originairement contre nos alliances et notre système d'alors; mais enfin nous fûmes pour elle. Il nous en coûta cher; elle n'y gagna rien.

Depuis cette époque, nous n'avons eu avec la cour de Dresde que de foibles liaisons. Le désir héréditaire du titre royal l'auroit peut-être déterminée à seconder nos vues dans les affaires de Pologne, mais il ne paroît pas que nous en ayons eu de bien décidées ni même de suivies. Circonscrite d'ailleurs par la puissance prussienne, la Saxe ne pouvoit guère tenter aucune démarche, ni la France l'appuyer que de concert avec le roi de Prusse, et ce concert n'a pas existé.

Du côté de la cour de Vienne il est au moins très-douteux que la maison de Saxe ait eu dans les affaires de Pologne des espérances plus fondées. Il ne paroît pas même que cette cour eût penché pour l'électeur.

Un prince-cadet auroit pu lui convenir davantage : mais quelque démonstration qu'elle ait pu faire à cet égard, on peut assurer qu'elles n'ont jamais été sincères. Elle n'a rien *voulu* en Pologne que pour elle même ; et quand elle a feint de *vouloir* autre chose, qu'elle l'a proposé à de certaines conditions, elle savoit bien qu'elle ne seroit pas *prise au mot*. Elle ne cherchoit qu'un prétexte pour faire *bande à part*, déclarer ses engagemens et remplir enfin son projet réel.

La maison de Saxe n'a donc plus rien à espérer de la France pour ses intérêts en Pologne. L'électeur en a été pour quelques intrigues sourdes et beaucoup d'argent, dont la sortie a augmenté le délabrement de ses finances et l'épuisement de ses états. Cette maison n'a plus à faire valoir dans l'Empire d'autres prétentions que celles sur la *succession de Clèves*, qui, depuis deux cents ans bientôt, n'ont pas été seulement écoutées *).

Elle est donc réduite à exister désormais dans une double dépendance: celle du roi de Prusse qui est sa partie adverse à l'égard de ces mêmes prétentions, et dont les états, entourant et coupant les siens de tous côtés, la forcent à le ménager sans cesse; et celle de la cour de Vienne, dont la protection lui est si nécessaire auprès de ce nouvel allié. Pour la France, elle ne peut plus ni lui rien promettre ni rien attendre d'elle, tant que

---

*) On en parlera cependant, lorsque dans la section troisième de cet ouvrage on traitera des *nouvelles combinaisons*: on y dira aussi un mot des droits éventuels de l'électrice douairière sur les allodiaux et le mobilier de la maison de Bavière à son extinction.

la même union, le même concert subsisteront entre ces deux puissances *).

De la Bavière.

Les liens du sang, ceux de l'honneur, de l'intérêt et de la reconnoissance, ont tenu long-tems attachée à la France cette maison autrefois si nombreuse et aujourd'hui prête à s'éteindre.

Ces mêmes liens avoient été quelquefois relâchés, et l'on peut dire qu'à l'époque du *traité de Fuessen* (1745) ils furent absolument rompus.

La Bavière avoit eu deux fois dans notre alliance le même sort qu'a eu depuis la Saxe dans celle où nous avions été entraînés par la cour de Vienne.

---

*) Il faut observer que l'opinion établie ici sur le peu d'utilité dont la Saxe pouvoit être à la France, est fondée sur l'intelligence qui subsite entre les cours de Vienne et de Berlin; car, dans des circonstances différentes, la Saxe pourroit et devroit servir d'un poids à mettre dans le côté de la balance que la France voudroit faire pencher; et sa position topographique, ainsi que les ressources immenses de son sol méritent qu'on ait pour elle des ménagemens de prévoyance qui peuvent devenir bien placées.

Les malheurs de ces deux états avoient eu aussi les mêmes causes : une administration intérieure avide, inepte, infidelle, indigente et prodigue ; un état militaire mal constitué, mal régi, plus mal commandé ; des ministres sans talens, sans courage et sans probité ; des princes foibles ou incapables. Il n'est pas surprenant que tous deux aient succombé.

Cependant la Bavière s'en est toujours prise de ses calamités à l'alliance de la France ; ce fut le prétexte qu'un ministère, gagné par la cour de Vienne, prit pour excuser sa défection.

Depuis cette époque, la même cour a conservé dans le cabinet de Munich une influence prépondérante. Elle avoit ménagé le mariage de l'empereur avec la princesse de Bavière comme un moyen de recueillir un jour le fruit de tant d'intrigues ; et s'il en étoit resté des enfans, il est très-apparent que la maison Palatine auroit eu bien de la peine à se mettre en possession de la Bavière.

Au défaut de ce moyen, le *droit de convenance*, qui paroît s'établir pour base unique du *droit public*, pourroit bien suffire à l'Autriche, d'accord avec la Prusse, pour s'emparer de la Bavière à la mort de l'électeur. Le principe nouveau de *maintenir l'équilibre aux dépens de qui il appartiendra* doit dicter cette usurpation. La puissance prussienne est à la veille d'un nouvel agrandissement, par la reversion des deux margraviats de Bareith et d'Anspach à la branche aînée de la maison de Brandebourg *). Alors, en partant du même principe, la cour de Vienne seroit obligée de balancer cet agrandissement par une autre à son profit. Il n'en seroit point d'autre plus à sa bienséance *que l'acquisition de la Bavière;* son droit sur ce duché seroit aussi clair que ses

―――――――――――

*) On se sert ici d'une expression impropre, parce qu'elle est usitée. Ces deux états qui n'en font plus qu'un, étoient ainsi appellés parce qu'ils étoient possédés par des margraves ou puînés de Brandebourg. C'étoit proprement le bourgraviat ou châtellenie de Nuremberg, le patrimoine de Frédéric de Hohenzollern; lorsqu'en 1417 il acheta, de l'empereur Sigismond, l'électorat de Brandebourg. Ce bourgraviat fut partagé depuis entre deux cadets, avec la clause ordinaire de reversion; et de droit, elle aura lieu au décès sans enfans du margrave régnant. Si le cas arrivoit du vivant du roi de Prusse, ce seroit sa première acquisition incontestable.

prétentions sur les royaumes imaginaires de Gallicie et de Ludomérie *).

La Bavière auroit donc tout à craindre à l'extinction de sa maison électorale, si la ligue co-partageante subsistoit encore à cette époque; et pourquoi ne subsisteroit-elle plus avec des moyens si faciles et des principes si commodes? Tant que les trois co-partageans trouveront de quoi partager, il n'y a pas d'apparence qu'ils s'en lassent sitôt; et si pour arrêter le progrès de ces partages on n'emploie point d'autres armes que celles de la raison et de la justice, la Bavière est menacée de devenir province sous une domination qui ne promet pas d'être douce.

Mais que peut-elle opposer au projet? Que pourroit-elle dans le tems opposer à l'exécution? C'est ce qu'il n'est pas aisé de prévoir. On ne doit pas toujours compter sur *le chapitre des accidens.*

Nous avons déjà observé (article 5 de la Russie) que ce calcul vague et fautif n'est pas fait pour servir de base, même à un

---

*) C'est le nom que la cour de Vienne donne à la partie de la Pologne qu'elle s'est appropriée.

plan momentané, moins encore à un système en grand qui doit embrasser toute l'étendue de l'Europe.

Ce n'est pourtant qu'un pareil système militaire et politique qui peut préparer les moyens de venir à tems au secours de la Bavière, et d'en assurer la possession aux héritiers légitimes. Ce sera aussi le sujet de quelques *conjectures* dans la troisième section.

A partir de l'état présent, on peut dire de la Bavière que dans cette position elle est nulle pour la France, et la France avec toute sa puissance, comme nulle pour la Bavière. On doit ajouter que cette nullité réciproque subsistera toujours tant que durera le nouveau système établi dans l'Empire par la ligue co-partageante.

De la Maison Palatine.

Il n'en est pas de même de la maison Palatine à l'égard de la France. Il ne paroît pas que jusqu'à présent celle-ci ait eu aucun sujet de mécontentement de la branche électorale actuellement régnante. Des liens qui la tiennent attachée à la France et doivent intéresser en sa faveur cette couronne, sont l'utilité réciproque et sur-tout le voisinage. Cette circonstance met toujours le voisin puissant à portée de soutenir, de secourir le plus foible, ou de le contenir, même de le punir, s'il osoit mépriser son appui. Tous ces motifs sont bien puissans; il en est de plus forts encore pour la branche appellée à la succession.

Le chef en est personnellement attaché au roi par tous les sentimens qu'inspirent la bonté, l'amitié, la société de ce monarque. Il éprouve sans cesse, pour tout ce qui lui appartient, de nouvelles marques de bienfaisance: voilà pour le présent. Mais si l'on porte ses vues dans l'avenir, on trouvera encore d'autres raisons pour la branche de Deux-Ponts de ménager la France, et pour celle-ci, de cultiver et d'*arroser* cette branche naissante.

Il n'est point de plan sans défaut, point de système sans inconvéniens. Celui qui sembloit affermi pour jamais après la paix d'Aix-la-Chapelle, fut en partie l'ouvrage du hasard, parce qu'il résulta du concours et du choc de plusieurs événemens qui n'avoient pas été prévus ou assez combinés d'avance.

Ce système avoit donc un inconvénient qu'il n'avoit pas été possible d'éviter.

L'équilibre dans l'Empire étoit bien établi, mais la puissance opposée à la maison d'Autriche n'étoit ni assez dépendante ni assez voisine de la France : c'est ce que nous développerons ailleurs, (section 3 de ces conjectures) lorsqu'il sera question de former un nouveau système de puissance fédérative.

Celui qu'on avoit *broché* à la hâte après la mort de Charles VI, destinoit la maison de Bavière à jouer en Allemagne le rôle qu'a rempli depuis celle de Brandebourg. Les fautes et les malheurs accumulés dans cette guerre, la mort de Charles VII, la défection de son fils, les succès du roi de Prusse, tout concourut à renverser ce premier système, et à établir celui qui subsistoit après la paix d'Aix-la Chapelle.

La maison de Bavière sembloit d'ailleurs devoir être encore long-tems partagée en deux branches, et alors la réunion peut-être si prochaine des deux électorats, ne paroissoit pas même vraisemblable.

Depuis le *traité de Fuessen*, la cour de Vienne conserva, comme on l'a déjà remarqué, toute son influence sur celle de Munich ; et dès-lors la branche Palatine, plus voisine et plus dépendante de la France, se trouve presque isolée de celle de Bavière.

Dans cette position, ces deux maisons ne faisant point (comme elles l'auroient pu et dû) *cause et masse communes*, elles ne pouvoient plus remplir l'objet qui auroit rendu leur alliance utile et leurs intérêts précieux à la France.

Le cas arrivant de la réunion des deux électorats dans la branche de Deux-Ponts; il en naîtra un nouvel ordre de choses. Cette masse réunie fera un poids considérable dans la balance de l'Empire. La France sera toujours à portée de la placer à son gré dans l'un ou l'autre des deux bassins ; et si les possessions du nouvel électeur étoient attaquées en conséquence, il trouveroit dans la puissance et dans le voisinage de la France un appui redoutable, qui bientôt lui en procureroit d'autres dans le corps germanique.

Mais pour cela il faut prévoir et prévenir de loin les obstacles certains qui ne tarderoient pas à s'élever contre cette puissance naissante. Sa position topographique, si commode pour la tenir dans notre dépendance et pour la secourir contre toute agression, l'a rendue suspecte d'avance, et il est fort à craindre que la ligue co-partageante n'ait déjà pris ou ne prenne incessamment des mesures pour la *démembrer* comme la Pologne.

De la part du roi de Prusse, au défaut des raisons, les prétextes ne manqueront pas. La succession de Berg et de Juliers lui en fournira de reste *). La cour de Vienne pourroit bien s'en passer: elle paroît s'y accoutumer, et ce ne seroit pas alors avec des raisons, des persuasions, des insinuations, par de petits moyens, des intrigues avortées et des mesures vacillantes, qu'on pourroit arrêter ce torrent d'usurpations.

La situation de la maison Palatine est donc et restera toujours précaire, tant que le double pouvoir établi dans l'Empire par la ligue co-partageante subsistera sur le

---

*) C'est aussi une question à traiter dans la troisième *section* de ces *conjectures*. On croit devoir y envoyer cette discussion pour ne pas trop couper le fil de cet article.

même pied. On dit plus : la situation de la France est et sera précaire à cet égard, tant que les choses resteront dans la même position, puisque sa gloire, sa sûreté, sa tranquilité, tout seroit également compromis; ou à abandonner alors la maison Palatine, ou à la soutenir, sans y être préparée d'avance.

La Maison de Brunswick.

Le Roi d'Angleterre, électeur d'Hanovre.

Les rapports et les liaisons de la maison de Brunswick avec la France avoient subsisté autrefois avec plus d'intérêt et d'intimité.

Cette maison, entrée sous Ferdinand II dans la ligue protestante, étoit écrasée sous Ferdinand III. La Suède seule n'auroit pas pu la rétablir; peut-être même ne l'auroit-elle pas voulu. Les acquisitions qu'elle se ménageoit dans le cercle de la basse-Saxe ne cadroient point avec les vues d'agrandissement, ou plutôt de rétablissement héréditaire de cette maison.

Ces vues lui étoient assez naturelles. Elle avoit possédé jadis, non-seulement ce cercle, mais encore ceux de la Bavière et de la haute-

Saxe. Déchue de sa grandeur, et réduite au pays dont elle porte le nom, elle n'avoit rien à espérer de la Suède, et tout à craindre de la cour impériale. Elle se retourna du côté de la France, et la protection de cette couronne la fit rétablir en entier par les traités de Westphalie. Elle obtint de plus quelques dédommagemens pécuniaires, et l'alternative de l'évêché d'Osnabrug.

Depuis cette époque jusques bien avant dans le règne de Louis XIV, elle fut comptée dans l'Empire parmi les maisons alliées, protégées, auxiliaires et subsidiaires de la France.

La révocation de l'édit de Nantes, et la fermentation qu'elle excita dans toute l'Europe protestante, fournit à Léopold une occasion dont il profita.

Le zèle de religion, mais plus encore les subsides de l'Angleterre et de la Hollande, disposèrent bientôt tous les protestans d'Allemagne à entrer dans les vues de *la ligue d'Augsbourg*. De ce nombre furent les princes de la maison de Brunswick.

La branche d'Hanovre sur-tout eut des motifs de plus pour persister depuis dans l'alliance et la dépendance de la cour impériale.

La succession d'Angleterre lui étoit destinée et l'Autriche la lui avoit garantie.

Outre les deux expectatives dont elle étoit comme assurée pour augmenter et arrondir ses possessions en Allemagne *), elle désiroit ardemment la dignité électorale. Léopold l'en avoit flattée ; elle en fut enfin revêtue. Mais cette dignité ne fut pas généralement reconnue, et dans l'Empire même il s'éleva beaucoup d'obstacles ; la cour de Vienne prit sur elle de les surmonter, et ce fut un motif de plus qui lui dévoua sans réserve la maison d'Hanovre.

La branche aînée de Brunswick ne gagnoit rien à tout cela. Elle souffroit même de l'élévation d'une branche cadette qui alloit à double titre prendre le pas sur elle ; mais, entraînée par le torrent des circonstances et par

---

*) Celle du duché de Saxe-Lauenbourg dont elle obtint l'investiture éventuelle et qui a eu lieu ; celle de l'Oost-Frise par un *pacte de famille*, mais sur laquelle a prévalu une autre *expectative* accordée à la maison de Brandebourg.

le besoin de subsides, elle suivit avec regret le parti qu'elle avoit embrassé.

Depuis cette époque, la maison de Brunswick n'a plus eu de rapports directs avec la France que par ceux de l'Angleterre avec cette couronne.

La branche aînée ou de Wolffenbuttel s'étoit lassée depuis long-tems de la subordination où elle étoit réduite à l'égard de celle d'Hanovre. Pour s'y soustraire enfin, elle paroissoit avoir tourné son attachement et ses espérances du côté de la maison de Brandebourg.

L'alliance du roi de Prusse, en 1756, avec *l'électeur d'Hanovre*, devint aussi-tôt par les circonstances une ligue forcée avec le *roi d'Angleterre*.

La branche de Wolffenbuttel y fut entraînée avec lui, et le mariage du prince héréditaire a enfin rapproché et renoué cette branche avec celle d'Hanovre.

Dans le cas cependant où il faudroit opter, la position topographique suffiroit seule pour décider le choix de la première. Ses états sont sous la main du roi de Prusse; et ceux d'Hannovre, (avec le même avantage local) loin de pouvoir garantir d'une invasion le duché de Wolffenbutel, n'auroient aucun moyen de s'en défendre eux-mêmes.

Cette situation du roi d'Angleterre, en sa qualité d'électeur, ne sembleroit pas propre à le rassurer sur les suites de la ligue co-partageante. *L'esprit de partage* pourroit bien gagner du côté de la basse-Saxe.

La cour de Vienne est restée mécontente de l'opposition qu'elle avoit éprouvée de la part d'un roi-électeur qu'elle regardoit comme sa créature ; et s'il s'agissoit *d'acquérir* quelque nouvelle possession à sa portée, elle ne disputeroit pas au roi de Prusse le droit de faire aussi de son côté, sur l'Elbe ou sur le Weser, quelqu'*acquisition équivalente*.

Ce monarque en auroit toujours le moyen, et pour les prétextes ce n'est pas une affaire. Son génie fécond lui en fourniroit en abondance.

D'abord on sait qu'il a toujours eu envie de s'approcher de Hambourg ou de Bremen, aussi bien que de Dantzick, et d'étendre ses côtes sur l'Océan comme sur la Baltique.

La possession de l'Oost-Frise et les vastes projets qu'elle avoit enfantés pour le commerce d'Embden, avoit mis le roi de Prusse en goût d'*acquisitions maritimes*. Celle des duchés de Bremen, de Werden, le rendoit le maître des embouchures du Weser et de l'Elbe. Hambourg alors et Bremen seroient à sa discrétion.

On pourroit y ajouter le comté d'Oldenbourg par quelqu'arrangement avec le Dannemark et la Russie. La cour de Copenhague l'a offert plus d'une fois à celle de Pétersbourg, en équivalent du Sleswick.

Alors le roi de Prusse formeroit sur l'Océan une lisière de côtes depuis l'Elbe et le Weser jusqu'en Oost-Frise.

Il ne s'agiroit pour cela que de se mettre au lieu et place du roi de Dannemarck, pour racheter par force du roi d'Angleterre les duchés de Bremen et de Werden que George I avoit atrocement acquis de la dépouille de Charles XII. (Pour quatre cent mille écus de Dannemarck, à 4 liv. 10 s., en tout 1,800,000 liv.

Rien de plus facile si, toujours d'accord avec la Russie, (en lui procurant des avantages réciproques) le roi de Prusse employoit pour cela auprès du Dannemarck la cour de

Pétersbourg. Il en obtiendroit la cession d'un droit qui n'existe point, et que d'ailleurs cette médiocre puissance n'est pas en état d'exercer.

Dans ces circonstances, on ne conçoit pas trop quel peut être le plan du roi-électeur ou de son ministère hanovrien, pour conserver l'intégrité de ses possessions en Allemagne.

Si on l'avoit vu faire quelques démarches à ce sujet, ou se prêter à celles qui peut-être lui ont été proposées, on croiroit qu'il s'est occupé à tracer au moins ce plan défensif: mais il ne paroît pas que cette alarme (si on l'a prise) ait produit l'effet qu'on en pouvoit attendre. C'étoit de rapprocher de nous la cour de Londres par *l'intérêt d'Hanovre*. Il avoit produit cet effet à diverses époques sous George I, et forcé quelquefois les inclinations de George II *).

---

*) La quadruple alliance en 1718, le traité d'Hanovre en 1726, celui de Séville en 1729, enfin la convention de 1741. George II voyoit alors ses états menacés par le roi de Prusse et par notre armée d'*observation* en Westphalie. Quelque répugnance qu'il eût à se prêter aux vues de la France pour l'élection de Char-

Mais les motifs qui dirigeoient la conduite de ces deux princes allemands n'existent plus pour George III. Purement Anglais, il a été élevé dans l'indifférence et peut-être dans l'aversion nationale pour ce qu'on appelle en anglais *continental connections*, ou les intérêts du continent. L'intérêt d'Hanovre avoit toujours été le vrai principe de ces connexions, de ces liaisons (si coûteuses pour l'Angleterre) avec les puissances du continent.

On ne peut point aimer ce qu'on ne connoît pas. L'orgueil des Anglais et leurs préventions contre tout ce qui n'est point l'Angleterre, avoient encore exagéré à ce jeune prince la stérilité, la misère apparente des *bruyères d'Hanovre,* mises en opposition avec les *riches plaines de l'Angleterre.* Il faut bien qu'on lui ait donné de ce pays les idées les plus rebutantes, puisqu'il n'a jamais eu la curiosité si naturelle d'aller une fois voir *son héritage*. Peut-être aussi ses ministres même

---

les VII, il fut forcé de consentir à la *suspension du suffrage de Bohême,* et de donner le sien à l'électeur de Bavière.

ont craint qu'il ne s'accoutumât à être le maître ; et ce n'étoit qu'à *Herren-Hausen* qu'il auroit pu en prendre l'habitude.

Ces préjugés d'enfance peuvent bien le laisser dans l'indifférence sur le sort d'un peuple qu'il n'a jamais vu ; mais *l'esprit de propriété*, réveillé sans doute par le ministère hanovrien, l'auroit alarmé sur la *possession*, s'il n'avoit été rassuré par quelques motifs apparens.

Ils ne pouvoient avoir d'autres fondemens que l'union intime des trois puissances co-partageantes. Le ministère anglais aura donc représenté de son côté à George III que la Russie étoit trop intéressée à conserver son amitié, pour souffrir qu'aucun de ses alliés osât toucher à ses possessions électorales. Ce même ministère en aura obtenu les assurances les plus formelles de la cour de Pétersbourg ; et celle-ci se sera chargée de lui en procurer de pareilles de la part des deux autres *co-partageans*. Il est même très-apparent que toutes ces déclarations auront déjà été délivrées en forme à la cour de Londres.

Il n'y auroit peut-être pas dans ces actes publics ou secrets, de quoi rassurer un ministère moins fier ou moins indifférent sur cet objet. Le roi de Prusse forme encore aujourd'hui des prétentions d'argent à la charge de l'Angleterre ; et, quoiqu'il puisse avoir promis ou déclaré, il auroit toujours son recours sur son débiteur en Allemagne, dès qu'il trouveroit l'occasion de pouvoir l'exercer. Cette occasion pourroit naître d'un changement dans le système de la Russie à l'égard de l'Angleterre, et ce changement peut arriver par des événemens fort naturels *).

Alors il faudroit bien par honneur que l'Angleterre soutînt son roi dépouillé pour elle de ses états d'Allemagne : et malgré toute sa répugnance à s'engager dans le continent, elle seroit forcée d'y faire la guerre avec désavantage.

Mais ce ne seroit pas pour la France l'effet le plus à craindre de la ligue co-partageante ; au contraire, il en résulteroit de nouvelles combinaisons, et ce résultat pourroit amener

---

*) Comme, par exemple, l'avénement du grand-duc au trône. Ce prince, bientôt marié avec une belle-soeur du prince-royal de Prusse, pourroit être un jour entraîné plus avant encore que sa mère dans les intérêts de la cour de Berlin.

aussi un nouvel ordre de choses dans lequel la France trouveroit alors plus d'un moyen de reprendre sa place. Ce seroit le sujet de quelques conjectures dans la suite de cet ouvrage. (Troisième section.)

Concluons à présent que la maison de Brunswick et le roi d'Angleterre en sa qualité d'électeur d'Hanovre, sont également détachés, isolés de la France;

Que le dernier n'a plus, à l'égard de cette couronne, les mêmes motifs propres et personnels qui en avoient rapproché ses deux prédécesseurs, et que les motifs politiques ne peuvent nous le ramener que par des circonstances forcées;

Que, pour en profiter si le cas arrivoit, il faudroit du moins y être préparé; et qu'enfin cette préparation ne peut résulter que d'un nouveau système militaire et politique.

DE LA HESSE.

ON ne remontera point ici jusqu'à l'origine des liaisons de la maison de Hesse avec la France. Elles avoient commencé sous François I, et continué sous son successeur.

Les guerres de religion les avoient formées; elles les rompirent, et les renouèrent. Dans celle de trente ans, la fameuse landgravine de Cassel, *Amélie de Hanau*, se trouva réunie avec la France. Elle obtint par sa protection dans les traités de Westphalie le retablissement en entier de sa maison, des agrandissemens de territoire *) et des sommes considérables à titre d'indemnités.

Le même zèle de religion, après la révocation de l'édit de Nantes, les mêmes intrigues de Léopold et les mêmes motifs d'ambition particulière qui avoient détaché de la France la maison de Brunswick, produisirent le même effet sur celle de Hesse.

Le même désir de la dignité électorale qui avoit animé autrefois la première et qui l'avoit assujettie à la cour de Vienne, domina depuis la seconde, et la retint long-tems dans la même dépendance.

La couronne de Suède mise sur la tête du landgrave Frédéric n'avoit point passé

―――――――――――――――

*) La sécularisation à son profit de l'abbaye de Hirsfeld, et de plusieurs autres grands bénéfices en souveraineté.

aux princes collatéraux. Il leur paroissoit dur de rester dans un ordre subalterne, et de voir au dessus d'eux tant de nouveaux rois *) qui s'étoient élevés dans le sein de l'Empire.

Au défaut d'une couronne, le bonnet électoral auroit dédommagé l'ambition des landgraves : ils avoient amassé pour cela des trésors immenses ; et si Charles VII eût vécu plus long-tems, ou régné plus tranquille, la maison de Hesse alloit obtenir de la maison de Bavière ce que lui avoit fait attendre si long-tems celle d'Autriche.

L'élection de François I ramena aussitôt le landgrave Guillaume à son premier attachement ; et sans la guerre qui survint en 1756 il auroit enfin récueilli le fruit d'une si longue attente. Entraîné alors par le torrent des affaires dans la ligue opposée aux vues de la cour de Vienne, il s'en attira le ressentiment. La France exerça sur lui les vengeances de l'Autriche : il mourut fugitif et dépouillé de ses états.

---

*) D'Angleterre, de Pologne, de Prusse, de Suède, et le duc de Holstein appellé à la succession du trône de Russie.

Son fils, le landgrave régnant, n'a point perdu de vue l'objet favori d'une ambition héréditaire. Il a paru long-tems rester attaché malgré lui au roi de Prusse, et ménager toujours en même tems la cour de Vienne : mais l'union de ces deux puissances sembleroit lui promettre enfin par leur concours le succès désiré.

Il est cependant fort à craindre pour le landgrave que ces deux cours ne se pressent pas de le satisfaire.

Devenu catholique, il en est resté en froideur avec toute sa famille, ainsi qu'avec les cours de Londres et de Copenhague, auxquelles il tient de plus près par les liens du sang. Il en est résulté un manque d'harmonie dans les démarches de sa famille et de ses proches, qui doit au moins servir de prétexte pour en retarder l'effet.

D'ailleurs en différant toujours de lui accorder la faveur désirée, on est d'autant plus sûr de le tenir désormais dans une dépendance égale des puissances dominantes.

Enfin la création d'un dixième électorat seroit susceptible de quelques inconvéniens, et l'on aura toujours l'excuse d'attendre que

ceux

ceux de Bavière et Palatin n'en fassent plus qu'un. ,, Alors on pourroit contenter la mai-
,, son de Hesse: on n'augmenteroit point le
,, nombre des électeurs. Il resteroit *impair*,
,, et l'Empire ne seroit point exposé tôt ou
,, tard à une *scission*. "

Tel est vraisemblablement le système des deux puissances réunies. La France n'a point assez de raison de compter sur le landgrave régnant ni sur sa famille, pour avancer par des intrigues ou des sollicitations le moment désiré. Elle auroit bien mal pris le sien, si, par l'envoi d'un ministre auprès de ce prince, elle s'étoit flattée de lui faire valoir son appui et son influence, soit à la cour de Vienne, soit dans le corps germanique. Si même à cet égard elle avoit pu lui faire illusion, on ne conçoit pas quel parti elle prétendroit en tirer.

Ce prince, on le répète, est presque abandonné, isolé de l'Empire et de sa famille. Il n'a ni crédit ni considération; son goût seroit d'avoir sur pied un grand nombre de troupes, et son calcul de les faire soudoyer par quelque grande puissance. Si la France étoit d'humeur à en faire les frais, il recevroit l'argent, il promettroit les troupes, et au besoin il les fourniroit s'il pouvoit ou s'il vouloit ; car en supposant de sa part un peu de mauvaise foi, il lui seroit facile de s'en dispenser. Au moment de l'exécution, ces mêmes troupes pourroient bien devenir tout d'un coup prisonnières du roi de Prusse, comme à la rupture de la convention de *Closterseven*, et servir contre nous dans les armées co-partageantes.

Quelle est donc l'utilité dont la Hesse aujourd'hui pourroit être à la France ?

Quel avantage pourroit-elle recueillir de son alliance, à moins que ce ne fût pour la tromper ? aucun.

Si la France étoit en mesure avec tous les états et princes du Rhin et des cercles antérieurs ; si elle bordoit ce fleuve avec une armée, et qu'elle en eût une autre assez avancée entre le Rhin et la Moselle, l'accession de la Hesse à son parti ne seroit point à mépriser, et pourroit donner du poids à ses opérations politiques ou militaires. Mais dans l'état présent, que lui fait un landgrave de plus ou de moins ? Elle ne pourroit ni le secourir à tems s'il se sacrifioit pour elle, ni le punir s'il lui manquoit.

Résumons donc, et disons que la Hesse est pour la France dans le même cas que les autres états de l'Empire au-delà du Rhin, c'est-à-dire, contenue et subjuguée par les deux puissances prépondérantes, et hors d'état de la servir quand elle en auroit la volonté. Ajoutons qu'aussi dans l'état présent elle est encore moins dans le cas de la craindre.

Le Wirtemberg.

Cette puissance subalterne n'a joué qu'un rôle court et peu brillant dans les affaires de l'Empire.

Elle n'auroit même pas pu s'en charger sans des subsides extraordinaires. Les suites nécessaires d'une administration détestable depuis cinquante ans lui avoient fait perdre tout le fruit qu'elle auroit pu recueillir de ses avantages naturels.

Sa proximité de la France et les enclaves que la maison de Wirtemberg possède dans sa domination, la tiennent à plusieurs égards dans la dépendance de cette couronne. La

France pourroit donc tirer en tems et lieu quelqu'avantage de son alliance. Le duc de Wirtemberg est, après l'électeur Palatin, le prince de l'Empire le plus considérable de ceux à qui la France peut toujours, ou donner la main s'il lui reste attaché, ou présenter la certitude d'un châtiment prompt s'il l'abandonnoit.

Mais dans l'état où il s'est réduit, il est nul pour la France, et la France n'a aucun motif de ne l'être pas pour lui. Il faut donc le compter pour rien dans les affaires de l'Empire, relativement à la France.

RÉCAPITULATION.

D'APRÈS cet exposé de la situation actuelle du corps germanique et des principaux états dont il est composé, concluons :

1°. Que la France depuis 1756 n'a point fait dans l'Empire un pas qui ne tendît à y affoiblir son influence aussi naturelle que légitime ;

2°. Que par sa négligence, son inaction, sa subordination aux vues, aux désirs de la cour de Vienne, elle a laissé suspendre dans l'Empire l'exercice de tous ses droits de garantie, de protection et d'arbitrage;

3°. Que dans l'état présent, c'est-à-dire, depuis la *ligue co-partageante*, il lui seroit très-difficile, pour ne pas dire impossible, de reprendre l'exercice de ses droits si précieux pour elle, si embarrassans pour la cour de Vienne, et si utiles au corps germanique;

4°. Que par conséquent il n'existe plus de l'Empire à la France le *recours du plus foible*, ni de la France, à l'Empire le *secours du plus fort*, ni le *concours de tous les deux*, ce qui forme le lien de la *puissance fédérative*;

5°. Que, relativement à l'Empire, la France a donc perdu cette branche essentielle de sa puissance d'où étoient dérivés en grande partie son crédit, sa considération, sa dignité, sa prééminence;

6°. Qu'enfin, pour se mettre en état de recouvrer ces avantages si glorieux, si solides, (même pour conserver et affermir la paix avec l'Empire, et sa propre tranquillité) il ne faut pas moins que de grandes vues et des moyens proportionnés, mais sur-tout préparés et combinés de loin, *une refonte générale* du système actuel, tant politique que militaire.

A l'égard du choix des moyens à prendre, des ressources à mettre à profit et de la méthode à suivre dans l'exécution de cette refonte, c'est ce qu'on traitera dans la troisième section.

Reprenons à présent le fil de celle-ci, en suivant sur la carte de l'Europe la route que nous y avons tracée.

Fin du premier Volume.

TABLE
DES ARTICLES
Contenus dans ce Volume.

NOTE historique envoyée par le Comte de Broglie à Louis XVI quelques jours après son avénement. (Mai 1774.) Page 1

Lettre du Comte de Broglie à Louis XVI, 10

Extrait d'un Mémoire envoyé par le Comte de Broglie, à Louis XVI, le 9 Juin 1774. 26

Lettre de Louis XVI au Comte de Broglie, (Juin 1774.) 35

Lettre du Comte de Broglie au Roi, 36

Observations que le Comte de Broglie prend la liberté de mettre sous les yeux du Roi, en réponse à la lettre dont il l'a honoré, en date du 6 juin 1774, 42

Etat des Ambassadeurs, Ministres ou Résidens qui ont été admis à la Correspon-

dance secrette par ordre de Louis XV.
(Cet Etat a été joint à la Pièce précédente.) page 69

Lettre du Comte de Vergennes et du Maréchal du Muy à Louis XVI, 76

Lettre du Comte de Broglie à Louis XVI,
79

Mémoire, 81

Lettre du Comte de Vergennes et de M. le Maréchal du Muy à Louis XVI. (3 Mars 1775, 84

Lettre de Louis XVI à M. de Vergennes, sur le Comte de Broglie, 86

Lettre du Comte de Broglie, 87

Précis du Mémoire et des Pièces mises par le Comte de Broglie sous les yeux de MM. les Comtes du Muy, de Vergennes, et de M. de Sartines, dans la Conférence du 27 Mars 1775, ordonnée par Sa Majesté à la très-humble prière du Comte de Broglie, 93

Rapports de MM. les Comtes du Muy et de Vergennes, et de M. de Sartines, sur *la Procédure de la Bastille contre le Comte de Broglie, le Baron de Bon, et les sieurs Favier, Ségur et Dumourier.* page 102

Lettre du Roi au Comte de Broglie. 107

Mémoire du Comte de Broglie aux Comtes du Muy et de Vergennes, contenant une Notice des différens articles de la Correspondance secrette. (16 Février 1775.) 109

Conclusion, 139

Idée générale des Motifs qui avoient déterminé le travail intitulé : conjectures raisonnées, 142

Mémoire adressé par le Comte de Broglie à MM. les Comtes du Muy et de Vergennes. (Premier Mars 1775.) ibid.

Mémoire du Comte de Broglie, sur la Paix du Nord, le Démembrement de la Pologne, et les suites que ces événemens peuvent et doivent avoir sur le système politique de la France. (Ce Mémoire, annoncé dans la Pièce précédente, a été remis par le Comte de Broglie à Louis XVI, le premier Mars 1775.) 156

Conjectures raisonnées sur la situation actuelle de la France dans le système politique de l'Europe; et réciproquement sur la position respective de l'Europe à l'égard de la France, etc., page 179

Introduction, ibid.

SECTION PREMIÈRE.

De la situation actuelle de la France dans le système politique de l'Europe, 193

ARTICLE PREMIER. *De la situation actuelle de la France dans le système politique de l'Europe, relativement à la Puissance militaire,* 194

SECTION II.

De la position respective des Puissances de l'Europe à l'égard de la France, 207

ARTICLE PREMIER. *De la Suède,* 208

ART II. *Du Dannemarck,* 217

ART. II. *De la Situation actuelle de la France dans le système politique, relativement à la Puissance fédérative,* 231

Récapitulation de la Section première,
page 243

ART. III. *De la Prusse*, 245

ART. IV. *De la Pologne*, 262

ART. V. *De la Russie*, 270

Mémoire séparé, pour servir de Supplément à l'Article de la Russie, 331

Second Mémoire séparé, pour servir de Supplément à l'Article de la Russie 349

ART. VI. *De la Porte*, 361

ART. VII. *De la Cour de Vienne*, 399

Extrait de la Convention, ou Traité secret *entre le Roi et l'Impératrice-Reine, signé à Versailles le 30 Décembre 1758, par MM. le Duc de Choiseul et le Comte de Stahremberg*, 427

ART. VIII. *De l'Empire, ou Corps Germanique*, 437

De la Saxe, 455

De la Bavière, 458

De la Maison Palatine, 462

TABLE DES ARTICLES.

De la Maison de Brunswick, 467

De la Hesse, 477

Du Wirtemberg, 483

Récapitulation, - 484

Fin de la Table du premier Volume.

www.ingramcontent.com/pod-product-compliance
Lightning Source LLC
Chambersburg PA
CBHW021415300426
44114CB00010B/506